グローバライゼーションと民族・国家を超える共同体

西原誠司 NISHIHARA Seiji

A Global Community
that Transcends
Ethnic Groups and
Nations

文理閣

はしがき

　この著書は、人類の新しい実験である民族・国家・宗教を超える新しい「価値の共同体」をめざす EU の挑戦を主要な対象にし、その「理想」と「現実」をリアルにつかむことによって、グローバル資本主義が引き起こす矛盾とその解決の方向性を探ろうとするものである。同時に、この著書の執筆途中で突然に起こった新型コロナのパンデミックが引き起こす諸問題——2019 年 12 月に中国湖北省武漢市で起こった原因不明の肺炎の集団発生は、中国国内にとどまらず、瞬く間に世界中に広がり、経済的にもリーマンショックに匹敵する経済恐慌を引き起こしている——に対しても、これまでの研究成果を踏まえ、その解決の方向性を示そうとするものである。というのは、これら二つの問題は、グローバル資本主義が引き起こす問題という点で共通性をもっているからである。

　以下、本書の特徴を示そうと思うが、これまでの研究の経緯からすると、前著『グローバライゼーションと現代の恐慌』（文理閣、2001 年）を踏まえ、EU 研究へと進めてきたので、まずは、EU 研究を念頭において、その特徴を述べ（本書第 1 章〜9 章）、次に、新型コロナ以降の事態に対して経済学としてどう対処するのかという問題提起（本書序章）の順で説明する。

　まず EU 研究の特徴として第一に挙げることができるのは、その方法的特徴である。EU は、28 カ国（英国が離脱して 27 カ国となった）の国家の集合体であるから、一国を超える経済分析が必要である。したがって、その分析にはある国家の経済政策と他の国家の経済政策との相互作用がその対象となり、問題となる。ある国の経済政策の決定は、経済（経済的土台）と政治的上部構造との相互作用に規定されており、各国固有の「国家の形態でのブルジョア社会の総括」の在り方によって特殊性をおびる。EU の形成にあたっては、ドイツとフランスによる「鉄と石炭」という資源の奪い合いが二つの世界大戦を招き、その結果、世界経済・国際関係の方向性の決定権を米国とソ連に奪われてしまったという歴史的現実がその出発点をなしている。このような状況の中から、ヨーロッパは、第二次世界大戦の教訓として EU

（不戦共同体）を生みだした。

　すなわち、最初は、6カ国（原加盟国）の小さな共同体から出発したEUは、28カ国（英国のEU離脱によって現在27カ国）を擁する巨大な経済圏へと成長したのである。そして、人類の未知の領域に挑戦し、その成果——ECSC（欧州石炭・鉄鋼共同体）、関税同盟、単一市場、単一通貨ユーロ、ヨーロッパ中央銀行（ECB）、ヨーロッパ議会、EU大統領等々——を次々とあげてきている。それは、「平和なヨーロッパがヨーロッパの経済的繁栄をもたらす」という考えのもと、国家主権を超える新たな試みを行ってきたからであり、EUは、その出発点からして政治的存在であり、それゆえ、その分析方法は、国境を越えた政治と経済の相互作用の研究でなければならないということである。これが本書の第一の特徴である。

　だが、そのEUが今、ひとつの岐路に立っているように見える。ギリシャ債務危機、ユーロ危機、シリア難民受け入れをめぐる対立、そして、今回の英国のEUからの離脱表明等々。確かにこれらは、EUが抱える諸矛盾のひとつであり、その現れではある。

　それでは、ジャーナリズムの世界で議論されているように、これらの矛盾の中で、ギリシャのような小さな国々は国家破産をし、ユーロシステムは崩壊、EUは最終的に、分裂し、EU形成以前の各国毎の通貨をもつブルジョア的国民国家に戻ってしまうのであろうか。そして、それは新たな世界経済危機の引き金を引くのであろうか。

　この著書の第二の特徴は、これらの現象を「危機論」ではなく、EUの発展過程の中で必然的に引き起こされる現象であるととらえ、この見地から、その持つ性格を確定することである。

　ジャーナリステックな世界ではいつでも「危機」が叫ばれる。だが冷静にEUを観察すると、「危機」の中で加盟国は増え続けてきたし、ユーロ参加国も11カ国から19カ国へと増えているのである。実際その経緯を見ると、1999年1月にEU加盟国中11カ国で単一通貨ユーロを導入（ユーロ貨幣の流通は2002年1月から）、2001年1月にはギリシャ、2007年1月にスロベニア、2008年1月にマルタ、キプロス、2009年1月よりスロバキア、2011年1月よりエストニア、2014年1月よりラトビア、2015年1月よりリトア

ニアが加わり、参加国は 19 カ国に拡大している。通貨・金融システムは崩壊していないのである。なぜなら、EU そのものがグローバルな資本主義の矛盾の中から生み出され、その矛盾を「解消」しはしないが、その矛盾の運動を可能にするひとつの「解決」形態として登場したものだからである。それゆえ、グローバリズムをその本性とする資本主義を前提とする限り、EU やユーロは解体ではなく、その命脈が尽きるまでは、さらなる進化（深化）という形態でしか展開しようがないのである。

　しかし、このことは、資本主義のグローバル化によって貧困や格差の拡大、失業者の増大、移民・難民問題が解決するということを言っている訳ではない。その根本的解決は、資本主義の EU を前提する限りでは、困難であると思われる。その解決のためには、資本主義ではない新たな社会システムとしての EU が必要なのである。この点の主張が、この著書の第三の特徴である。多くの論者に欠けているのは、この二つの矛盾が区別されていないことである。すなわち、資本主義 EU の中で解決可能な矛盾とそれでは解決不可能な矛盾のなかで、EU は苦しみながら、あらたな解決策を模索している「過渡的存在」なのである。それは“古き良きブルジョア的国民国家”に戻ることではないし、ましてや、かつての“植民地帝国”に戻る道でもない。この論点は、本書の第二の特徴と絡まり、EU の未来像を考えるということである。

　さらに、このような見地―― EU を理想化するのではなく、矛盾を持ちながら発展する「国際的地域経済ブロック」としてとらえ、分析する――から UK の EU 離脱を見ると何が見えるのか、他方、その中で数十年にも渡って EU に加盟申請しながら、未だに加盟が認められていないトルコの存在をどう見るのか、さらに、それを私たちが住んでいる東アジアに適用すると何が見えてくるのか、中国の習近平による「一帯一路構想」の急浮上等々、一連の諸現象をこれらの見地から解明するということ、これが今回のテーマであり、これが本書の第四の特徴である。

　それゆえ、ここから引き出される結論は、EU 加盟国にとどまるものではなく、一国的な経済システムを越えた「国際的地域経済ブロック」を形成しようとする経済圏にも示唆を与えるものとなる。

　これまでの EU 研究の四つの特徴を踏まえ、序章では、現在進行中の新型コロナによるパンデミックによる経済恐慌を分析し、その新たな特徴とその原因、その処方箋（「アフター・コロナの『未来予想図』」）を提示した。読者とともに考えていこうというのが、本書の第五の特徴である。ここでは、経済学の新たな方向性についての提案も行っている。

　これら一連の諸問題にこたえる新たな書物を出版することは、EU 研究および国際的地域経ブロックの研究だけでなく、経済学の前進にとって新たな一石を投ずることになるのではないかと考えている。ぜひ、御意見をお聞かせいただきたい。

　なお、この著書は、これまでに発表した以下の諸論文をもとにしている。序章および第 5 章、第 8 章は新たに書き下ろしたものである。

初出一覧

1. 「ユーロと新たな国際的地域経済ブロック EU の形成—新しい国際通貨「ユーロ」の誕生とその政治・経済的諸条件—」（単著）立命館経済学、第 53 巻第 5・6 号、2005（平成 17）年 2 月。

2. 「ヨーロッパ資本主義の現段階と EU の形成—平和なヨーロッパをめざす『古い欧州』の新しい実験—」（単著）日本の科学者（通巻 458 号）Vol.41 No.3、2006（平成 18）年 3 月。

3. 「東アジア共同体の実在的可能性— EU の新しい実験が示唆するもの—」（単著）鹿児島国際大学短期大学部 研究紀要、第 77 号、2006（平成 18）年 12 月。

4. 「EU 50 年の歴史と到達点—ヨーロッパ型資本主義と「社会的市場経済」の未来—」（単著）『経済』2008（平成 20）年 12 月号。

5. 「金融危機下のヨーロッパ— EU 統合とグローバリズムのはざまで—」（単著）『唯物論と現代』44 号、2010（平成 22）年 6 月。

6. 「転機に立つ日本経済と「第四の革命」—脱原発の環境政策は、グローバルな「経済危機」を克服できるか—」（単著）鹿児島国際大学短期大学部 研究紀要、第 86 号、2013（平成 25）年 3 月。

7. 「EU 加盟をめざすモダンイスラム・トルコの挑戦と苦悩— EU は民族・

国家・宗教を超える新しい「価値の共同体」となれるか―」（共著）朝日
吉太郎編著『欧州グローバル化の新ステージ』文理閣、2015（平成27）
年4月。

　最後になりましたが、この著作の出版にあたっては、「鹿児島国際大学出
版助成」を頂いています。心臓の手術があり、当初の予定を大幅に超過した
にもかかわらず、辛抱強く待って頂いたお陰で、本書の出版にこぎつけるこ
とができました。ひとえに本学の出版助成と関係諸先生方の御助力・御支援
の賜物であると深く感謝しております。この場を借りて御礼を申し上げたい
と思います。

グローバライゼーションと民族・国家を超える共同体

目　次

はしがき　iii

序　章　人新世時代の『資本論』・『帝国主義論』と
　　　　アフター・コロナの「未来予想図」
　　　　──新たな恐慌の発現形態としての新型コロナ恐慌と
　　　　　　その脱出の諸条件──

　　はじめに ……………………………………………………………　1

　　第1節　新たな恐慌の発現形態としての新型コロナ恐慌
　　　　　　──人類生存の「危機」回避のための
　　　　　　　　人間と自然の物質代謝の強制的切断── …………　2

　　第2節　「ワクチン・ナショナリズム」の広がりとその克服の必要性
　　　　　　──第一次世界大戦以上の死者をだした
　　　　　　　　「スペイン風邪」の教訓── ……………………………　3

　　第3節　SDGs は「大衆のアヘン」か
　　　　　　──「維持可能な開発目標」と資本主義── …………　6

　　第4節　新型コロナ緊急対策とアフター・コロナの「未来予想図」
　　　　　　──グローバルな財源調達システム
　　　　　　　　および根本的な社会変革の必要性── ……………　21

　　おわりに──「ヒューマニズムにもとづく経済学」を超えて …　28

第1部　民族国家を超える新たな国際的地域経済ブロックEUの形成

第1章　ユーロと新たな国際的地域経済ブロックEUの形成
　　——新しい国際通貨「ユーロ」の誕生と
　　　　その政治・経済的諸条件——

　　はじめに ………………………………………………… 37
　　第1節　「ヨーロッパの平和（帝国主義戦争抑止）」の
　　　　　　実在的諸条件とシューマンプラン ……………… 39
　　第2節　ヨーロッパ金融資本の復活・高度成長と
　　　　　　「EC市場統合」の発展 ………………………… 44
　　第3節　スタグフレーションの発現と
　　　　　　「ヨーロッパ統合」の停滞・模索 ……………… 47
　　第4節　EUの形成と新しい国際通貨「ユーロ」の誕生
　　　　　　——資本のグローバライゼーションと
　　　　　　　　「ヨーロッパ統合」の深化—— ……………… 49
　　おわりに ………………………………………………… 58

第2章　ヨーロッパ資本主義の現段階とEUの形成・新展開
　　——平和なヨーロッパをめざす
　　　　「古い欧州」の新しい実験——

　　はじめに ………………………………………………… 63
　　第1節　第二次世界大戦後の資本主義発展と
　　　　　　「ヨーロッパの平和」 …………………………… 64
　　第2節　ヨーロッパ資本主義の現段階
　　　　　　——新たな国際的地域経済ブロックEUの形成—— … 66
　　第3節　ヨーロッパ資本主義の諸矛盾と
　　　　　　「欧州社会的モデル」 …………………………… 71

第3章　EU 50 年の歴史とその到達点
　　　　──ヨーロッパ型資本主義と「社会的市場経済」の未来──
　　　　はじめに ……………………………………………………… 73
　　　　第 1 節　EU 創設の理念と機構 ……………………………… 74
　　　　第 2 節　EU 形成・拡大による米国を凌駕する巨大経済圏への発展
　　　　　　　　──米国への対抗戦略としての経済通貨同盟
　　　　　　　　　　（ユーロ圏）と環境政策── ……………… 81
　　　　第 3 節　移民・失業問題と「欧州社会モデル」 …………… 86
　　　　第 4 節　多様性のヨーロッパ
　　　　　　　　──文化的・言語的多様性の尊重── ………… 86
　　　　おわりに ……………………………………………………… 88

第4章　金融危機下のヨーロッパ
　　　　── EU 統合とグローバリズムのはざまで──
　　　　はじめに ……………………………………………………… 91
　　　　第 1 節　現代の恐慌現象をどう見るのか ………………… 91
　　　　第 2 節　サブプライムショックとヨーロッパ金融危機 …… 95
　　　　おわりに──世界恐慌からの脱出をめぐって ………………… 105

第 2 部　EU は民族・国家・宗教を超える新しい
　　　　　「価値の共同体」となれるか
　　　── EU から離脱する英国と加盟を目指すトルコ──

第5章　Brexit による「大英帝国」・UK の終焉と
　　　　Little England への道
　　　　── UK（連合王国）の持つ矛盾は、EU 離脱によって
　　　　　　解消されるのか──
　　　　はじめに ……………………………………………………… 109
　　　　第 1 節　英国の EU 離脱をめぐる矛盾と対立 ……………… 111

第2節　EU 離脱をめぐって争点になった諸問題は
　　　　どうなっているのか　………………………… 121
第3節　「新貿易協定」で何が合意されたのか　…………… 132
第4節　離脱による混乱とスコットランド・
　　　　北アイルランドでの独立運動の活性化………… 136
第5節　コロナ禍での新自由主義からの政策転換
　　　　──民営化された鉄道の「再国営化」──　………… 144
おわりに──社会というものが存在する　……………………… 148

第6章　EU 加盟をめざすモダンイスラム・トルコの挑戦と苦悩
　　── EU は民族・国家・宗教を超える
　　　　　新しい「価値の共同体」となれるか──
はじめに　………………………………………………… 156
第1節　なぜ、トルコは、EU 加盟をめざしてきたのか
　　　　──トルコが EU 加盟をめざす原動力・推進力とその担い手──
　　　　……………………………………………………… 158
第2節　EU 加盟推進は、どのようにしてトルコの経済成長を
　　　　実現したのか
　　　　──トルコの民主化と経済成長との
　　　　　相互作用がもたらすダイナミズム──　…………… 165
第3節　なぜ、多くの国がトルコの EU 加盟に反対するのか
　　　　……………………………………………………… 170
おわりに　………………………………………………… 174

第3部　「一帯一路」と「東アジア共同体」の現実的可能性

第7章　東アジア共同体の実在的可能性
　　── EU の新しい実験が示唆するもの──
はじめに　………………………………………………… 185
第1節　「21世紀型不況」と「東アジア共同体」　…………… 186

第2節 「東アジア共同体」を可能にする実在的諸条件と
　　　 その主導権をめぐる抗争 ………………………… 189
第3節 東アジアが「真の共同体」になるための提案
　　　 ── EU の新しい実験から学ぶ── ……………… 195

第8章 現代版シルクロード「一帯一路」構想の光と影
　　　 ──アジアとヨーロッパを繋ぐ「平和の共同体」か、
　　　　　欧米型植民地帝国の再来か──
はじめに ……………………………………………………… 199
第1節 新シルクロード構想とは何か ………………………… 201
第2節 新シルクロード構想の経済的背景と戦略………… 203
第3節 新シルクロード構想の理想と現実 ………………… 208
おわりに ……………………………………………………… 221

第9章 転機に立つ日本経済と「第四の革命」
　　　 ──脱原発の環境政策は、グローバルな
　　　　　「経済危機」を克服できるか──
はじめに ……………………………………………………… 224
第1節 転機に立つ日本資本主義
　　　 ── 31年ぶりの貿易赤字が意味するもの── ……… 225
第2節 グローバル化する日本資本主義の矛盾と
　　　 雇用破壊・財政赤字 ………………………………… 229
おわりに──新たな雇用創出の出発点としての脱原発の循環型社会──
　　　　 ………………………………………………………… 232

あとがき 238

序章

人新世時代の『資本論』・『帝国主義論』と
アフター・コロナの「未来予想図」

──新たな恐慌の発現形態としての新型コロナ恐慌と
その脱出の諸条件──

はじめに

　私たち人類は、新型コロナウイルスの感染爆発（パンデミック）によっ
て、第二次世界大戦後、最大の危機に直面している。まずは生命の危機であ
る。感染者数は、2021 年 5 月 14 日現在、全世界で 1 億 6,100 万人、死亡者
数 334 万人となり、日々更新している[1]。もうひとつは、経済生活の危機で
ある。資本主義的生産様式という経済的社会構成体だけではなく、それ以前
の社会構成体、封建制、奴隷制、原始共同体にも共通する、人類社会が存続
するために必要な自然と人間の物質代謝の連関を各国政府が「ロックダウ
ン」「自粛要請」等によって強制的に断ち切ったため、リーマンショックを
こえる経済恐慌と、大量の失業者をつくりだしているということである。私
たち人類は、こういう時こそ、ともに繋がりあい、助け合うことが大切なの
であり、民族や国家、宗教を超えた情報共有と感染防御・感染者治療の国際
的なシステムこそが必要となってきている。グローバル社会が生み出すリス
クをカバーするシステムをどうつくるかが人類史的課題となっているのであ
る。

　この著作で最初に取り上げる EU の歩み（第 1 部第 1 章 − 3 章）は、二つ
の世界大戦をふまえ、排外主義的ナショナリズムを克服し、グローバリズム
が生み出すリスクにどう対処するかについて、あるひとつの方向性を示した
実験であった。実際、この新型コロナをめぐっても「共同基金」（コロナ共

同債）を設立するなど、EU だからこそできる新たな試みも実現し、「グリーンリカバリー」というコロナ後の社会を視野に入れた取り組みも始まっている。

　ところが、このような人類にとってのひとつの「希望」である新たな挑戦を行ってきた EU においても、シリア難民の受け入れをめぐっては、排外主義的ポピュリズムが台頭し、UK（英国）が EU から離脱するといった事態も生まれてきている。

　他方、米ソ冷戦体制が終焉し、平和な世界への道が切り開かれると多くの人々が期待し、核廃絶も夢ではないと思われた世界も、ソ連に代わって急速に成長してきた中国と米国が衝突を繰り返し、「新冷戦体制」ともいうべき状況が現出している。こうして、人類共通の課題にともに立ち向かうという期待は裏切られてしまったかに見える。

　いったい人類社会はどこにむかうのか、新型コロナ危機を契機に見えてきた人類史的課題とその解決の方向性（希望）を探っていこうというのが本章のテーマである。

第1節　新たな恐慌の発現形態としての新型コロナ恐慌
——人類生存の「危機」回避のための 人間と自然の物質代謝の強制的切断——

　今、新型コロナウイルスによる感染者・死者の拡大は世界を揺るがしている。しかも、感染防御のためのロックダウンは、グローバル化した世界の生産・消費・流通網を寸断し、リーマンショック以来の世界的な経済不況をもたらしている。

　だが、それだけではない。今回の新型コロナ恐慌は、その規模とその持つ性格のため、その克服には、一国的規模を越えた、全人類による共同の取り組みが必要となっている。というのは、今回の恐慌は、グローバルなレベルでの生産・流通・消費の急激な落ち込みという点においては、これまでの資本主義の下での恐慌と現象的には共通の性格を有しているのであるが、従来の恐慌が、資本主義に内在する矛盾から発現した典型的な経済恐慌であるのに対して、その様相を異にしているからである。すなわち、新型コロナウイ

ルスは、人類社会の存続に共通する自然と人間の物質代謝・物質循環を強制的に切断し、世界的なレベルでの撹乱＝生存の危機を媒介とした経済危機を引き起こしているということである。19世紀＝自由競争段階の資本主義に典型的であった周期的過剰生産恐慌、20世紀前半資本主義の独占段階に起こった1929年世界恐慌および資本主義的経済恐慌の転化形態である帝国主義戦争（第一次世界大戦と第二次世界大戦）、20世紀後半＝第二次世界大戦後におこったスタグフレーションとバブルの崩壊は、いずれも資本主義という経済システムに内在する矛盾が主要な原因となった恐慌もしくはその転化形態であったが、今回の恐慌は、＜資本主義システム＞と＜人類社会の存続に必要な自然と人間の物質代謝・物質循環のシステム＞との相互作用・衝突によって起こっているという点で、全く新しい恐慌であり、それゆえ、新型コロナ対策に失敗すれば、人類社会は存亡の危機に陥り、したがって、資本主義経済システムそれ自体も崩壊しかねない「危機」に直面しているという意味でも全く新たな恐慌であるということができる。まさに、人類社会および資本主義の「生命力」が問われているのである。

　ただ、ウイルスについては、自己複製機能を持っておらず（その意味で生物というカテゴリーには入らない）、人類もしくは他の生物種の存続を前提にして存続しているという性格上、もし、今回の新型ウイルスの感染爆発によって、人類を絶滅させ、人類以外の他の生物種を宿主として探さざるを得ないという新型ウイルスにとっても「危機」に陥る可能性をもつ形ではなく、人類に寄生して、自らの活動領域を広げるという形に落ちつくのであれば、それがどのような形態であるかは別として、人類の滅亡ではなく、ある種の人類との共存がその均衡点になるはずである。いわゆるマクニールの宿主としての人類と感染性の生物体との「相互適応」の構造である。そうであれば、人類 vs 新型コロナではなく、人類 with 新型コロナの新たな共同社会をどうつくりだすかということが問題になる。人類社会の知恵が問われているのである。

第2節　「ワクチン・ナショナリズム」の広がりと
その克服の必要性
――第一次世界大戦以上の死者をだした
「スペイン風邪」の教訓――

　新型コロナ対策を考えるにあたって、およそ100年前第一次世界大戦の最中におこった「スペイン風邪」が参考になる[2]。というのは、人類社会はこの時その対策に大失敗をしているからである。キーワードは、第一次世界大戦と「情報統制」である。ここで、「スペイン風邪」と第一次世界大戦との関係を見ておこう。

　実は、「スペイン風邪」は、スペインから起こったものではなく、米国だったことはあまり知られていない。ヨーロッパ諸国の紛争には干渉しないというモンロー主義をとっていたため、1914年第一次世界大戦がはじまった時には、中立の立場だった米国であったが、1915年5月7日ドイツの潜水艦によるルシタニア号の撃沈事件（1,198人の犠牲者の中に米国人乗客128人が含まれていた）等をへて1917年4月6日、ドイツに宣戦布告し、第一次世界大戦に参戦した。

　ところが、翌18年3月米国の軍事キャンプ周辺で、「スペイン風邪」の最初の流行が起こった。それが、米軍の欧州への進軍とともにヨーロッパへと飛び火したのである。そして18年の秋にはまたたくまに世界中に広がった。今日の新型コロナとは違い、当時は、高齢者ではなく、若者が発症したようで、屈強で丈夫なはずの兵士や若者が次々と病に倒れ、重症の肺炎のため呼吸困難を起こし、発症から数日以内にもだえ苦しみながら死んでいったといわれている。各国政府は、自軍の士気が下がるのを防ぐため、インフルエンザの流行を公表するのを控えた。いわゆる「軍事機密」である。今日のように人類共通の「危機」に対して共同で対処しようなどという発想は一切ない時代であり、交戦中であるならなおさらである。しかし、中立の立場を保っていたスペインは、何の報道管制も敷いていなかったため、スペインの新聞では大きくインフルエンザの流行が報じられた。そのため、この流行の発生源がスペインであると誤認され、「スペイン風邪」と呼ばれるようになった

のである。

　「スペイン風邪」の流行は、犠牲者数4千万人（あるいは5千万人。1億人という推計もある）という、疫学史上最悪の事態となり、第一次世界大戦の犠牲者1千万人をはるかに越えるものとなった。だが、もし、米国がヨーロッパ戦線に参戦しなければ、どうなったであろうか。第一次世界大戦の様相は違ったものになっていたであろうし、「スペイン風邪」ではなく「アメリカ（米国）風邪」という名をつけられ地域的な疫病で終わっていた可能性もある。この原因をめぐっては、諸説あるが、人類史上はじめての世界を巻き込んだ戦争となったことおよび「情報統制」がパンデミックを引き起こした大きな原因のひとつであることは確かであろう。

　では、この「スペイン風邪」の教訓から人類は何を汲み取ればいいのだろうか。現在、世界戦争が行われているわけではないが、第二次大戦後、国連やWHOがつくられたにもかかわらず、第一次世界大戦の教訓を生かし、人類共同で新型コロナウイルスに共同で対処するシステムがつくられたかといえば、グローバル競争にしのぎを削る企業と国家間の利害がからまり、その共同作業がうまくいっているようには思えない。

　とりわけ、中国による「情報統制」によって、当初、新型コロナの情報が秘匿されてしまったことは、その対策の初動を大きく遅らせ、新型コロナの世界的なパンデミックを引き起こす要因になってしまった。その後、ワクチンの供給をめぐって、WHOは、その対策のための共同機構COVAX（コバックス）を立ち上げたが、中国とトランプ政権下の米国の激しい対立の中で、米国がWHOから離脱するということもあり（その後、バイデン政権下で復帰）、自国第一主義で各国がワクチンの確保に奔走するという事態がつくりだされた。いわゆる「ワクチン・ナショナリズム」である。

　WHOのテドロス事務局長は、「現時点では世界人口の16％にすぎない富裕国が世界のワクチン供給量の60％を購入している。多くの国は集団免疫を達成するため、2021年半ばまでに成人の70％へのワクチン接種を目指している。WHOが他の国際機関と共同で立ち上げたワクチン供給の国際的枠組みCOVAXは、年末までに低所得国の人口の20％に接種可能なワクチンを調達するのにも苦労している。……ワクチン接種によって集団免疫を達成

し、パンデミックを止めるためには、市場メカニズムに頼るだけでは不十分だ。」とのべ、「ワクチン製造技術やノウハウ、知的所有権の一時的な『オープン化』による共有など」の提案をしている[3]。ただ、英国が離脱した EU でコロナ共同債が発行されることになったことは、このようなワクチン・ナショナリズムを超える試みとして注目すべきことである。

第3節　SDGs は「大衆のアヘン」か
──「維持可能な開発目標」と資本主義──

　新型コロナ対策をめぐっては、お金のある国や人々だけが救われるということであってはならない。グローバル資本主義の下で広がった格差が、新型コロナ対策を通じて、さらに広がるといった状況は何としても阻止しなければならない。その意味で SDGs（Sustainable Development Goals　国連が推進する 17 の「持続可能な開発目標」。2015 - 30 年）の「誰一人として置き去りにしない（leaving no one left behind）」というスローガンは、今後重要になっていくと思われる[4]。

　ところが、斎藤幸平氏は、新著『人新世の『資本論』』（集英社新書、2020年 9 月）でこの SDGs を「大衆のアヘン」といわれる。果たして、そうであろうか。私は、そうは思わない。そこで、氏の理論を検討しようと思うが、その前提として、まず、SDGs とは何か、その背景と訳語をめぐる対立、さらに SDGs の性格について検討を加えておきたい。

　まず、SDGs とは、2015 年 9 月、国連で開かれたサミットで、MDGs（Millennium Development Goals「ミレニアム開発目標」。2000 年国連サミットで採択された 8 つの目標。2001 - 15 年）の後継プログラムとして採択された「国際社会共通の目標」である。SDGs が登場した背景には、実は、藤谷氏が指摘するような MDGs に対する開発途上国からの批判があった[5]。

　すなわち、MDGs は、「極度の貧困と飢餓の撲滅」「HIV / エイズ、マラリア、その他の疫病の防止」等、開発途上国が抱える諸問題を挙げ、その解決策を探ったものであり、実際、途上国で極度の貧困に暮らす人口の割合は 47％から 14％に減ったし、初等教育就学率も 2000 年の 83％から 91％に改善された。ところが、「地球から貧困をなくす」という課題設定にしても、

その達成が求められたのは開発途上国であり、先進国は「他人ごと」として
しかとらえていなかったのではないかという不満、また、貿易や金融、環
境、移民、災害、エネルギー、テクノロジーといった分野においてグローバ
ル化が進み、途上国の人々の暮らしにも大きな、負の影響も受けているにも
かかわらず、その解決のための仕組みやルール作りは先進国が主導し、途上
国の考えや意見が反映しにくい現状が続いていた。それゆえ、こうした状況
を変えない限り、さらなる進展は望めないという声や不満が途上国には根強
かったのである。確かに SDGs は、MDGs を継いだ国際社会の約束である
が、SDGs では、先進国、途上国の分け隔てなく目標達成を求めたのは、こ
うした背景が一因であった。こうして、2012 年コロンビア、アラブ首長国
連邦、ペルーの共同提案としてリオ +20 で議論が始まり、2015 年に新たに
策定された SDGs は、「誰一人として置き去りにしない」ことを目指し、先
進国と開発途上国が一丸となって達成すべき目標となったのである。以下、
それぞれの目標を列挙すれば、こうである。

　MDGs の 8 つの目標 [6]
　　1.　極度の貧困と飢餓の撲滅
　　2.　初等教育の完全普及の達成
　　3.　ジェンダー平等推進と女性の地位向上
　　4.　乳幼児死亡率の撲滅
　　5.　妊産婦の健康の改善
　　6.　HIV/ エイズ、マラリア、その他の疾病の蔓延の防止
　　7.　環境の持続〈維持〉可能性確保
　　8.　開発のためのグローバルなパートナーシップの推進

　SDGs の 17 の目標
　目標 1.　あらゆる場所のあらゆる形態の貧困を終わらせる
　目標 2.　飢餓を終わらせ、食料安全保障及び栄養改善を実現し、持続〈維
　　　　　持〉可能な農業を促進する
　目標 3.　あらゆる年齢のすべての人々の健康的な生活を確保し、福祉を促

8

目標 4. すべての人々への包摂的かつ公正な質の高い教育を提供し、生涯学習の機会を促進する

目標 5. ジェンダー平等を達成し、すべての女性及び女児の能力強化を行う

目標 6. すべての人々の水と衛生の利用可能性と持続〈維持〉可能な管理を確保する

目標 7. すべての人々の安価かつ信頼できる持続〈維持〉可能な近代的エネルギーへのアクセスを確保する

目標 8. 包摂的かつ持続〈維持〉可能な経済成長及びすべての人々の完全かつ生産的な雇用と働きがいのある人間らしい雇用（ディーセント・ワーク）を促進する

目標 9. 強靱（レジリエント）なインフラ構築、包摂的かつ持続〈維持〉可能な産業化の促進及びイノベーションの推進を図る

目標 10. 各国内及び各国間の不平等を是正する

目標 11. 包摂的で安全かつ強靱（レジリエント）で持続〈維持〉可能な都市及び人間居住を実現する

目標 12. 持続〈維持〉可能な生産消費形態を確保する

目標 13. 気候変動及びその影響を軽減するための緊急対策を講じる

目標 14. 持続〈維持〉可能な開発のために海洋・海洋資源を保全し、持続可能な形で利用する

目標 15. 陸域生態系の保護、回復、持続〈維持〉可能な利用の推進、持続〈維持〉可能な森林の経営、砂漠化への対処、ならびに土地の劣化の阻止・回復及び生物多様性の損失を阻止する

目標 16. 持続〈維持〉可能な開発のための平和で包摂的な社会を促進し、すべての人々に司法へのアクセスを提供し、あらゆるレベルにおいて効果的で説明責任のある包摂的な制度を構築する

目標 17. 持続〈維持〉可能な開発のための実施手段を強化し、グローバル・パートナーシップを活性化する

（※公益財団法人地球環境戦略研究機関（IGES）作成による仮訳をベースに編集 外務省。持続〈維持〉の〈 〉内は著者による補足）

　次に、この Sustainable Development Goals（SDGs）の中心概念である SD の訳語問題に一言触れておきたい。というのは、この SD の訳語をめぐっては対立があったからである。これまで、この部分は、外務省の訳語では、「主体的に持続可能な発展」とされてきた。だが、宮本憲一氏は、故・都留重人氏（元一橋大学学長）に従って、この Sustainable Development Goals の sustainable の部分を「持続可能な」とするのは誤訳であって、「維持可能な」「客観的に維持可能な発展」と訳さなければならないとされる[7]。私は、この Sustainable Development という英語自体に最初から違和感があり、そもそも何を sustain（維持もしくは持続）しようとしているのか、また、なぜそれが able（可能）なのか、よくわからず、「維持可能」でも「持続可能」でもそれほど変わらないのではないかと思っていた。というのは、これだけ環境破壊が問題になっている時に、なぜいつまでも、成長・発展・開発を言い続ける必要があるのだろうかという根本的な疑問があったからである。ところが、宮本氏へのインタビューで氏が語られている記事を読み、はじめてその違いと議論の背景が理解できた。

　すなわち、1992 年地球環境危機と貧困問題の双方を解決し、冷戦終結とソ連崩壊後の新しい秩序をつくることを目的にブラジルのリオデジャネイロで国連環境開発会議（地球サミット）が開催され、「環境と開発に関するリオ宣言」が採択される。その時の事務局長を務めたのが、アームストロング氏で、この会議の後、アームストロング氏と仲が良かった都留氏の間で、SD（Sustainable Development）の解釈が焦点になり、都留氏は、これまでの訳を誤訳であると主張した。すなわち、政府や企業は、「経済の持続可能な発展のために環境を保全する、それが SD」と解釈したのであるが、都留氏は「地球環境の維持という条件の下でのみ経済は発展しうる」と規定し、宮本氏も都留氏を支持したのである。つまり、経済成長に力点をおいて、これを sustain 持続しようというのが、政府や企業の立場であり、地球環境に力点をおいてこれを sustain 維持しようというのが、都留・宮本氏の立場であるから、これは、訳語の問題というより、これから進むべき人類社会の進路についての立場の違いを客観的に表明するものであり、「維持可能な」という訳は、これまでの「西欧型近代化」による開発の仕方そのものを根本的

転換する必要があるということの表明であり、根本的でラディカルな主張をしていたということである。

　それが、資本主義の下で実現できるかどうかは別として、SD というカテゴリーの中に、「脱成長の新しい社会経済システム」という意味合いを込めようとした都留・宮本氏のような人々と、利潤追求のため、政権維持のため、なんとしても「経済成長」を「持続させたい」と考える多数派との対立があったことは記憶に留めておく必要がある。それゆえ、SD といっても、それを誰がどういう意味で使うかで、全くその内容が違ってくることになる。

　それでは、この SDGs の 17 の目標が全体として持つ階級的性格とはどのようなものであろうか。

　そもそも、マルクスの『資本論』をちゃんと読んだ覚えのあるひとであれば、「第一部　資本の生産過程」で解明された資本蓄積法則によれば、富と蓄積と貧困の蓄積は切っても切り離せない必然的な関係にあり、産業予備軍＝失業者もまた、資本の概念から導き出される必然的で法則的な現象であるということはわかるはずである。そうであれば、SDGs と MDGs の一番目に書かれてある「貧困の撲滅」は、およそ資本主義を前提する限り、不可能な目標であり、もし、これを認めるということであれば、その主観的意図は別にして、客観的には、この目標の実現のために、資本主義を廃棄する運動に立ち上がるということを含意していることになる。

　他方、ジェンダー平等や学校教育、乳幼児や妊婦の死亡率の改善であれば、さしあたりは階級とは無関係であり、資本主義の下で実現可能な目標である。今、焦点になっている「気候変動＝危機」をその典型とする環境問題についていえば、斎藤氏のように資本主義の下では環境問題の解決は不可能だとの見解はあるとしても、地球環境が維持できなければ、資本主義もまた存続不可能になることははっきりしているのであるから、また、これまで資本主義の下でも環境問題は一定程度解決してきたし、これからも解決できる、あるいは、しなければならない問題群であることは確かであろう。それゆえ、これらのスローガンは、資本主義の廃棄をも含め、それに賛成する人も反対する人も、様々な立場の人が、様々な思いをこめて、読み込むことが

可能な世界的に認知された社会目標の一覧表であり、その結果、現実の事態がどのように進むかについては、SDGs それ自体が決めることはできず（国連は、SDGs の 17 の目標の進捗状況をチェックし、指導・命令する機関、例えば WTO〈世界貿易機関〉のような組織を持っていない）、これらの諸問題・諸課題をめぐって、それに関わり、運動に参加した人々、あるいは参加しなかった人々のベクトルの総和によって、はじめて決められるという性格を持ったものなのである。その意味で、この MDGs・SDGs が指し示す目標群は、いずれかの社会階層もしくは階級に属するものではなく、様々な社会階級・階層間の階級闘争および社会運動・市民運動の力関係を反映するグローバルで包括的な新たな社会運動の中に位置づけられるものであって、そのような運動を可能にする「実践的イデオロギー」であるといえるのである。

　さて、これらの問題群の中でも、今一番熱く問題となっているのが、「気候危機」をめぐる環境問題である。現在、気候変動は、「気候危機」ともいわれる状況（南極大陸、北極海、グリーランドの氷およびツンドラ（永久凍土）の融解、台風やハリケーンの大型化、オーストラリアやカリフォルニアでの山火事等々）となっており、この問題に一番敏感な世代、スウェーデンの少女グレタトゥーンベリをはじめとする若者たちが次々と立ち上がり、世界の政治を動かし始めている。それは、産業革命の時代に比べ現在の地球の平均気温が +1.2℃ となっており、このままこの気温上昇が続き、2100 年の時点で +1.5℃ もしくは +2.0℃ を越えるところまでくれば、もはや地球環境は後戻りできない臨界点（ティッピングポイント）に達し、灼熱の地球に向かって暴走し始める。そうなれば、人類が住めない環境になることが確実に予想されるからである。それゆえ、そうならないために、CO_2 の排出量を 2030 年までに半減、2050 年にはゼロにしなければならない。このような「気候危機」あるいは先進国をも巻き込んだ貧困の拡大をめぐる世界政治の状況変化を背景に、学術分野においても、大きな地殻変動が起こり始めた。ベルリンの壁崩壊、冷戦終結に引き続くソ連の崩壊によって、もはや消滅したかに思われていた「マルクスの復権」である。とりわけ、斎藤幸平氏による『人新世の『資本論』』（集英社、2020 年 9 月）は、その発表以来、氏が

提唱する「脱成長のコミュニズム」が俄かに脚光を浴び、この種の書物としては、異例のベストセラーとなっている。世界システム論としては、ウォーラーステインをベースにしつつも、マルクスの最晩年の著作を「脱ヨーロッパ中心主義」「脱生産力至上主義」の見地から再解釈し、エコロジスト・マルクスを発見。これを武器に、今世界で注目されている様々な問題に鋭く切り込んでいく。SDGs に対しても、「大衆のアヘン」として一刀両断に切り捨て、全否定する。非常にセンセーショナルで刺激的なキャッチコピーで自由に論評する、従来のアカデミズムにないスタイルも評判となり、これまでマルクスに興味を示さなかった層に光をあて、マルクスの新しい読者層を獲得している。その意味で注目すべき存在である。

　ただ、ローマクラブの『成長の限界』（1972 年）に典型的に見られるように「脱成長の資本主義論」はすでに存在した。斎藤氏の斬新さは、それを「脱成長のコミュニズム」としてマルクス主義の側から提唱したところにある。だが、日本におけるマルクス主義をも含む「脱成長論」の先駆は、斎藤氏ではない。佐々木実氏が『地球倫理』（2020 年 8 月 30 日）において指摘しているように、それは、2013 年で創刊 50 周年を迎えた季刊誌「環境と公害」（岩波書店）の前身「公害研究」であり、1963 年に発足した公害研究委員会の機関誌としてスタートしている[8]。氏は、「日本の公害研究、環境研究をふりかえる際、この公害研究委員会を抜きに語ることはできない」といわれ、その創立メンバーを紹介している。この研究会は、財団法人統計研究会（当時）に設けられた公害研究委員会として発足し、当初から学際的だったようである。

　　委員長には経済学者の都留重人、委員には庄司光（衛生工学）、柴田徳衛（都市論）、戒能通孝（民法学）、宮本憲一（経済学）などがいた。／その後、水俣病研究第一人者で化学者の宇井純、さらに水俣病患者から絶大な信頼を得ていた医師の原田正純、経済学者の宇沢弘文なども加わり、少数ながら多士済々の集まりとなった。

　さらに、環境経済学を切り拓いた宮本憲一氏による以下のような回顧も紹介されている。

　　公害研究委員会が発足した当時、大学に環境や公害に関する講座や学

科・学部はなかった。国語辞典には「公害」という言葉はなかった。政治家や企業家のみならず、多くの研究者も経済の高度成長を日本社会の第1の目標としていたので、公害研究委員会創立時の研究者は7人しかいなかった（「環境と公害」2020年夏号）。

この公害研究委員会は、公害対策基本法（1967年公布）が「経済成長と環境保全の調和を図る」としたことを痛烈に批判した。また、国際的な取り組みとしては、1970年、海外の社会科学者を招いて世界初の公害シンポジウムを開催、基本的人権として「環境権」を提唱している。さらに、この研究会の活動として特筆すべきことは、「被害者の立場に立つ」原則を貫き、公害被害者の訴訟にも協力を惜しまなかったことである。この公害研究委員会が環境研究で世界に先駆けることができたのは、高度経済成長期の日本が「公害大国」でもあったからだ。「苦しむ患者・被害者を救いたい」というヒューマニズムから出発し、そのような現実を生み出した根源をさぐり（科学の見地）、このような諸問題の最終的解決のためにありとあらゆる努力を惜しまない。これが、日本における「脱成長論」を担った人々の基本的な活動スタイルであり、時を越え、今こそ継承されなければならない魂なのである。

さて、話を現代のSDGsに戻そう。リーマンショックと新型コロナショックでいまや新自由主義は大きく後退し、グリーンディールを唱えるケインズ主義が完全復活を遂げている。だが、マルクス主義かケインズ主義かといったことは、どうでもいいのではないだろうか。それぞれの立場は尊重しつつも、今そこにある問題を解決するために学問的立場を越えて共同することが必要であり、それこそ、SDGsに「ひとつの希望」を見出し、地球環境を守るために立ち上がった若者たちの思いに応える道ではないかと思う。そうでなければ、私たちが住むこの地球は壊れてしまうのである。

このような見地から見たとき、斎藤氏の「SDGsは大衆のアヘン」であるという言説をどう評価したらよいのだろうか。この言葉を聞いてすぐ思い出すのは、マルクスが『ヘーゲル法哲学批判序説』において行った宗教批判である[9]。氏によれば、「かつて、マルクスは、資本主義の辛い現実が引き起こす苦悩を和らげる『宗教』を『大衆のアヘン』だと批判した。SDGsはま

さに現代版『大衆のアヘン』である」。「アヘンに逃げ込むことなく、直視し
なければならない現実は、私たち人間が地球のあり方を取り返しのつかない
ほど大きく変えてしまったということだ」と。

　まず、「私たち人間が地球のあり方を取り返しのつかないほど大きく変え
てしまった」ということには同意する。とりわけ、「気候危機」については
待ったなしであり、2030年まであと9年の猶予しか残されていないという
のだから、これはもう行動するしかない、のである。そして、SDGsがどう
いう役割を果たすことができるかが問われているのである。

　そのためには、資本主義の枠内でできることと、その実現のためには資本
主義を廃棄しなければ実現できないものとを腑分けし、時間的な切迫度を秤
量しつつ、優先順位を決めていくことが必要である。

　これらのことを前提したうえで、斎藤氏の言説について論評すれば、ま
ず、若きマルクスの宗教批判と斎藤氏のSDGs批判には、大衆に対する見
方、思いに大きな違いがあるということである。しばしば誤解されているよ
うに、ヘーゲル法哲学批判序説は、宗教を揶揄したものでも、禁止しようと
したものでもない。抜け道がみえない現実の中で、もがき苦しんでいる人々、
宗教という「幻想」にしか、すがることのできなかった人たちとその人たち
を取り巻く状況を、共感の眼差しで温かく見守っているのである。ここで
は、宗教批判はマルクスの眼目ではない。かれらの苦しみの根源を分析し、
その苦しみの根源の解消にむけて、この現実の社会を変革していくことこそ
大切なのだと読者に呼びかけ、同時に自らにも語りかけているのである。宗
教そのものではなく、宗教に反映されている現実の矛盾、これこそ真の批判
の対象であり、これこそ格闘すべき対象＝現実なのだと。「宗教は、なやめ
るもののため息であり、心なき世界の心情であるととともに精神なき世界の
精神である」。マルクスには、悩める者の「ため息」が聞こえている。この
ような「共感の原理」の上に立ったうえで、だが、そこにとどまっていては
いけないと呼びかけているのである。あの世での幸せを夢みて、今の絶望的
で重苦しい現実を耐え忍ぶのではなく（今この苦しみを耐えていけば、きっ
と天国にいける）、宗教的幻想をふりすてて、今のこの現実をともに変えて
いこうと。科学とヒューマニズムの結合、ここにマルクスの真骨頂がある。

　では、斎藤氏はどうであろうか。温暖化対策のために、エコバックを買い、ペットボトル飲料を買わないようにマイボトルを持ち歩く。あるいは、車をハイブリッドにした、といった一連の行動を問題にし、そのような「善意」だけなら「無意味」であると批判するだけでなく、さらに「有害でさえある」とまでいう。ここには、若きマルクスのような「共感の原理」がない。そのうえで、斎藤氏が提唱する「脱成長のコミュニズム」を受け入れるという大胆なアクションを起こそうと呼びかける。SDGs は現代の宗教だと批判しつつ、「脱成長のコミュニズム」という新しい宗教を信じなさいという風に私には聞こえるのであるが、どうだろうか。

　次に、氏の理論を科学的に見ればどうであろうか。理論的にいえば、まずひとつには、「資本の生命力」を見過ごしているということである。氏によれば、資本主義では、「無限の価値増殖（欲求）」が、「自然と人間の物質代謝」と衝突し、有限な地球環境に修復できない「亀裂」を生み出す。それが環境破壊であり、資本主義の下では、修復不可能である。だが、この「亀裂」を修復できる道があるのであり、それが氏の提唱する「脱成長のコミュニズム」である。そして、これを信じ、これを実践するならば、この「亀裂」は修復され、人類の希望はつながれるというのが、氏の論理である。議論すべき多くの論点はあるが、ここでは、資本主義の下で環境問題は解決不可能であるという点に絞って検討を加えたい。

　まず、マルクスの時代の疫病＝コレラの蔓延と公衆衛生の確立の過程を見てみよう。エンゲルスは、労働者階級の闘いを背景に、『イギリスにおける労働者階級の状態』（1845 年）でコレラ流行の原因（産業革命と都市部への人口集中の中で労働者とその家族が、非人道的で劣悪な労働・居住環境に押し込まれていたこと、このことが、コレラを蔓延させる原因となった）を解明し、告発すると同時にその労働者の状態を改善する提案も行ったが、他方で、コレラに感染することを恐れた資本家（エンゲルス自身も資本家であった）が「公衆衛生」改善の必要性を感じ取り、次第に劣悪な環境が改善されていったというのが事実である。エンゲルスは、マンチェスターで「市の都市環境と労働者・住民の生活を改善するのに貢献した功労者」とたたえられ、2017 年には市議会決議に基づき、彫像も建てられているが、ここでの

16

ポイントは、資本家自らが（コレラの感染を恐れ）、都市住居環境の劣悪化という「自然と人間の物質代謝」にあいた穴＝亀裂を修復したということである。

　また、現代に目を移せば、ヨーロッパにおける環境問題の気づきは、1980年代におきた越境する酸性雨の問題である。私自身、ギリシャ神殿の大理石の柱が酸性雨でとけているという記事を見た時には衝撃をうけた。この問題の解決のためには国際協定をつくる必要があるということになり、まず、「長距離越境大気汚染条約（ウィーン条約）」が、1979年に国連欧州経済委員会（UNECE）において採択、1983年3月に発効している。この条約では加盟各国に越境大気汚染防止のための政策を求めるとともに、硫黄などの排出防止技術の開発、酸性雨影響の研究の推進、国際協力の実施、酸性雨モニタリングの実施、情報交換の推進、などが規定されている。その後、「ヘルシンキ議定書」（同条約に基づき、国連欧州経済委員会に属する21カ国が1985年に署名、1987年9月に発効）、さらに「ソフィア議定書」（同条約に基づき、国連欧州経済委員会に属する25カ国が1988年に署名、1991年2月に発効）が締結されている。これと並行して、1984年ノルウェーの首相ブルントラントが委員長になり、国連『環境と開発に関する世界委員会』が発足し、87年『われら共通の未来』を発表する。ここでは、「将来の世代が自らの欲求を充足させる能力を損なうことなく、今日の世代の欲求を満たすことである」というSDの新たな目標が付け加えられるのである。確かに、パルテノン神殿の北側に建つエレクティオン神殿は、6本の柱にほどこされたレリーフが有名な建造物であるが、このレリーフは精巧なレプリカで、本物は酸性雨から守るため、神殿の復元の際に取り外され保管されているようであり、まだ、最終的に解決している訳ではない。さらにこれから問題になることが予想されるのは、急速に発展するアジア地域における酸性雨である。だが、資本主義の下で環境問題は解決できないというのは、ヨーロッパが直面した酸性雨の問題を見る限り、あてはまらないように思える。

　ところで1992年ブラジルのリオデジャネイロで行われた環境サミットで、当時12歳だった少女セヴァン・スズキ（日系カナダ人）が行った「伝説の演説」をご存じだろうか。そこで、オゾンホールを告発する彼女のスピーチ

映像が残っているが、現在はその原因物質であるクロロフルオロカーボン類（CFC類　フロンとも呼ばれている）が特定され、「モントリオール議定書」（1987年9月16日　ウィーン条約の下で、オゾン層を破壊するおそれのある物質を特定し、当該物質の生産、消費及び貿易を規制して、人の健康及び環境を保護）によるオゾン層破壊物質の規制に全世界で取り組んだ結果、オゾン層に空いた穴はふさがりつつある。1970年代、人工化学物質として開発されたフロンは、最初は無害・無臭の夢の気体として注目され、エアコン、冷蔵庫、スプレーなどに使われ、大量に大気中に放出された。だが、それがオゾン層を破壊することがわかり、全世界で対策を行うことになったのである。なぜなら、オゾンホールが広がり、紫外線を直接浴びることになれば、人類は生き残ることは難しいからである。誰も最初から人を傷つけようと思って製品開発をする訳ではない。資本主義もまたそうである。しかし、結果として有害であることがわかった時、どうするかが問題である。フロンによるオゾン層破壊の例は、資本主義は、オゾンホールという穴＝亀裂を防ぐことができることを示している。

　最後に、日本における公害問題を一瞥しよう。これは、資本主義が環境破壊・人間破壊の原因をつくりだしていたことの典型的な事例・証明である。多くの被害者の犠牲の上に、最終的には、四大公害裁判（水俣病、イタイイタイ病、新潟水俣病、四日市ぜんそく）で決着が行われ、一応の収束を見ることとなった。「公害列島」と呼ばれた日本は、大きな犠牲を払いながら（大気汚染、ヘドロの海、有機水銀（メチル水銀）による海および海洋生物の汚染、カドミウムによる河川・水田・農産物汚染を通じ、甚大な被害をもたらした）、自然環境を取り戻していった。それでは、これらの被害は資本主義の下では避けられなかったかといえば、そうではないであろう。ただ、個別企業・個別資本の運動を見れば、企業は社会や法によって強制されない限り、自然環境や人間の命よりも企業の利潤（利益）を優先することは確かである。このことを象徴的に表しているのが、水俣病を引き起こしたチッソ水俣工場の猫実験と見舞金契約である。チッソ附属水俣病院の医院長細川氏は、水俣病の原因物質を突き止めるために1957年猫実験を始め、831匹の猫に様々な物質を投与する実験を行った。59年10月、アセトアルデヒド、

酢酸製造工程廃液を混ぜた餌を直接投与されたネコ400号が発症、最終的に原因が究明されたことで、11月会社からネコ実験中止の指示がおり、ネコ実験は400号で終了する。問題はその直後の12月患者との間で交わされた以下のような見舞い金契約である[10]。

　4条　甲（チッソ）は将来水俣病が甲の工場排水に起因しないことが決定した場合においてはその月をもって見舞金の交付は打ち切るものとする。

　5条　乙（患者）は将来、水俣病が甲の工場排水に起因することが決定した場合においても新たな補償金の要求は一切行わないものとする

　チッソはすでに水俣病発症の原因物質が自社の工場廃液にあることを400号のネコ実験で、確証を得ていたにもかかわらず、そのことを患者に公表せず、たとえ、水俣病の原因が自社の工場排水にあることがわかったとしても、それ以上の賠償はしないとの契約（第5条）を患者たちに結ばせたのである。これは、患者の命と企業の利益をはかりにかけた時、患者の命ではなく、企業の利益を優先したということであり、これが資本の本性・本質なのである。なんという非人道的なことを企業というものは行うことができるのであろうか。そして、このことが、1953年にはのちに最初の水俣病認定患者第1号となる患者の発生を確認していたにもかかわらず、四大公害裁判の中で、最も決着が長引くことになった理由のひとつでもあったのである。

　この時代状況の中では、患者の命が今の時代よりずっと軽く見られており、したがって、個別資本の競争・市場メカニズムに任せておけば、自然破壊・環境汚染は悪くなるばかりで、これを食い止めることはできなかった。とりわけ、水俣のような企業城下町ではなおさらのことである。患者に対するいわれなき差別もあり、企業別組合も、周りの住民も、患者に手を指し伸べることはなかった。だから、患者・被害者たちは裁判闘争に立ち上がらざるを得なかったのであり、患者と医師・弁護士、そして、それを支える全国の市民の運動が裁判闘争を勝利に導いていったのである。このことは、資本主義は、個別企業（資本）のレベルでは、企業の利潤を最優先して、自ら進んで環境破壊を止めることはなく、社会や法律に強制されて初めてそれに従うということであるが、逆に言うと、社会や法に強制されれば、しぶしぶであろうが、それに従うということであって、資本主義の下では環境破壊は止

められないと簡単に結論を下すことはできない。否、資本主義の下でも、環
境破壊を食い止めることできたのである。だが、それがどのような推移をた
どるかは、その国の産業の発展段階、その時代の市民運動・社会運動・階級
闘争の力関係に依存しているのである。

　さらに付け加えれば、今や、環境問題をめぐるビジネスは様変わりしてい
る。気候危機の深刻さへの資本家自身の気づきと若者を中心とした世界的な
地球環境を守れという運動のさらなる高まりの中で、環境のことを語らない
企業はもはや時代遅れ、資金もそのような企業から逃げていく、とりわけ、
2014 年 9 月 22 日、ロックフェラーファミリー財団が石油産業から撤退する
と宣言したというニュース（2014 年 9 月 23 日 AFP）は衝撃的であった。
環境は金にならないといって、そっぽを向き、公害反対運動・環境保護運動
を抑圧・弾圧してきた時代は終わりを告げ、ビジネス界は、環境をビジネス
チャンスと考え、次々に資本参入・流入が行われている。あれだけ、環境問
題に否定的であった資本主義的企業が、手のひらを返したように、CM を通
じて環境にやさしいことをアピールしている。資本市場では、ESG（環境
〈Environment〉、社会〈Social〉、ガバナンス〈Governance〉を重視した経
営を行う企業の株式や債券などを対象とした投資方法）が脚光を浴び、2016
年時点で世界の投資の 26.3％（約 22.8 兆米ドル）（出所：Global Sustainable
Investment Review）に投資され、もはや投資バブルの状態であるともいわ
れているのである。お金があるところにはあるのだから、これをどう使うか
が大事なのではないだろうか。ただ、宮本憲一氏によれば、2018 年で、民
間投資が SDGs の 17 の Goal に 941 の事業計画をしているが、最も集中して
いるのが、第 2 の「健康福祉」（114 事業）、第 6 の「安全な水・トイレ」
（126 事業）で、UNEP（国連環境計画）の総裁補ウリカ・モデルは、SDGs
の中で進まないのは、「気候変動」、「生物多様性」、「格差是正（貧困、教育）」
であるとの指摘を紹介し、「SDGs は救世主か」と問いかけている[11]。大事
なポイントだと考える。

　これまで見てきたように、資本主義は、その存続のためには自然と人間の
物質代謝の円滑な進行を前提しているので、たとえ、その利潤を求める資本
蓄積衝動が無制限的であったとしても、そこから論理必然的に地球環境の破

壊は避けられないとはいえないし、これまで、資本主義は、環境破壊に反対する人々の運動を背景に、自らも気づき、事後的ではあるが、「亀裂」ができては、これを修復するということを繰り返してきたのである。その意味で資本主義は、地球環境を守り、存続させる「生命力」をかろうじて保持している。ただ、今回の気候危機については、時間が限られている、待ったなしである。もしかすれば、資本主義が終わりを告げる前に、人類社会が滅びているかもしれない。そうならないためにも、斎藤氏の「脱成長のコミュニズム」も含め、立場を超えた共同が必要なのであり、そのために、あらゆる努力を惜しまないことが必要だと考える。

　氏の論理に関して次に指摘しなければならないことは、マルクスの史的唯物論に対する無理解である。マルクスによれば、生産力と生産関係の矛盾および生産関係それ自体の矛盾によって経済的社会構成体の移行（社会革命）は行われるのであって、生産力と生産関係の矛盾によって資本主義は自動崩壊（スターリン）するわけではない。スターリンによって定式化された史的唯物論理解とその後展開された「全般的危機論」の影響の下に、マルクス主義の多くの理論は展開されたが、大切なのは、社会革命の諸条件がどのように成熟しているのかを、科学的に明らかにすることである。階級闘争・社会運動・市民運動抜きに、あるいは、次の経済的社会構成体への移行の物質的諸条件の成熟抜きに、経済的社会構成体を飛び越えることは不可能であり、現在の状況で、ヴェラ・ザスーリッチへの手紙を持ち出し、ロシアのミール共同体やドイツのマルク共同体から次の新たな社会構成体へ移行しようというのは、およそ実現不可能な経済的ロマン主義の「夢」を見ているとしか思えない。氏は、旧来のマルクス主義を批判しながら、危機論の系譜、資本主義の自動崩壊を待ち望む理論潮流（資本主義の前に地球がなくなる）が持つ陥穽（おとしあな）に陥っている。

　さらに、氏の理論認識の中には、資本の階層性に対する理解がない——独占理論の欠如。レーニンの『帝国主義論』をはじめ、戦後、金融資本論、多国籍企業論として発展させられてきた諸研究・諸業績へのリスペクトの欠如——ということである。確かに「帝国的生活様式」というカテゴリーはあるが、現在の環境破壊をつくりだしている主要な原因は、生活する市民ではな

く、グローバルに展開する一握りの巨大資本と金融ネットワークであって、それ以外の中小零細の群小資本の経営者や市民の多くは、これらの資本によって収奪されている存在である。これらの諸資本の中にある階層性を見ないで、いきなり、「脱成長のコミュニズム」＝「資本主義の全廃」といわれても、"私有財産を守りたい"と考えている多くの資本家から総反発を招くことになり、結果として環境問題の解決から遠ざかることになりかねないと思うのである。

　だが、もうこれ以上、何々がないというのはやめにしよう。私自身は、氏が新しい社会の芽生えとして評価しているバルセロナのような都市や市民の運動を通じた「共同体的富」の共同管理、協同組合の自発的活動については、肯定的に評価しており、これらの運動を否定するものではない。ただ、このような運動が、資本を規制しようとする国家や国家組織、国連のSDGsのような運動と連携することによって、はじめて氏のいわれる資本と物質代謝との衝突によって地球環境にあいた「亀裂」も修復できるのではないかと考えるのである。

第4節　新型コロナ緊急対策とアフター・コロナの「未来予想図」
──グローバルな財源調達システムおよび根本的な社会変革の必要性──

1　感染を防ぎ、生活と文化・芸術を守る

　SDGsで問題になっているのは、気候危機だけではない。疫病の問題もその目標に入ってはいるが、これが作成された2015年には、まだ新型コロナは流行していなかったので、当然のことながら、これらについての項目は、現在のSDGsの目標に入っていない。それゆえ、気象危機と同時に目の前の新型コロナ対策が必要である。だが、この問題が解決したあとの社会をどう構想するのか、考えておくことも必要であろう。いわゆるアフター・コロナの問題である。そこで、この節では、この問題について検討を加えておこう。

　スペイン風邪の時代は、電子顕微鏡もない時代で、未知のウイルスとの闘いに恐怖を覚えながらも、ひたすら感染経路を断つための様々な方策を手探

りで行っていた。その時代と比べると、現代の医学をはじめとする科学技術は格段に進歩しており、電子顕微鏡でウイルスの正体もわかるようになり、その遺伝子解読は変異ウイルスも含めて行われている。さらに、ウイルスの特性＝メッセンジャー RNA を使った細胞内増殖メカニズムを逆利用したワクチンの開発も進められ、現実に接種が始まっている。PCR 検査・抗体検査によって個人の感染およびクラスターの特定もできるようになっており、まさに隔世の感がある。

　だが問題は、感染防御のために行ったロックダウンによって生活の糧を失った人々に対する補償が十分には行われていないことである。これがリーマンショックを上回る不況を生み出す原因ともなっている。とりわけ日本がそうであるが、直接の生活支援・現金給付を飲食店から芸能関係に至るまで職種を問わず、即座に行うことが必要である。

　その際、注意しなければならないのは、多くの文化、芸術、芸能に関するイベント等が中止になり、これらの業種・業界にかかわる予算・支援がストップしたことである。その時の根拠が「不要不急」（『広辞苑』によれば「どうしても必要というわけでもなく、急いでする必要もないこと」）であった。だが、「唯、生きる」のではなく、「人間として生きる」ためには、これらへの支援は、「必要緊急」「必要至急」もしくは「必要火急」だったのではないだろうか。人類は、ラスコー洞窟の壁画に見られるように後期旧石器時代から、ずっと芸術を生活の糧としてきたのであるから、今からでもすぐ支援を行うべきだと考える。日本は、ヨーロッパの基準からするとこれらの分野に対する支援が決定的に遅れている。芸術や文化および芸能に対する見方の根本的転換が必要である。

2　財源をどうするのか
——軍事費を削って、新型コロナ対策・循環型社会の建設に

　そのためにまずは、国内対策として国家財政の出動が必要になるが、さらに、ワクチン・ナショナリズムを克服する国際的支援のシステムが必要になる。その場合、住んでいる国の違い、所得の違いによって救われる人とそうでない人がでるようでは、「誰一人として置き去りにしない」という SDGs

の原則から外れてしまう。そうならないためのグローバルな財源調達システムが必要なのである。幸いにも、EU がコロナ共同債・EU 復興基金で先陣を切ったが、さらに画期的な前進が G7 で合意された。新自由主義下で行われていた法人税減税からの根本的転換であり、これを新型コロナ対策に充てようという試みである。

　2021 年 6 月 5 日、ロンドンで開かれていた G7（主要 7 カ国）の財務相会合で、各国はグローバル企業への課税強化を視野に入れた「歴史的」な合意に達した。BBC によれば、企業が商取引で実際に利益を得ている現地で納税するよう制度を作るほか、法人税に各国共通の最低税率を定める方針とのことである。最低法人税率をめぐる協議は数年前から続いていた。今回アメリカ、英国、フランス、ドイツ、カナダ、イタリア、日本、そして欧州連合（EU）が法人税率 15％以上をめざすことで一致した。新型コロナウイルス感染症 COVID-19 による危機的状況の中で大規模な財政出動を迫られてきた各国政府に、数十億ドルの税収が見込まれる。世界各国の法人税引き下げ競争に歯止めをかけようとするもので、実現すればハイテク大手の米アマゾンや米フェイスブックなどが影響を受ける可能性が高いといわれている（BBC NEWS JAPAN https://www.bbc.com/japanese/57373097）。

　さらに、7 月 1 日、経済協力開発機構（OECD）は、加盟国を含む 130 の国と地域が、共通の法人税の最低税率を 15％以上とすることで合意したと発表した。大企業に対し、事業展開している地域に関係なく「公平な税負担」を求める。ハイテク大手に対する課税は、アメリカとほかの国の摩擦の原因となってきた。国際的な法人税改革に関する交渉会合を主導した OECD は、今回合意に至った計画によって年間約 1,500 億ドル（約 16 兆 7,000 億円）の税収が発生するとした。これに対して、アメリカ、英国、中国、フランスといった G20 諸国は合意を支持した。ただ、法人税の低いアイルランドとハンガリーは合意に加わらなかった（BBC NEWS JAPAN https://www.bbc.com/japanese/57691787）。

　こうして、法人税に関する国際的な合意がなされたが、支出については増える一方である。法人税減税に歯止めをかけ、税収を確保すると同時に、不要不急の支出はカットすべきであると考える。それが、軍事費であり、これ

を大胆に削減する必要がある。新型コロナ対策で財政・税制で国を越えて協力し合うことができるのであれば、もはや戦争のための軍隊は必要ない。日本の場合であれば、自衛隊は、国際レスキュー隊に編成替えすれば、世界中の人々から歓迎されるだろう。さらに、CO_2の削減をめぐっては、放射性廃棄物の処理の見通しが全く立たない原発を再稼働する道ではなく、ドイツのように退路を断ち切って（2022年で原発は全廃）、再生可能エネルギーの方に予算を集中的に向けるべきであると考える。

3 アフター・コロナの「未来予想図」
（1）核廃絶・循環型社会をめざす宗教・民族・国家を超える
　　新しい共同社会の形成

　新型コロナが教えてくれたことは、核弾頭を何千発積み重ねても感染予防には、何の役にも立たないということである。不要不急といえば、核兵器こそ何の役にもたたない無用の長物である。

　6月11日、長崎大核兵器廃絶研究センター（RECNA）が世界の核保有国が持つ核弾頭を一覧できるポスターを作成、公表した。同日付「朝日新聞」でその取り組みが紹介されている。核弾頭の総数は1万3,130発で昨年より280発減ったが、合わせて約9割を保有する米国とロシアの実質的な削減が停滞し、英国が増強を発表したことなどから、研究チームは「単純に喜べる状況ではない」という。研究チームが各国政府の白書や米国科学者連盟の研究発表などの公表資料を下に、6月1日現在の推計値をまとめたところ、米国（5,550発）とロシア（6,260発）は前年より計360発減ったが、退役・解体待ちを除く核弾頭の削減は近年停滞。中国（350発）、インド（160発）、パキスタン（165発）、北朝鮮（40発）は前年に続いて増えている。また、英国（225発）も増加に転じたとのことである。

　ここでは、イスラエルとフランスの核保有が紹介されていないが、米国科学者連合（FAS）Status of World Nuclear Forces - Federation of American Scientists によれば、フランス（290発）、イスラエル（90発）で、ほぼこれが核兵器をめぐる世界の現状と考えていいだろう。まず、指摘しておきたいのは、核兵器を所有していない国が圧倒的であるということである。私

が、たえず疑問に思っていることは、果たして、これら核兵器保有国は、何を恐れているのだろうかということである。米ソ冷戦体制が終結し、もはや攻めてくる国はなくなったはずであるし、経済におけるグローバル化と相互浸透がすすみ、国境を越えた人・モノ・金・サービスのたえざる移動・流通が行われている中で、ひとたび核戦争がおこれば、どうなるのか、容易に予想できることである。おそらく、人類が住めなくなる地球がやってくるに違いない。その意味で、核兵器を持つことの意味はすでに消失しているのである。もし何か意味があるとすれば、各国に存在する軍産複合体とりわけ軍需産業の利益であろう。それゆえ、現代世界に巣くう癌細胞＝軍産複合体、これを取り除くことが、21世紀の最重要課題、世界平和の前進にとって避けては通れない道、になると考える。

　喜ばしいことに、今年1月、核兵器の保有や開発などを全面的に禁じる「核兵器禁止条約」が発効した。だが、現時点で核保有国はこれに加わる意向はないようである。それでは、どのようにして世界平和を実現したらよいのだろうか。国際政治・国際経済の複雑な問題が複雑に絡み合っているので、今すぐ実現という訳にはいかないのであるが、「宗教、民族、国家を超えた新しい共同体」の実現にむけて、力を尽くさなければならない。とりわけ、日本は、憲法第9条を持っている国であるから、日本から世界に向けて、核兵器廃絶を訴える必要があろう。しかも、「核兵器禁止条約」が発効となったにもかかわらず、日本はいろいろ理由をつけて、未だに批准していないのである。現在の核兵器保有国は、基本的には、第二次世界大戦の戦勝国である。そして、これらの国々もいろいろ理由をつけて核兵器を手放そうとしない。だが、これについては、「対人地雷禁止条約」および「クラスター爆弾禁止条約」の成立過程とその後の経緯が参考になる。

　まず、「対人地雷」（朝日新聞デジタル2009年2月12日夕刊）とは、対戦車地雷に比べ殺傷能力は低いが、1個数百円で大量生産でき、「悪魔の兵器」とも呼ばれる。約80カ国に数千万個が埋められたとされ、エジプト、イラン、アフガニスタン、カンボジアなどが多い。2007年の死傷者は世界で約600人。うち26％が18歳以下の子どもだった。99年に使用や製造などを全面禁止する「オタワ条約（対人地雷全面禁止条約）」が発効、日本など約

160 カ国が批准したが、米国やロシア、中国などはしていない。

　次に、「クラスター爆弾」（朝日新聞デジタル 2012 年 10 月 28 日朝刊）であるが、紛争が終わっても市民が不発弾に巻き込まれる被害が相次ぎ、「第2 の地雷」と呼ばれている。2008 年に使用などを禁じる条約が採択され 10年に発効。日本では 4 種が配備されていた。米国や中国などは条約に加わらず、大量保有を続けている。

　では、この二つの兵器を禁止する条約はどのようにして成立したかというと、それが、「オタワ・プロセス」である。すなわち「対人地雷全面禁止条約」（朝日新聞デジタル 2011 年 8 月 6 日朝刊）は、1997 年 12 月にカナダのオタワで調印され、99 年 3 月に発効。締約国は 2011 年 8 月時点で 156 カ国、3 大地雷輸出国の米中ロは参加していない。だが大国が渋っても、NGO と有志国が条約づくりを主導する「オタワ・プロセス」と呼ばれる手法でこの条約の調印・発効が実現した。中心となった NGO の連合体「地雷禁止国際キャンペーン（ICBL）」はノーベル平和賞を受賞した。実は 08 年 12 月に調印されたクラスター爆弾禁止条約も、こうした手法で成立にこぎつけた。

　そして、この方式が、「核兵器禁止条約」締結の運動にも適用され、無事、採択、批准に至るのである。

　すなわち、「核兵器禁止条約」（朝日新聞デジタル 2021 年 1 月 18 日朝刊）は、あらゆる核兵器の開発、実験、生産、保有、使用を許さず、核で威嚇することを禁じた初めての国際条約である。国連加盟国の 6 割にあたる 122 カ国・地域の賛成で 2017 年 7 月に採択された。批准国が 50 に達したため、1月 22 日に法的な効力を発する。核軍縮の交渉義務を課す代わりに米ロ英仏中の 5 カ国だけに核保有を認めている核不拡散条約（NPT）とは発想が異なり、核兵器そのものを非人道的で不法と見なす。対人地雷やクラスター爆弾の禁止条約と同様に、志を同じくする国家と NGO が連携して国際世論を動かす「人道的アプローチ」で成立した。条約締結を先導した国際 NGO「核兵器廃絶国際キャンペーン」（ICAN）は 17 年にノーベル平和賞を受賞している。

　私が注目したいのは、日本における「地雷廃絶日本キャンペーン」の中心メンバーとして活動してきた目加田説子氏による、「対人地雷禁止条約」と

「クラスター爆弾禁止条約」の成立過程には共通点が多いが、「兵器を製造する企業へのアプローチの方法」が違っているとの指摘である[12]。「対人地雷では製造企業に生産停止を求める活動を行ったが、クラスター爆弾では製造企業への投融資を禁止するよう、金融機関に働きかけた。企業の社会的責任とともに社会的責任投資が強く求められるようになった時代情勢を反映したものだ」（日本軍縮学会　ニュースレター　No.3.　2009 年 11 月 5 日および『行動する市民が世界を変えた　クラスター爆弾禁止運動とグローバル NGO パワー』毎日新聞社、2009 年 10 月）と。

　これらの活動によって、たとえ大国が批准しなくとも、地雷やクラスター爆弾の生産は事実上停止しているとのことである。核兵器廃絶運動の高まりを背景に、この方式をもっと核兵器廃絶にも適用すれば、核兵器廃絶も夢ではない。これらを経た後で、いよいよ通常兵器の全廃が問題になるが、戦争そのものを犯罪とする国際条約の締結が必要になると思われる。だが、これらの諸課題はずっと先のこととなるであろう。これらも SDGs の 17 番目の目標と関連した問題群である。

(2)　「極度の貧困と飢餓の撲滅」「あらゆる場所のあらゆる形態の貧困を終わらせる」

　飢餓撲滅および極度の貧困の撲滅を終わらせるためには、その淵源に、独占段階の資本主義・帝国主義の時代に行った欧米日による植民地を通じた収奪があり、この帝国主義的収奪システムをその残滓を含めて終わらせる必要がある。また、アフガニスタンのように旧ソ連の介入（その後米国）によって破壊された社会の修復も必要である。そのためには、その原因の解明が必要であるから、『資本論』だけでは不十分であり、『帝国主義論』と第二次世界大戦後の世界経済の研究成果が利用されなければならない。もちろん、先進国での貧困・失業の問題は資本主義が資本主義であるために必要な根本原理（資本主義は貧困を前提として成り立っており、貧困の存在しない資本主義は存在しない）、資本主義にとって本質的・法則的現象であり、資本主義の心臓部をなす問題——資本主義そのものの廃絶とリンクしている問題であるから——、その廃絶のためには、広範な合意形成を必要とするが、その廃

絶に向けたプログラムを未来のどこかの段階でスイッチをいれ、始動させる
ということである。もちろん、その時まで私が生きているとは思わない。次
世代がなすべき課題である。

おわりに──「ヒューマニズムにもとづく経済学」を超えて

　新型コロナから見えてきたことで、もう一つ大切なことは、現在の危機を
乗り越えるためだけでなく、地球環境をまもり、人類を存続させるために
は、人間以外の他の動植物さらにはウイルスとの共存が必要だということで
ある。そのような認識の変化にあわせて、経済学の在り方・内容も進化させ
る必要があるということである。

　そのためには、緊急対策からさらに踏み込んで資本主義をその典型とする
人間中心主義を見直し、人間以外の生物およびウイルスの立場からもこの問
題を考える必要がある。

　すなわち、グローバル化した現代資本主義を資本主義の歴史の中に位置づ
けるだけでなく、もう一度この問題を人類史的見地から見直し、さらには、
生命史・地球史のレベルまで掘り下げて研究することが求められていると思
われるのである。

　別の言い方をすれば、人間中心・資本の利害中心の開発主義が人間以外の
生き物（動植物）とウイルスの住処を奪い、破壊してきたのではないかとい
うことである。絶滅していく動植物とはちがって、住処を失った幾種類かの
ウイルスが、人間世界の中に新たな住処を求めて、侵入してきたのである。
これは、資本主義以前の社会にもあったことではあるが、資本主義が持つ自
然変革・破壊能力がとりわけ、産業革命以後、あまりにも巨大なレベルにま
で達し、そのため、自然が持つ生態系維持能力のキャパシティーを超え、そ
の自然からの強烈な反作用として、人間社会に襲い掛かってきたのである。
中国の雲南省でコウモリと静かに共生していた新型コロナウイルスも、「一
帯一路」という人間中心主義の開発政策によって、いきなり外界に引きずり
出され、行き場を失ったウイルスがその活動領域を求めて世界中に広がった
のでないかと思われる。そういう意味で今回の新型コロナの「逆襲」も、気

象危機といった地球規模の環境破壊も大きく見れば、このような破壊・侵害された地球環境・生態系からの反発・反作用の一環であると考えられる。それゆえ、この見地から新型コロナ収束後の社会を展望すると、単純に新型コロナ以前の元の社会に戻すのではなく、なによりも地球環境の維持を大切にする維持可能な循環型社会に転換をするという発想の転換が新たに必要となる。

　さて、私自身は、その経済学の方法的出発点を見田石介氏（『資本論の方法』）およびそれを継承した鈴木茂氏（『偶然と必然』）、上野俊樹氏（『経済学とイデオロギー』および「ヒューマニズムにもとづく経済学」）、向井俊彦氏（『向井俊彦著作集』）に置いているのであるが、これまで述べてきた見地から、上野俊樹氏の「ヒューマニズムにもとづく経済学」を出発点にしながらも、そのヒューマニズムの中にあった「人間中心主義」を越えていく研究が必要であると考えるようになった。そのきっかけは、以下のようなウイルス研究に触発されたからである。

　ここでは、これまであまり目が向けられてこなかったウイルスと人類の関係に注目したい。最新のウイルス研究は、哺乳類の誕生すなわち胎盤の形成にウイルスが深くかかわっており、ウイルスなしには、現在の哺乳類もしたがって人類も形成されることはなかったということを明らかにしている。1億6,000万年前、爬虫類から哺乳類が誕生する過程（カモノハシのような原始的哺乳類「単孔類」→カンガルーのような「有袋類」→私たちが属する「真獣類」）でおきたウイルス感染が哺乳類の胎盤形成に決定的に関与しており、そのウイルス由来のPEG10およびPEG11遺伝子が初めて発見されたのである。発見者は、石野史敏教授である。以下、The Asahi Shimbun GLOBE ＋ 2020年9月9日「世界はウイルスに満ちている　脳も筋肉も、実はウイルスの助けでできている　最新研究で見えてきた世界」（中村靖三郎）[13]というインタビュー記事を紹介する。長くなって恐縮であるが、非常に重要なところなので、ご容赦願いたい。

　「やっぱりこれだったか」。2003年。東京医科歯科大の石野史敏教授（64）は、実験結果が明らかになって喜びに沸く研究室からすぐ共同研究者でパートナーの石野（金児）知子・東海大教授に連絡を入れた。人の設計図である

ゲノム（全遺伝情報）の中で、役に立たない「ガラクタ」と見られていたウイルスに似た DNA 配列に、胎盤をつくるのに必須の機能があることを突き止めたからだ。その結果を確信し、10 年以上前から研究を続けてきた石野知子教授は答えた。「やっぱりね」……

　石野史敏教授らが PEG10 という遺伝子を見つけたのは 2000 年ごろ。哺乳類だけが持つ遺伝子の中に、ウイルスにかかわる配列を探していてようやく見つけ出した。この年、胎盤で機能するウイルス由来の遺伝子がヒトと霊長類に共通して存在することが別の研究グループから報告されたが、哺乳類全体に残された遺伝子を発見したのは初めてだった。……

　2003 年、研究成果を初めて発表したフランス・モンペリエでの国際学会の様子を石野史敏教授は今でもはっきり覚えている。みな口をつぐみ、シーンと静まりかえった。「それぐらい意外すぎて、誰も予想していなかった」（石野史敏教授）。

　その後も研究は続く。いつ胎盤を獲得したのか。そのなぞに迫るため、石野史敏教授らは進化の過程をさかのぼってゲノムを調べていった。すると、胎盤形成に関わる遺伝子 PEG10 が、カモノハシなど卵から生まれる単孔類にはなく、そこから分岐し、母体から生まれるカンガルーなど有袋類やヒトなど真獣類に共通してあることがわかった。その遺伝子の配列は、まだ恐竜が生きていた 1 億 6,000 万年ほど前にウイルスなどによって外から入って取り込まれた可能性を示していた。哺乳類などの祖先がまだネズミのような姿をしていたころのことだ。「胎盤を作る能力を持った生き物が生まれた時期と、胎盤を作る遺伝子を獲得した時期が全く同じだとはっきりしたわけです。進化の過程で外から入ってきた遺伝子が、生物をがらっと変えてしまうようなポテンシャルを持っていた」と石野史敏教授はいう。

　哺乳類の誕生を媒介としてウイルスと人間の共生関係が証明された瞬間である。同じ内容が、別の角度から、NHK BS プレミアム「ヒューマニエンス 40 億年のたくらみ：“ウイルス” それは天使か悪魔か」という番組でも紹介されている。さらに、高知大学の長崎慶三教授は、赤潮（プランクトン）の大量発生とその後の突然死のメカニズムを研究しており、赤潮の大量発生によって多くの海洋生物が大量死するが、そのあと、今度は赤潮が突然

大量死するという。その突然死を引き起こす原因となるウイルスを特定し、これを使って海水を浄化するプロジェクトの研究をされているが、これは、ウイルスが、赤潮の大量発生によって破壊された生態系のバランス（均衡）を取り戻すという役割を果たしているのではないかとの仮説を唱えている[14]。大いにありうることかと思われる。こうした研究をふまえると、今後は、地球環境あるいは生態系（エコシステム）とその破壊・修復の考察にあたっては、生物の食物連鎖のもうひとつ下層に膨大なウイルス群が存在し、それらウイルス界は生物界と相互依存・相互作用の関係にあり、それらを土台として、人間と人間がつくる社会が成り立っていること、このような生物界あるいはウイルス界の諸法則との絶えざる相互作用の中に人間社会の諸法則も存在しており、気候危機等の環境破壊も、ウイルスを媒介としたパンデミックも侵害された生物界・ウイルス界の諸法則、地球環境を維持するための諸法則が自らを貫くことによって生じた反作用の一形態であるという自覚が必要である。経済学も経済的社会構成体の移行も疫病の発生とそれが人間社会に与えた影響もふくめ、これまで「ガラクタ」あるいは「悪魔」だと思われていたものについて、その意味を探る作業が必要になってきたのである。地球環境問題の解決にあたっては、学際的な研究が必要で、上野俊樹氏の「ヒューマニズムにもとづく経済学」を継承しつつ、そこに「脱・人間中心主義の経済学」という要素をつけくわえた研究を今後、展開したいと考えている。

　なお、これまでの私の研究と本書での提案の内容をひとつにまとめ、図示しておいた（図1）。参照して頂ければ幸いである。

注
1）NHK　特設サイト　新型コロナウイルス　https://www3.nhk.or.jp/news/special/coronavirus/world-data/
2）スペイン風邪については、板谷敏彦「世界を揺るがしたスペイン風邪の発生源は米国だった」（エコノミスト Online　https://weekly-economist.mainichi.jp/articles/20200424/se1/00m/020/001000d）等を参照した。
3）【特別寄稿】WHO テドロス事務局長「ワクチン・ナショナリズムがコロナを悪化させる」（Newsweek 日本版 2021 年 2 月 10 日 https://www.newsweekjapan.jp/stories/world/2021/02/who-101.php）

4) SDGs および MDGs については、国連広報センターのホームページ等を参照した。
https://www.unic.or.jp/activities/economic_social_development/sustainable_
development/2030agenda/

5) 藤谷健「MDGs（ミレニアム開発目標）は成功したか？タイの達成度から見る"平
均"の課題」2030 SDGs で変える（朝日新聞 2018 年 1 月 22 日 https://miraimedia.
asahi.com/mdgs/）。

6) MDGs については、池田香代子＆マガジンハウス編『世界がもし 100 人の村だっ
たら　完結編』2008 年 12 月 18 日が詳しい。

7) 杉本裕明「SDGs は有効か？環境経済学の第一人者宮本憲一さんに聞く」（エコト
ピア 2019 年 12 月 11 日 https://ecotopia.earth/article-3093/）参照。

8) 佐々木実の経済私考「『SDGs』に先駆けて環境研究の礎を築いた公害研究委員会」
金曜日 2020 年 8 月 29 日。『地球倫理』（2020 年 8 月 30 日）の佐々木実氏の投稿を
参照。

9) 『マルクス＝エンゲルス全集』第 1 巻（大月書店、1959 年）S.378-379. p.415.

10) 見 舞 金 契 約 の 内 容 に つ い て は、https://minamata19 お よ び 5651.jp/pdf/
kyoukun_2015/kyoukun2015_04.pdf を参照。

11) 宮本憲一「随想　SDGs は救世主か」（『経済』2021 年 1 月号）。

12) 目加田説子『行動する市民が世界を変えた　クラスター爆弾禁止運動とグローバル
NGO パワー』毎日新聞社、2009 年 10 月。「社会的責任投資と NGO ―新たな戦略
たり得るか？―」（総合政策研究　第 20 号　2012 年 3 月）

13) 朝日新聞 GLOBE+「世界はウイルスに満ちている　脳も筋肉も、実はウイルスの
助けでできている　最新研究で見えてきた世界」（中村靖三郎）2020 年 9 月 9 日。

14) 朝日新聞 GLOBE+「世界はウイルスに満ちている　この海の豊かさ、実はウイル
スのおかげ　厄介者だけではない、もう一つの顔に迫る」（中村靖三郎）2020 年 9
月 6 日。

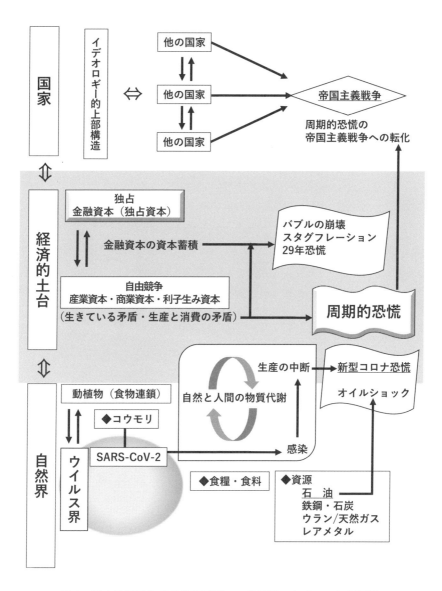

図1　資本の矛盾とその発現形態——自然界・ウイルスとの関係

第 *1* 部

民族国家を超える 新たな国際的地域経済ブロック EU の形成

第 *1* 章

ユーロと新たな国際的地域経済ブロック
EU の形成

——新しい国際通貨「ユーロ」の誕生と
その政治・経済的諸条件——

はじめに

　私は、新たな国際通貨ユーロの誕生と EU の拡大という現代資本主義の現象を「資本の国際性と国民性・民族性の矛盾」とその展開という見地からとらえ[1]、なぜ、このユーロという一国的レベルを超えた通貨への統合が多くの経済評論家の予想に反して実現し[2]、これを通じたさらなる経済統合と国際的地域経済ブロックの形成が進展しているのか、また、それはどのような矛盾を孕んでいるのか[3]、さらに、今後どのように展開してゆくのか、本稿をも含む一連の論考の中で解明していこうと思う。

　それは、こうである。すなわち、現実の資本主義社会は国家の形態で総括された有機体（ブルジョア的経済）であり、現実の世界経済は国家によって統括されたブルジョア的経済と国家によって総括されたブルジョア的経済が複雑に絡み合い相互作用を行っている総体として存在している。しかも、ユーロおよび EU の形成という現象は、これらの相互作用の中から生まれてきた新しい法則を基礎とした新しい経済現象である。それゆえ、これを概括的にせよ叙述することには一定の困難が伴うのであるが、これは、グローバル化した時代の経済学理論および政策科学の発展、さらには一国的経済政策の枠組みを超えた経済政策の提起のために避けて通れない課題である。というのは、日本資本主義が現在抱えている諸困難の原因の解明とその解決への展望が、国境を越える資本の運動とそれが引き起こす諸困難——資本のグ

ローバライゼーションとその矛盾——に対応するためにヨーロッパ諸国が選
択せざるを得なかった道・EU 統合の解明と密接に絡まっており、日本もま
たそのような方向性を持った国際的地域経済ブロックの形成なしには、新た
な展望が開かれないように思われるからである[4]。

　ただ、EU 統合を典型とする国際的地域経済ブロックの形成は、万能の特
効薬でもなければ、理想のモデルでもない。なぜなら、それは、資本の矛盾
——「資本の国際性と国民性・民族性との矛盾」——とその運動を可能にす
る一時的「解決形態」にすぎないのであり、その根本的「解決形態」＝「解
消形態」ではあり得ないからである。それは、現代資本主義が引き起こす矛
盾の「アメリカ的解決形態」——アフガン・イラク戦争という国家による暴
力を媒介としたマーケット（軍需と復興需要）の強力的創出、「京都議定書」
からの離脱——に対するひとつのオルターナティブではあるが、移民・失業
問題をはじめとした資本主義社会の矛盾が引き起こす本質的な諸問題を根本
的に解決＝解消するものとはなっていないからである[5][6]。

　それゆえ、私はユーロ誕生と EU 統合をこのように位置づけた上で、以下
のようなプランで、この現代資本主義におけるヨーロッパの「新しい実験」
が持つ意味と限界を明らかにし、それを通じて現代日本資本主義が持つ諸矛
盾とその解決の方向性を探っていこうと思う。

　1.　新しい国際通貨「ユーロ」の誕生とその政治・経済的諸条件
　2.　新たな国際的地域経済ブロック EU の形成とその矛盾
　3.　ユーロと EU の「新しい実験」が示唆するもの
　　　——東アジア経済統合の可能性——

　ただ、本章では、まず、「1.　新しい国際通貨『ユーロ』の誕生とその政
治・経済的諸条件」について明らかにし、「2.　新たな国際的地域経済ブロッ
ク EU の形成とその矛盾」、および「3.　ユーロと EU の『新しい実験』が示
唆するもの——東アジア経済統合の可能性——」については、これを前提と
して、次章以下の諸章で展開しようと思う。

第1節　「ヨーロッパの平和（帝国主義戦争抑止）」の 実在的諸条件とシューマンプラン

　2002年1月1日、欧州連合〔同盟〕（EU）加盟12カ国にユーロ紙幣と硬貨が登場し、今や3億人以上の人々が現実に日常生活でユーロを使っている。1992年2月、EU首脳が欧州単一通貨の構想をうたったマーストリヒト条約に調印して、わずか10年で歴史上例を見ない大規模な単一通貨の導入が実現したのである[7]。では、かつては、英国（ポンド・スターリングブロック）とならぶヨーロッパの帝国主義・植民地帝国（宗主国）として通貨・経済ブロックを形成したフランス（フランブロック）とドイツ（マルクブロック）が、自らの通貨主権を放棄してまでひとつの通貨「ユーロ」をつくり、各国に固有・独自の金融政策を制約することになるヨーロッパにひとつの中央銀行（「ヨーロッパ中央銀行」）をつくったことの理由はどこにあったのだろうか。

　国家による経済的総括・国家権力のひとつの内容をなす通貨主権・金融政策を放棄するということは、国家による政治的意志決定＊なしには行えないことである。それゆえ、この現象を説明するためには、単なる経済的理由だけでは不十分であり、政治的な理由──グローバル化した世界における政治（国家）と経済の相互作用──が同時に解明されなければならない。そこで、まずここでは、ECSC成立からEUとユーロ誕生へと至るその経緯を概観し、EUおよびユーロの誕生を現実に可能とした実在的諸条件を明らかにしようと思う。

　そもそもEUの前身である欧州石炭鉄鋼共同体（ECSC。1951年4月18日パリにて設立条約に調印。調印国は、ベルギー、フランス、ドイツ連邦共和国〔西ドイツ〕、イタリア、ルクセンブルク、オランダの6カ国。50年の期限付きで52年7月23日に発効）は、1950年5月9日、フランスの外相ロベール・シューマンが、ジャン・モネ（ECSCの初代委員長。「欧州統合の父」と呼ばれている）の構想を具体化するために重要なスピーチを行い（「シューマン宣言」）、かつては敵国同士であったフランスとドイツがその領

有権をめぐって争った石炭・鉄鋼資源を共同で管理することを提案したこと
に始まる[8)9)10]。すなわち、この「シューマンプラン」は、①ルール工業地帯
の国際管理をめぐる独仏対立を解決すること、②独仏両国が欧州統合の推進
力となること、③ザール地方の帰属をめぐる独仏間の年来の紛糾の禍根を断
つこと④欧州の石炭と鉄鋼の国際競争力を強化し、需給調整と価格安定を図
ること、等をその基本的な狙いとしていたのであるが、独仏の石炭と鉄鋼の
全生産の管理を、欧州諸国が参加する合同の最高機関（超国家機関）──国
家主権の制約──の下におくというところにその特徴があった。それゆえ、
この日（5月9日）は、EU の創設記念日とされ、今日では「ヨーロッパ・
デー」として祝われているのである[11]。そして、それは、二つの大戦を経験
したヨーロッパ諸国が、欧州統合を目指し、「戦争の資源」を「和解と平和
の道具」へと転換することによって、共に繁栄する道へと現実的に一歩踏み
出すという選択・政治的意志決定をしたことを意味する。「ヨーロッパの平
和」こそが「ヨーロッパの経済的繁栄」をもたらすという認識である。

　だが、この「ヨーロッパ統合の思想」については、すでに、1849 年 8 月
パリで開催された国際平和会議でヴィクトル・ユーゴー──が「欧州合衆国
の創設」を提唱し、第一次大戦後の 1923 年には、オーストリアのクーデン
ホーフ・カレルギー伯が、その著書『パン・ヨーロッパ』で欧州統合の必要
性を呼びかけ、現実の政治運動としても展開されてきたことである。特に、
カレルギー伯は、「第一次世界大戦後のヨーロッパの没落」に対する危機意
識から、「国境のないひとつの欧州」・「欧州統合の必要性」を呼びかけ、そ
の具体策として、①欧州民族の統合、特に独仏和解により戦争の根源を断つ
こと、②欧州統合によってソ連の欧州征服を阻止すること、③共同市場を設
立して経済的競争力において米国に対抗できる欧州を創設すること、という
提案も行っている。そして、このような彼の問題意識の基礎には、国境を越
える経済とその政治的上部構造とのズレ・矛盾の認識──「近代における産
業組織および技術の発展が、超国家的な経済地域を必要としているにもかか
わらず、欧州は従前にも増して多くの関税の国境線が引かれてしまった」
──があったことは確かである[12]。しかし、彼の思想と政治運動がめざした
「国境のないひとつの欧州」は、第二次世界大戦の勃発によって現実のもの

となることはなかった。

　では、ロベール・シューマンやジャン・モネの先駆をなすカレルギー伯の思想とその運動はなぜ実現しなかったのであろうか。それは、このような思想と政治運動を現実にするための客観的諸条件が欠けていたからである。すなわち、資本はその本性からしてコスモポリタン（資本の国際性）であるが、同時に、資本に固有の限界を持っており、国家の形態で総括され、現実にはそれぞれに固有の民族性もしくは国民性をおびたブルジョア的国民国家（資本の国民性・民族性）を持つ矛盾物として存在している。したがって、ブルジョア的国民国家を持つまでに発展した資本は、資本の国際性と国民性・民族性との矛盾の中で運動しており、それに固有の限界（資本の国民性・民族性）を制限として乗り越えようとして、発展してきたのである。しかし、現実には、ブルジョア的国民国家の形態を脱ぎ捨てることはできない——国境を越える資本は同時に「国家の形態でのブルジョア社会の総括」を要求する——のであるから、それは、資本の国際関係の形態変化すなわち以下のような資本のグローバライゼーションの諸段階として現象するのである[13]。

1. ブルジョア的国民国家を前提とし、商品の輸出を媒介とした世界市場の形成によるグローバライゼーションの進展——諸矛盾の解決形態としての「世界市場恐慌」
2. 植民地への資本輸出（間接投資）を媒介とした帝国主義ブロックの形成によるグローバライゼーションの進展——諸矛盾の解決形態としての「帝国主義戦争」
3. 新植民地主義の形成と対開発途上国・先進国間相互浸透という形態での資本輸出（直接投資）を媒介としたグローバライゼーションの進展——諸矛盾の解決形態としての「帝国主義戦争」の抑止と「インフレーション」・「スタグフレーション」への転化
4. 国際的貨幣資本・擬制資本の自由移動と新たな国際的地域経済ブロックの形成によるグローバライゼーションの進展——諸矛盾の解決形態としての「バブルの崩壊」・「通貨経済危機（21世紀型危機）」

それゆえ、レーニンが『帝国主義論』で明らかにした法則——資本主義的

矛盾の帝国主義戦争としての発現を導くような独占段階の諸法則──が存在する現実の下では、したがって、資本のグローバライゼーションの進展の第二段階の下では、カレルギー伯が把握したような諸矛盾は、政治的上部構造を媒介した帝国主義戦争として発現せざるを得なかったのであり（「帝国主義戦争の実在的可能性」の現実性への転化）、各国において帝国主義戦争に反対する勢力が多数派を形成し、帝国主義戦争としての発現を阻止するような実在的諸条件が形成されない限り、「国境のないひとつの欧州」といっても、帝国主義国による他国の併合という形でしか実現されようがなく、当然、他の帝国主義国はそれに反発する訳だから、第二次世界大戦として発現せざるを得ないというのが、現実の姿だったのである。

　逆に言うと、第二次世界大戦後のヨーロッパで「欧州統合」の運動が、単なる思想のレベルにとどまらず、まずはECSC（欧州石炭鉄鋼共同体）として現実化していったのは、思想を現実に転化していく実在的諸条件が存在していたからである。すなわち、第二次世界大戦の終結によって第二次世界大戦を生み出した国際的政治諸関係における決定的な変化が、帝国主義戦争を阻止する実在的諸条件を形成し、ヨーロッパの復興とヨーロッパ金融資本によるグローバライゼーションの進展（第二段階から第三段階への移行）がこれを後戻りできないものとしていったのである。

　この国際的政治諸関係の決定的変化とは、まず第一に、第二次世界大戦後、「社会主義」がひとつの世界体制となったこと、次に、植民地における民族解放闘争が帝国主義国（旧宗主国）からの独立と帝国主義ブロックの解体をもたらし、これまでの植民地支配が不可能になったこと、さらに、帝国主義内部あるいは先進資本主義国内部においても反戦・平和勢力が増大していったことである[14]。だが、なにより、ヨーロッパの帝国主義国にとって衝撃的であったのは、二つの大戦を経験している間に、かつて帝国主義国（宗主国）として世界に君臨した諸国が、見る影もなく没落し、気がつけば、ソ連と米国という超大国の狭間で、身動きができない状況になってしまっていたことである。「没落するヨーロッパに対する危機意識」の深刻さの度合いは、カレルギー伯の時代を遥かに超えるものとなっていた。そして、この衝撃と危機意識こそがモネやシューマンを駆り立て、「統合による新しいヨー

ロッパ」の中に希望を見いだす運動へと導いていったのである。ヨーロッパはもはや戦争をする力をなくしており、米ソの両超大国の間で消滅してしまわないために、共同して急速な経済復興を遂げる必要があった。

　だが、米ソ冷戦体制の始まりとともに、ヨーロッパは二つに分裂し、西ヨーロッパは、米国の援助の下に、東ヨーロッパはソ連の援助の下にそれぞれ戦後復興を遂げていくことになる。しかも、ドイツが東西に分割され、東ヨーロッパがソ連の衛星国として組織され、復興していく下では、全体としてのヨーロッパ統合の道は困難であり、西ヨーロッパは、1940年代に、「マーシャルプラン」（援助対象期間48年4月〜51年6月、援助総額102億600万ドル）を受け入れ、米国のイニシアティブで西ヨーロッパの範囲で復興・統合を進めていかざるを得なかったのである。だが、やがて50年代に入ると、西ヨーロッパ諸国は自らのイニシアティブによる独自の統合を模索するようになる。一方で、アメリカの援助を受け入れつつ、他方で、これに反発するのである[15]。このような状況の中で、生まれてきたのが「シューマンプラン」であり、それは、1950年代初頭までに、戦前の生産水準を回復し、さらに、グローバルな経済活動の復活（第二段階から第三段階への移行）をめざす独仏の金融資本にとっての要求でもあった。そして、これに対しては、まず米国は賛意を表する。それは、ソ連と対抗関係の中で、米国自身にとって欧州のいっそうの経済統合が必要であり、地域的単一市場協定と欧州の基礎産業の国際的な共同管理を米国自身が提唱していたからである[16]。だが、英国は、「超国家機関の設立による国家主権の制約」を嫌って参加せず、スウェーデンをはじめとする北欧諸国も英国に同調し、スイスなど中立国も「シューマンプラン」が「反共的な政治統合につながるものであり、政治的中立を損なう」として参加しなかったために、結局、ECSC は、フランス、西ドイツ、イタリア、ベネルクス三国の6カ国のみによってスタートすることになる[17]。だが、「ヨーロッパの平和」こそ経済的繁栄の前提条件であるという認識が共有され、独仏の和解—— ECSC という超国家機関による国家主権の制約——が成立したところにこの条約の今日的意義があり、これによって、西ヨーロッパは、「帝国主義戦争」によらない資本の発展形態、資本のグローバライゼーションの第二段階から第三段階への移行の第一歩を

踏み出すことになるのである。

第2節　ヨーロッパ金融資本の復活・高度成長と 「EC 市場統合」の発展

　こうして、1951 年パリ条約（ECSC 創設条約）に調印、52 年発効した ECSC の設立によって EU へと至る歩みを始めた西ヨーロッパ 6 カ国は、さらにその統合を前進させる。まず、1957 年 3 月 25 日には、ローマ条約に調印し（58 年 1 月 1 日発効）、EEC（欧州経済共同体）と EURATOM（欧州原子力共同体）を設立する。この EEC は、組織としては ECSC をモデルとし、関税同盟（域内関税の撤廃と対外共通関税の設定）を基礎に共同市場（鉄鋼・石炭の 2 分野から全分野へと拡大）をつくることを目的としたものであり、また EURATOM は、エネルギーの将来を担う戦略産業と考えられた原子力の平和利用に着目し、その開発利用を目指したのであったが、その後、1962 年には、CAP（共通農業政策）についても合意し、さらに 65 年には、ブリュッセル条約（67 年 7 月 1 日発効）によって、これら欧州 3 共同体（ECSC、EEC、EURATOM）の執行機関を、単一の理事会と委員会に統一し、EC（欧州共同体、欧州 3 共同体の総称）が成立する。そして、1968 年 7 月 1 日には、工業製品に課せられる域内関税が完全撤廃され、予定より 18 カ月早く「関税同盟」は完成するのである[18]。

　だが、このような統合への動きは、一直線に進んだ訳ではない。これに対して、その内部から強烈な反発が起こり、一時は EEC 解体の危機（「65 年危機」）にまで発展する。そして、それを克服しながら進んでいったのである。では、この危機の内容とはどういうものであったのだろうか。また、解体の危機があったにもかかわらず、なぜ、全体としては、統合が進んでいったのであろうか。これについて少し見てみよう。

　この危機は、統合の一方の枢軸であったフランスのド・ゴールによって引き起こされた。それは、まず、英国の EEC 加盟交渉の拒否（63 年、67 年）に始まり、65 年には、EEC 委員会が閣僚理事会に提出した「ハルシュタイン・プラン」の導入にも反対したのであるが、それだけでなく、さらに、66

年 1 月までの約 7 カ月の間、欧州司法裁判所を除くすべての EEC 諸機関の会議をボイコットまでしたのである。これによって、EEC は解体の危機に陥る[19)20)]。

　このフランスの反発の理由は、ひとつには、英国の EEC 加盟によってその背後にある米国の影響力が増大し、EEC 内部におけるフランスの影響力が低下することを恐れたことにあるが、もうひとつには、ヨーロッパ統合の形態をめぐる意見の対立――「連邦主義」(「ヨーロッパ合衆国」)と「連合主義」(「諸国家から成るヨーロッパ」)の対立――があり、これが「ハルシュタイン・プラン」の提案を契機に表面化したからである[21)]。すなわち、EEC 初代委員長（1958 〜 67 年）ハルシュタインは、ドイツ人であったが、フランス人ジャン・モネおよびシューマンの理想を引き継ぐ、熱烈な「連邦主義者」であり、共同体諸機関の権限を強化し、統合をさらに前進させるという決意を抱いて、このプランを提起した。その内容は、① 1967 年 7 月までに関税同盟を完成し EEC 財源の自立をはかる。②欧州議会の権限を強化する。③ 1966 年 1 月から EEC は「第三段階」に移行し、共通農業政策、共通通商政策などの重要問題について、閣僚理事会の特定多数決制の適用範囲を大幅に拡大する、というものであり、EEC 委員会と欧州議会の超国家性の強化をはかるものであった。

　この「ハルシュタイン・プラン」に対して、ド・ゴールに代表されるフランスは、強烈に反対する。それは、このプランが、EEC の超国家性を強化し、EEC の政策決定、機構におけるこれまでの各国政府の優位、なによりフランスの国益を脅かすように映ったからである。そこには、あくまで国家主権を保持し、フランスの独立性を維持しつつ、主権国家間での緩やかな政府協力機関としての統合を理想とし（「連合主義」）、自国の国益を重視する政府間主義的な思考方法があった[22)]。まずは、フランスの国益であり、「ヨーロッパの統合」はそれを守るための手段なのである。

　こうして、ハルシュタインやフランス以外の 5 カ国は、ジャン・モネ以来の伝統にたって、国家主権の移譲をも含む超国家的な統合の推進を目指そうとしたのであるが（「連邦主義」）、フランスによる強烈な反発に出会い、妥協によってこの危機を回避するという選択をせざるを得なくなった[23)]。「ル

クセンブルグの妥協」（1966 年 1 月 29 日、加盟国の重大な国家利害が絡む
場合は、全会一致により決議するという条件［すなわち、特定多数決制の否
定］でフランスが理事会会合に復帰）である[24]。

　だが、このようなヨーロッパ統合の形態をめぐる意見の対立により、
EEC は、解体の危機にまで至りながらも——政治的には極度の緊張状態に
陥りつつも——、EC 加盟国が高度経済成長を謳歌した 1960 年代に、「EC
の市場統合」は、めざましい発展を遂げる。「関税同盟」および「共通農業
市場」が完成し、「ローマ条約」で規定された共同市場設定のための「12 年
の過渡期間」を予定より 18 カ月早く乗り切るのである。それは、広大な植
民地を喪失し、米ソ冷戦体制の下アメリカの援助により復興を遂げたヨー
ロッパ金融資本が発展の次なる形態を模索しようとした時、ヨーロッパ共同
市場の創出が、どうしても必要なことだったからであり、独仏のヨーロッパ
統合の形態をめぐる「連邦主義」と「連合主義」の対立にもかかわらず、す
べての加盟国で一致できる内容であったからである。また、この間、アメリ
カによるヨーロッパへの資本輸出（1960 年代：アメリカのヨーロッパに対
する「挑戦」＝「アメリカの挑戦」）とその反撃（1960 年代後半－ 70 年代：
ヨーロッパ企業のアメリカへの資本輸出：「ヨーロッパの挑戦」）という形
で、資本輸出の米欧間の相互浸透が急速に進行していくのであるが[25]、競争
する米欧の諸資本・金融資本の両者にとって、関税なきヨーロッパ市場の創
出とその拡大は、共通の利害であったからでもある。

　こうして、「EC の市場統合」をすすめ、関税同盟を完成させた EEC 各国
の首脳は、1968 年 12 月 1 日－ 2 日、オランダのハーグで会合を開き、欧州
統合のより一層の推進——①「完成」（農業・財政規則の採択による共同市
場の完成）②「深化」（EMU〔欧州経済通貨同盟〕の創設、EPC〔欧州政治
協力〕の開始）③「拡大」（英国など 3 カ国の EC 加盟承認）——を決議す
る。そして、ハーグ会議終了後、この目標を実現するための努力を始めるの
である。

　まず、①については、1970 年 4 月 22 日、EC 加盟国は、ルクセンブルク
に集まり、EC が徐々に「固有財源」で歳入を賄っていくこと（「第一次予
算条約」）、および欧州議会の権限（予算を修正する権限）を強化することを

定めた条約（ローマ条約の改正）に調印する。これによって、EU 域外から
の輸入農産物に対する課徴金収入のすべて、輸入工業製品に対する関税収入
のすべて、加盟国の付加価値収入の一定率（当時は 1％を超えない範囲）が
共同体の固有財源とされ、その中から CAP（共通農業政策）の財政が賄わ
れることになる[26]。

　次に、②については、1971 年 2 月に、閣僚理事会が、「ウェルナー報告」
にもとづく EMU（経済通貨同盟）の段階的実現計画（71 年以後 10 年間で
EMU を創設）を採択し、EMU の第一段階が 71 年 1 月 1 日にさかのぼって
開始されることになった。実際、この計画にそって、72 年 4 月からは、各
国通貨間の為替変動幅を 2.25％以内とする為替変動幅維持制度（「スネーク」）
が導入される。また、6 カ国外相会議で、「ルクセンブルク報告（第一次ダ
ビニョン報告）」が採択され、EPC（欧州政治協力）も開始される[27][28]。

　さらに、③については、1972 年 1 月 22 日、ブリュッセルにおいて、デン
マーク、アイルランド、ノルウェー、英国が EC 加盟条約に調印し、73 年
には、ノルウェーを除く（国民投票の結果、加盟条約を批准せず）3 カ国が
加盟することになる。こうして、EC は、6 カ国から 9 カ国へと拡大した[29]。

　このように、第二次世界大戦が終結し、米ソ冷戦体制の下で「ヨーロッパ
の平和」が実現される——ヨーロッパをとりまく国際的政治情勢が変化し、
資本の諸矛盾の解決形態としての「帝国主義戦争」が抑止される——という
状況の下で、資本のグローバライゼーションは、新植民主義の形成と対開発
途上国・先進国間相互浸透という形態（＝「平和的な形態」）での資本輸出
（直接投資）として進展することができ、したがって、ヨーロッパ統合への
道も、高度経済成長の矛盾が「スタグフレーション」として発現するまで
は、「EC 市場統合」を中心に順調に進展することができたのである。

第 3 節　スタグフレーションの発現と　　「ヨーロッパ統合」の停滞・模索

　しかし、1971 年のニクソン・ショックにはじまり、73 年、79 年の二度に
渡るオイルショックを契機とした 10 年間に渡る世界経済の停滞——資本の

諸矛盾の「スタグフレーション」としての発現——とヨーロッパ経済への反
作用は、このヨーロッパ統合への動きにも影響を与え、経済・通貨統合への
EC 加盟国の取り組みは後退し、「EC の暗黒時代」（スタンレー・ホフマン）
ともいうべき事態を招来することとなった。それは、EC 各国とも、EC 域
内外での激しい競争から国内市場を守ろうとして、相互に協調体制を維持し
ようと努力するどころか、新たな口実を設けて次々と保護貿易主義の障壁を
高めていったからである[30]。

　確かに、「拡大」という側面では、1981 年 1 月 1 日、ギリシャが加盟し、
EC は 10 カ国になるという進展があった。だが、「完成」という点では、英
国にとっての EC に対する負担超過問題をサッチャー首相が取り上げ、その
是正を求めたため、76 年から 80 年にわたって紛糾が続いた。また、「深化」
（通貨統合・欧州政治協力）を見ても、「ウェルナー報告」では、1980 年を
目標に EMU と Euro という統一通貨を実現することとなっていたのである
が、その第一段階の「スネーク」は、71 年ドルショックと 73 年変動相場制
移行に続く第一次オイルショックの勃発によって、約 1 年で崩壊する。ま
ず、経済力の弱い英国のポンドとイタリアのリラが規定の為替変動幅を維持
できなくなり「スネーク」から離脱し、次に、74 年には国際収支の悪化か
らフランスも離脱、結局、単なるマルク圏となった EMU は機能を停止せざ
るを得なかったからである[31][32]。

　このように、資本主義の諸矛盾がスタグフレーションとして発現する経済
状況の下で——国境を越えてその運動を展開しようとする資本と国民国家の
形態でブルジョア的経済を総括しようとする資本との矛盾は、スタグフレー
ションとして発現し、資本がその矛盾の新たな運動形態・解決形態を見いだ
せない限りでは、諸国家は従来型の経済政策を選択せざるを得ず、各国が保
護貿易主義の障壁を高めるという形態で対応せざるを得なかった——、ヨー
ロッパ統合にむけて加盟国が再び結束するためには、10 年に渡る試練をく
ぐり抜けることが必要だったのである。

第 4 節　EU の形成と新しい国際通貨「ユーロ」の誕生
——資本のグローバライゼーションと
「ヨーロッパ統合」の深化——

　こうして、高度経済成長が終焉し、ヨーロッパ諸国が自国の景気対策に目を奪われている間に、米国だけではなく、二つのオイルショックに柔軟に対応し、コンピュータ、マイクロ・エレクトロニクスの分野で急成長を遂げてきた日本が、ヨーロッパの脅威として立ち現れてきた。EC は、その国際競争力を低下させ、半導体輸入は 50% 以上を日米などの域外に依存、パソコンの 10 台のうち 8 台は米国製、VTR は 10 台のうち 9 台は日本製という事態にまで立ち至っていたのである。しかも、アジア NIES を中心とした中進国の脅威もほんのそこまで迫っていた[33]。

　低成長、高失業、硬直化した雇用構造および産業構造、競争力の欠如、高度先端技術の立ち後れ等々、域内市場統合を完成させ、EC 経済を活性化させない限り、もはやヨーロッパすなわちヨーロッパ金融資本の生き残る道はない——この「没落するヨーロッパ」に対する危機意識が再びヨーロッパ統合にむけて運動を始める機動力となった。

　このような状況の中で、1985 年 1 月、EC 委員長に就任したフランスのジャック・ドロール元蔵相は、域内市場統合の必要性を強調し、85 年 6 月には、EC 委員会の「域内市場の完成にむけて」と題する「域内市場白書」をミラノ欧州理事会に提出する[34]。1980 年代後半のヨーロッパ政治の中で最も重要なキャッチフレーズとなる用語「92 年の市場統合」を生み出すことになったこの「白書」は、まず、拡大しつつある欧州共同体（EC）は、3 億人以上の消費者をかかえる巨大市場になる可能性を持っていることを指摘する。しかし、同時にこの巨大な可能性が、国境検問所での行列や、技術面での貿易障壁、閉鎖的な政府調達市場といった障壁によって阻害されているというのである。そして、こうした障壁による非効率から生じるコスト——「欧州規模でないことによるコスト」と呼ばれている——を、約 2,000 億ユーロ（当時は、ECU）と見積もる。そこで、このような巨大な可能性を現実のものとするためには、これらの物理的・技術的・財政的障壁を除去する必

要があるとして、1992 年末までに単一の域内市場を完成させることを目指し、このような障壁を除去するための約 300 項目に渡る法案を採択することを提案したのである。そして、ミラノ理事会はこの提案を採択する。だが、このような法案を採択するためには、ローマ条約の大幅な改正が必要であった。これを受け、ルクセンブルク欧州理事会は、同年 12 月 2 日－4 日、1993 年までに単一市場の創設を目指すローマ条約の改正と「単一欧州議定書」による欧州統合プロセスの再開に合意する。こうして、この「白書」の内容が持つ衝撃は、この法案を採択するための条約改正へと加盟 12 カ国を行動に駆り立て、1986 年 2 月 17 日、28 日には、ルクセンブルクとハーグにおいて、「単一欧州議定書」が調印され、87 年 7 月 1 日に発効することとなったのである。

　ここに、「ドロールの最大のヒット」（グラント）と形容される「92 年市場統合」が始まるのであるが、これが成功した理由には、もちろん、物理的・技術的・財政的障壁を制限とし、これを除去することによってグローバルに活動しようとするヨーロッパ金融資本（「ヨーロッパ規模の企業」）の利害と EC 加盟国政府および EC それぞれの意志と決断があったことは確かであるが、この「白書」が市場統合の実現にあたって完成期限を明示し、意思（意志）決定の過程において特定多数決を導入し、「ルクセンブルクの妥協」の合意内容を事実上廃棄したことの意義は大きい。というのは、「加盟国の重大な国家利害が絡む場合は、全会一致により決議する」というルクセンブルクの合意内容が、EC にとって本質的に重要な意思（意志）決定は行えないという状況を作り出してきたからである。逆に言うと、完成期限を明示し、特定多数決制を導入したということは、「市場統合」が単なる理念ではなく、現実に実現しなければならないものとして誰の目にも——少なくとも、加盟国の政策担当者・政治家には——意識されたということであり、それゆえ、「92 年市場統合」は実現したのである。

　しかし、ドロールは、「市場統合」では満足せず、さらに通貨統合へと進めていった。それは、彼が、「市場統合」は、「通貨統合」「政治統合」によってのみ完結すると考えていたからである。こうして、単一欧州議定書に基づいた市場統合が着々と進められていた 1989 年 4 月、ドロール欧州委員

会委員長の下でつくられたドロール報告（「欧州共同体の経済通貨同盟に関する報告書」）が発表され、その年のマドリッド理事会で了承される。この報告書では、通貨統合を三段階で行うことが示されている。すなわち、1990年 7 月から始まる「域内の資本移動の完全自由化」（第一段階）、「欧州中央銀行の設立」（第二段階）、「単一通貨の導入」（第三段階）の三段階である。だが、この三段階のうち、第一段階はローマ条約に基づいて実行できるのであるが、第二段階以降の通貨統合を実現するためにはローマ条約の改正が必要になる[35]。

　他方、1989 年 11 月 9 日ベルリンの壁崩壊から、90 年東西ドイツ統一をへて、91 年 12 月ソ連崩壊に至る中・東欧情勢の激動とそれに伴う難民の発生、ユーゴスラビア内戦の勃発は、EC 加盟国にこれまで（「単一欧州議定書」まで）ローマ条約の枠外で行われてきた欧州政治協力（EPC）の重要性を再認識させることになった[36]。

　したがって、一方で、経済通貨同盟を実現し、他方で、欧州政治協力を行うためには、これまでの EC を拡大して、EU（European Union 欧州連合〔同盟〕）を創設することが必要であることが認識され、こうして、1992 年 2月 7 日、ローマ条約が改正され、新たにマーストリヒト条約が調印（1993年 11 月 1 日に発効）されることになったのである。国家主権の一部放棄を伴う国家を超えた UNION 形成への「新しい実験」の始まりである。

　この「新しい実験」は、多くの経済学者・評論家の予想を超え、EU の成立および「経済通貨同盟」・単一通貨ユーロ導入は、現実のものとなった。この間の経緯を見ると以下のようである[37][38][39][40]。

　1978 年 7 月 6 日 – 7 日　フランスとドイツ、ブレーメン（ドイツ）欧州理事会において、「スネーク」に代わる欧州通貨制度（EMS）を提案。EMS は、79 年 3 月 13 日に始動。

　1989 年 6 月　ドロール欧州委員会委員長、「経済通貨同盟」（Economic and Monetary Union＝EMU）にむけた計画とスケジュールを提示。

　1990 年 1 月　EMU 第一段階開始。

　1991 年 12 月 9 日 – 10 日　マーストリヒト（オランダ）欧州理事会、欧州連合条約を採択。共通外交、安全保障政策（CFSP）、司法・内務に

関するより緊密な協力、単一通貨導入を含む EMU 創設に関する基盤を
築く。新たな分野での政府間協力が加わったことにより、欧州連合〔同
盟〕(European Union=EU)が誕生し、EEC は、EC(European Community)
と名称変更。

1992 年 2 月　マーストリヒト条約調印（93 年 11 月発効)。「経済通貨同盟
　　計画」が正式に取り上げられ、加盟国が EMU に参加する上で満たさな
　　ければならない諸基準を規定。

1993 年　単一市場始動。

1994 年　EMU 第二段階開始。

1997 年　アムステルダム欧州理事会、「安定成長協定」(Stability and
　　Growth Pact) および「成長と雇用に関する決議」を採択。

1998 年 5 月 3 日　ブリュッセル欧州理事会、11 カ国（オーストリア、ベ
　　ルギー、フィンランド、フランス、ドイツ、アイルランド、イタリア、
　　ルクセンブルク、オランダ、ポルトガル、スペイン）が、1999 年 1 月 1
　　日より単一通貨を導入する条件を満たしていると決定。

1998 年 6 月　欧州中央銀行（European Central Bank=ECB)、フランクフ
　　ルト（独）に設立。

1998 年 12 月 31 日　単一通貨ユーロとユーロ導入国通貨間の不可逆的固定
　　換算レートを設定。

1999 年 1 月 1 日　EMU は、第三段階に移行。ユーロは EU11 カ国で導入
　　され、金融市場に登場。以後、ユーロで策定・実施される EU の金融政
　　策は欧州中央銀行（ECB）に一元化（ギリシャは遅れて 2001 年より
　　ユーロに参加）。

2002 年 1 月 1 日　ユーロ圏にてユーロ紙幣・硬貨の流通開始。

　それでは、そもそも ECSC および EC 設立の背景をなしていた米ソ冷戦体
制が終焉し、その象徴であったベルリンの壁も崩壊、統一ドイツ（ヨーロッ
パから自立するドイツの可能性）が成立したにもかかわらず[41)42)]、なぜ、
EU 統合への流れはとどまらず、単一通貨ユーロが導入されることになった
のであろうか。これまでの考察を踏まえながら、最後にこの点について検討
してみよう。

　それは、まず、あらゆる障害を克服して EU およびユーロを実現しようと いう独仏を枢軸とした加盟国における強力な政治的意思（意志）決定と決断 があったということである。「没落するヨーロッパに対する危機意識」と 「ヨーロッパの平和」こそ「ヨーロッパの経済的繁栄」の前提条件であると いう認識の共有——この意識が、ベルリンの壁崩壊に始まる中・東欧をめぐ る国際情勢の激変にもかかわらず、究極的には、揺るがなかったということ である。それは、単一通貨が、ドイツの「マルク」ではなく、新しい通貨 「ユーロ」であったことに象徴的に表れている。

　すなわち、ECSC の設立経緯を見ればわかるように、EU の起源は、かつ ては敵国同士であったフランスとドイツがその領有権をめぐって争った石 炭・鉄鋼資源を共同で管理することを提案したことに始まる。だが、これに は、フランスを中心としたドイツ以外のヨーロッパ諸国からいえば、第二次 世界大戦を引き起こしたドイツをヨーロッパの機構の中に封じ込めるという 政治的意図があり、また、ドイツの側から見れば、米ソ冷戦体制の下、東西 に分断され、その統一を達成するには、フランスおよびその他の諸国の協力 がどうしても必要だったという事情があった。ところが、ベルリンの壁崩壊 と東西ドイツの再統一はこういった諸条件の根本的変化を意味していた。と いうのは、ドイツは、統一によって、ヨーロッパの中でこれまで以上に経済 的に抜きんでた大国になったばかりでなく、中・東欧へ影響力を行使しなが ら、政治的にも独自の動き——その典型は、クロアチアとスロベニアが独立 を宣言した時、他の EU 諸国との相談なしにこの二つの国の独立を承認した こと——を始めたからである[43)44)45)]。それゆえ、フランスとしては、このよ うな統一ドイツの行動を再びヨーロッパの機構——「ドイツに振り回される ヨーロッパ」ではなく「ヨーロッパあってのドイツ」——の中に封じ込めて おくことが、どうしても必要となった。他方、ドイツとしても、やはり西 ヨーロッパは巨大な市場であり、米系・日系資本と対抗して市場を確保する ためにも、これらの諸国の人々の感情を無視して行動することは経済的利益 を損なうことになる。統一ドイツは、東ドイツを抱えることで大きな経済的 負担を背負うことになったし、統一したとはいえ、また、中・東欧の市場を 合わせたとしても、日米に対抗できるだけの市場圏を形成する力を持っては

いなかったのである。そこで、ドイツは、ナチスドイツの過去の罪をあがない、ヨーロッパの一員であることを示すために、マルクを放棄するという形で通貨統合を推し進め、周辺諸国の「強大なドイツ」という恐怖感を取り除くことが必要だったのである。ここに、「マルク」を放棄して「ユーロ」を導入するという「妥協」が成立する[46)47)]。

　また、米ソ冷戦体制が終焉し、世界に平和が訪れると多くの人が期待したにもかかわらず、現実には、民族紛争が多発した。とりわけ、ヨーロッパにとって重要な意味を持つユーゴ紛争では、ボスニアでもコソボでもヨーロッパ諸国のみでは収拾することができず、最後に NATO の盟主・米国が乗り出すことで事態が収まるという繰り返しとなった[48)49)]。結局、冷戦終結以後の米国一極支配構造を確認するという結果となり、これに対して、ロシア・中国が警戒感を強め、EU 諸国もまたヨーロッパの安全保障を独自に追及する必要が生じたのである。

　さらに、フランスにとっては、欧州中央銀行を創設し、金融政策を一国レベルからヨーロッパレベルに移すことによって、これまで 1979 年に発足した EMS（欧州通貨制度）の下で、結果的にドイツの金融政策に依存せざるを得なかった状況から脱し、金融政策の決定過程に参与することを可能にするという意図があったことも確かである。欧州中央銀行とヨーロッパ単一の金融政策は[50)]、ドイツのブンデスバンク（連銀）と金融政策をモデルにしたといわれているが、中央銀行の政府からの独立性という原則をヨーロッパレベルに移し替えると、その意味は変わり、欧州中央銀行は、各国の政府から独立することになるが、各国の中央銀行はこれまでのような各国独自の金融政策を展開し得ない――その独立性を喪失する――ということでもある。言い換えれば、ドイツのブンデスバンクはこれまでのような影響力をヨーロッパ経済に対して発揮し得ないということになるのである。

　すなわち、EMS の下では、ERM（為替相場メカニズム）参加国は、自国通貨の為替レートを ECU に対して一定の幅に収めなければならなかったのであるが、このことは、ECU を構成する通貨の中で最大のウエートを持つマルクを使用しているドイツの金融政策に調和した政策をとらなければ、為替レートを所定の変動幅に収めることはできないことを意味した。それゆ

え、東西ドイツ統一後の不況期（1991 年 – 94 年）の時期を例にとれば、ド
イツ連銀はインフレを抑えるという目的のために高金利政策をとり続けたの
であるが、為替レートの維持のために周辺国もまたこれに従わざるを得ず、
このことが景気回復を困難にした。1992 年 9 月の通貨危機で ERM を離脱
した英国とイタリアは、為替を切り下げて輸出攻勢をかけ、景気を回復した
が、ドイツとフランスはこれに縛られてなかなか不況から脱出することがで
きなかったのである。だが、欧州中央銀行と単一通貨ユーロを導入し、ヨー
ロッパレベルの金融政策を実施するというシステムの下では、フランスが金
融政策の決定に関与し、その自主性を部分的に取り戻すことができる。ここ
にフランスの意図があったと思われる[51]。

　このことは、最初、ユーロ導入にあたってドイツによって提案された「安
定協定」（Stability Pact）が、ダブリン・サミットでは、「安定成長協定」
（Stability and Growth Pact）と名前を変えて合意されたことにもよく表れ
ている。

　すなわち、マーストリヒト条約によって規定されている最終段階（第三段
階）への移行のために EU 加盟国が達成しなければならない四つの条件と
は、以下のようであった[52)53)54]。

① 　加盟国の高度の物価の安定（第三段階への移行に先立つ 1 年間の上昇
　　率を物価が最大に安定している 3 カ国の 1.5 ポイント以上上回ってい
　　ない）

② 　維持可能な財政状態（財政赤字が GDP 比で 3% を超えないこと、お
　　よび、政府負債残高が GDP の 60% を超えていない）

③ 　為替レートの安定（少なくとも過去 2 年間、通貨の切り下げがなく、
　　その変動幅が ERM〔為替相場メカニズム〕の通常の変動幅〔上下
　　2.25%〕に収まっている）

④ 　市場金利の安定（過去 1 年間の長期金利の平均が、物価の最大安定 3
　　カ国の平均を 2 ポイント以上、上回らないこと）

だが、ドイツは、通貨統合後もユーロの価値を安定させるためには、この
ような収斂基準だけではなく、参加各国が財政政策について厳格な財政規律
を守る必要があるとして、財政赤字が増大した国に「自動制裁装置」を発動

させるという提案を行った[55]。これに対して、EMU 参加国政府の裁量余地を残そうとするフランスが対立し、「安定成長協定」はその「妥協」として成立する。「安定」だけでなく「成長」を新たに協定の中に書き込ませたところにフランスの意図を見ることができる。

　しかし、EU の成立および「経済通貨同盟」・単一通貨ユーロ導入が、経済的理由とは関係なく、独—仏枢軸による政治的意思（意志）決定あるいは、各国の政治的利害のみによって行われたかといえばそうではない。なにより、資本のグローバライゼーションが進展し、国境を越えた資本間競争が一段と激しくなる中で、生き残りをかけた競争を展開している多国籍企業の利害を見逃すことはできない。

　多国籍企業にとって、まず、必要であったのは、巨大な市場である。しかも、関税障壁だけでなく、非関税障壁のない市場を求めたことは明らかである。ドロール報告のいう「欧州規模でないことによるコスト」——国境検問所での行列や、技術面での貿易障壁、閉鎖的な政府調達市場といった障壁による非効率から生じるコスト——を削減することは、ヨーロッパ規模の企業である多国籍企業が、切望したことである。「没落するヨーロッパに対する危機意識」の最大の根拠は、ヨーロッパ系企業の国際競争力の低下にあり、このようなヨーロッパ金融資本にとっての限界を制限として乗り越えていこうとする衝動が、これまで見たような政治的意思（意志）決定の基礎にあったのである。

　だが、次に 1980 年代以降、急速にすすんだ資本のグローバライゼーションが、90 年代には、ものづくりのレベル（現実資本）を超えて、貨幣資本・擬制資本市場の領域にも一挙に広がり、とりわけ、国境を瞬時に越えて世界中をかけめぐる国際的短期資本の運動とそれが引き起こす諸矛盾の激化——為替投機による為替レートの乱高下等々——が、多国籍企業の資本蓄積にとっても障害となってきたということである。すなわち、アメリカ主導の「金融自由化」によって、新しいタイプの通貨危機が頻発するようになり、EMS は真っ先にその洗礼を受けることとなった[56]。為替投機による英ポンドとイタリア・リラの EMS からの離脱である。為替相場が安定していないことは、将来の見通しを持った生産を困難にし、また、国ごとの異なる為替

レートは、交換のたびごとに交換手数料（コスト）を発生させる。そこで、単一通貨ユーロの導入によって、ヨーロッパに独自の通貨圏をつくり、為替相場を安定させ、通貨間の交換に伴うコストを除去し、経済の安定と成長を目指す、すなわち、「ドルからの自立」を達成することによって、競争の優位を確保する戦略を選択したのである。すなわち、資本のグローバライゼーションの第四段階によって引き起こされた諸矛盾を、新たな国際的地域経済ブロック EU を形成することによって封じ込める——ヨーロッパの多国籍企業はこの中に自らの生き残りの道を見出したのである。

　だが、ヨーロッパの金融資本といっても、多国籍企業と多国籍銀行とではその利害を異にする場合がある。このことを、EU 委員会が列挙する「単一通貨ユーロ導入のメリット」の中に見てみよう[57]。

1　安定性と持続的な成長の見通し
2　より低い公定歩合・利子率の見通し
3　単一市場をより効果的に機能させ、その潜在的能力をフルに発揮させる。
4　通貨間の交換に伴うコストを除去する。
5　ヨーロッパが通商の世界において占める主導的な力を反映した世界的に通用するレベルの通貨を持つことが可能になり、国際的な交渉においてもより大きな影響力を行使することができるようになる。
6　ヨーロッパ諸国の通貨主権を高め、ヨーロッパ自体の経済的に避けられない運命を自ら統御する力を強化する。

　確かに、ここには、多くの点で消費者にとっても利益となり、金融機関にとっても利益となる諸点が挙げられている。だが、4 の「通貨間の交換に伴うコストを除去する」という点に関しては、多国籍銀行と多国籍企業の利害は正反対である。というのは、各国毎に異なる交換手数料がなくなることは、多国籍企業にとってはプラスであるが、多国籍銀行にとっては、黙っていても入っていた莫大な交換手数料収入がなくなるわけであるから、明らかなマイナスである。しかも、ユーロ導入にあたって、ユーロ圏内の金融機関は 1999 年から 2002 年までの間、ユーロと各国通貨の両方を扱うコンピュータ・システムが必要になるし、各国中央銀行に対する報告様式も変わる。さ

らに、ユーロが流通するようになると現金自動支払機も取り替えなければならない。それゆえ、ユーロ導入は、短期的に見れば、移行コストは莫大であり、失う手数料収入を考慮すると、明らかなマイナスである。にもかかわらず、ドイツ銀行（ドイツ最大の民間銀行）を始めとした多国籍銀行は、ユーロ導入に賛成しているのはなぜであろうか[58)59)60)]。それは、ひとつには、「ヨーロッパの平和」が「ヨーロッパの経済的繁栄」の前提条件であるという認識を多国籍銀行もまた共有しているからであり、またもうひとつには、顧客である多国籍企業の発展なしには、多国籍銀行の発展もまたあり得ないからであり、最後に、長期的に見ればユーロ圏を形成することがヨーロッパの金融市場の発展にとって不可欠であり、移行コストと手数料収入の損失を補って余りある収益がそこから得られると予想しているからである。

おわりに

　こうして、EU の形成と単一通貨ユーロを実現した政治的・経済的諸条件が明らかになってきた。だが、このユーロ導入は、その中心的推進国であるドイツとフランスにおいても圧倒的多数の国民的支持の下に推進されてきたわけではない。デンマークの国民投票でその批准が否決されたように、その推進者と国民との間には大きな矛盾が存在している。ユーロ導入に必要な経済的収斂条件を見てもわかるように、財政赤字の削減がそのひとつの条件となっていた。だが、問題は、どのような財政支出を削減するかということである。たしかに、日本やアメリカの資本主義と比較して、相対的に豊かな社会福祉システムがヨーロッパ資本主義のひとつの特徴をなしてきたことは、よく知られていることである。しかし、ヨーロッパの多国籍銀行や多国籍企業にとって、まさにこのような支出の削減こそが、ひとつのターゲットなのである。したがって、これを維持しようとする諸勢力との間で、矛盾・軋轢は避けられないし、その内容が分析されなければならない。だが、この点については、次章以下で検討を加えたい。

　＊本書を注意深く読まれた読者は、すぐ、気づかれるかと思われるが、本書で

は、「意思決定」と「意志決定」という二つの用語が併存している。本書の基本的な考え方は、上野・鈴木編著『現代の国家独占資本主義　上』（大月書店、1987 年）の「序章　現代資本主義分析の方法（現代の金融資本；資本主義的『戦略』と社会的生産の無政府性）」で展開された上野俊樹氏の方法、「金融資本の意志」の「国家意志」への転化に基づいている。それゆえ、基本的には、「意志決定」で統一すべきであり、そのように心がけて執筆した。ところが、例えば、「図 3 - 1　EU 機関の仕組み」のところでは、「意思決定・立法」という表現となっており、その意味で不統一が見られる。これは、出典が EU 欧州委員会となっていることからもわかるように、勝手にこちらで書き換えることはできないので、そのままの形で掲載したということであるが、と同時に、EU の意思（意志）決定機関・システムは、「金融資本・独占資本の意志の国家（あるいは国家を超える）意志への転化」と言い切ることができない複雑性をもっているので、単純に「意思決定」から「意志決定」へと置き換えることはできないという点も考慮している。また、他の箇所でも、「意思決定」という用語法がみられるが、これについては、私が参照・引用した文献の用語法がそうなっているからであり、正確を期すため、また、こちらの意図がよりよく伝わるよう、例えば「意思（意志）決定」のように、かっこ書きで中に挿入するようにした。

　一般的・慣用的に使用されている表現としては、「意志決定」ではなく、「意思決定」が多く見受けられる。ただ、両者は、「個人・集団組織がある目標を達成するための手段（方法）を考えて、その手段の中から最適と思う一つを選択して決めること」という共通の意味をもっており、「意思決定」が「思い・考え」の方に力点を置いているのに対して、「意志決定」の方は、「特定の目的を志向して実現しようとする積極的な気持ち・思いが強い」というニュアンスの違いがあり、分野・場面によって使い分けが必要である。

　今回、本書を執筆するにあたって二つの用語法の違いに気づかされた。御指摘いただいた編集部の山下信氏には、この場を借りてお礼を申し述べる次第である。

注
1）拙著『グローバライゼーションと現代の恐慌』（文理閣、2000 年 6 月）。
2）浜矩子『ユーロランドの経済学』（PHP 新書、2001 年 1 月）。ユーロは実現しないと論陣を張った典型的な著作のひとつである。ユーロが持つ矛盾をよく捉えてはいるが、なぜユーロが誕生したのか説明できない議論である。
3）拙稿 "The conflict over the joining EMU in the UK：The contradiction between multinational corporations and nation state（1）" *RESEARCH BULLETIN, KAGOSHIMA JUNIOR COLLEGE*, No. 62 June 1998.『鹿児島短期大学研究紀要』

　　　第 65 号、1998 年 6 月。

　4）　山本栄治編著『アジア経済再生』（日本貿易振興会、1999 年 8 月）。

　5）　朝日吉太郎編著『グローバル化とドイツ経済・社会システムの新展開』（文理閣、2003 年 11 月）。

　6）　竹内宏「ドイツ社会とイスラム原理主義のはざまで—バッサム・ティービの近著に基づく論考—」（日本独文学会西日本支部編「西日本ドイツ文学」第 15 号、2003 年 11 月 29 日）。

　7）　パスカル・フォンテーヌ『EU を知るための 12 章』（駐日欧州代表部、2004 年 6 月）。

　8）　田中友義・河野誠之・長友貴樹『ゼミナール欧州統合　歴史・現状・展望』（有斐閣、1994 年 9 月）。

　9）　金丸輝男編『ヨーロッパ統合の政治史』（有斐閣、1996 年 3 月）。

　10）　田中俊郎『EU の政治』（岩波書店、1998 年）。

　11）　パスカル・フォンテーヌ、前掲書。

　12）　田中・河野・長友、前掲書。

　13）　拙著（西原）前掲書。

　14）　同上。

　15）　工藤章「第二次世界大戦後の経済成長と地域統合」（原・工藤『現代ヨーロッパ経済史』有斐閣、1996 年 2 月）。

　16）　田中・河野・長友、前掲書。

　17）　同上。

　18）　パスカル・フォンテーヌ、前掲書。

　19）　田中・河野・長友、前掲書。

　20）　金丸、前掲書。

　21）　同上。

　22）　同上。

　23）　同上。

　24）　パスカル・フォンテーヌ、前掲書。

　25）　R・ヘルマン／小林規威監修、田口統吾訳『多国籍企業の抗争　アメリカに挑戦するヨーロッパ』（日本生産性本部、1971 年）。

　26）　金丸、前掲書。

　27）　パスカル・フォンテーヌ、前掲書。

　28）　田中・河野・長友、前掲書。

　29）　パスカル・フォンテーヌ、前掲書。

　30）　田中・河野・長友、前掲書。

　31）　田中素香『ユーロ　その衝撃とゆくえ』（岩波新書、2002 年 4 月）。

　32）　亀井弘和『図解「ユーロ」を読む』（中経出版、1998 年 4 月）。

　33）　田中・河野・長友、前掲書。

　34）　パスカル・フォンテーヌ、前掲書。

　35）　亀井弘和『図解「ユーロ」を読む』（中経出版、1998 年 4 月）。

36）同上。

37）パスカル・フォンテーヌ、前掲書。

38）田中・河野・長友、前掲書。

39）金丸、前掲書。

40）田中俊郎、前掲書。

41）小野耕二『EC 統合とドイツ統一』（大月書店、1991 年 10 月）。

42）青木國彦『体制転換―ドイツ統一とマルクス主義の破綻―』（有斐閣、1992 年 7 月）。

43）亀井、前掲書。

44）柴宣弘『ユーゴスラビアで何が起こっているか』（岩波ブックレット、1993 年 5 月）。

45）町田幸彦『コソボ紛争　冷戦後の国際秩序の危機』（岩波ブックレット、1999 年 8 月）。

46）亀井、前掲書。

47）チャールズ・グラント著／伴野文夫訳『EU を創った男』（NHK ブックス、1995 年 6 月）。

48）柴、前掲書。

49）町田、前掲書。

50）ECB THE EUROPEAN CENTRAL BANK March 2001

51）亀井、前掲書。

52）The European Commission, *Europe…questions and answers WHEN WILL THE 'EURO' BE IN OUR POCKET* ? 1996.

53）The European Commission, *ECONOMIC AND MONETARY UNION* 1996.

54）The European Commission, *Europe…questions and answers THE EUROPEAN UNION WHAT'S IN IT FOR ME* ? 1996.

55）亀井、前掲書。

56）田中素香、前掲書。

57）The Representation of the European Commission in the United Kingdom, *ECONOMIC AND MONETARY UNION - THE EURO*, February 1997.

58）相沢幸悦『ユーロは世界を変える』（平凡社新書、1999 年 5 月）。

59）相沢幸悦『ヨーロッパ単一通貨圏』（東洋経済新報社、1997 年 7 月）。

60）相沢幸悦『ドイツ銀行　欧州最強の金融帝国』（日本経済新聞社、1994 年 12 月）。

参考文献

上川孝夫・新岡智・増田正人編［2000］『通貨危機の政治経済学』（日本経済評論社、2000 年 12 月）

榊原英資他著［1999］『ユーロの衝撃―ドル・円はどうなる―』（読売ぶっくれっと、1999 年 5 月）

西村厚［1990］『ヨーロッパ経済激変地図』（教育社、1990 年 7 月）

富士総合研究所［1998］『こうなる欧州通貨統合』（中央経済社、1998 年 3 月）

星野郁郎［1998］『ユーロで変革進む EU 経済と市場』（東洋経済新報社、1998 年 4 月）

山本栄治［1997］『国際通貨システム』（岩波書店、1997 年 3 月）

山本栄治［1994］『「ドル本位制」下のマルクと円』（日本経済評論社、1994 年 6 月）

Deutsche Bank Research［1998］*Europas Geld für morgen,* Erstausgabe 3 Juni 1998, abgeschlossen 31. August 1998. *Europe's new currency* July 20 1988.

Dick Leonard［1988］*The Economist Guide to The European Union The original and definitive guide to all aspects of the EU (5th edition)* PROFILE BOOKS Ltd, 1988, revised edition 1994.

Peter B. Kenen［1995］*Economic and Monetary Union in Europe Moving beyond Maastricht* CAMBRIDGE UNIVERSITY PRESS 1995.

Paul Hirst and Grahame Thompson［1996］*Globalization in Question THE INTERNATIONAL ECONOMY AND THE POSSIBILITIES OF GOVERNANCE,* Polity Press 1996.

第 2 章

ヨーロッパ資本主義の現段階と EU の形成・新展開

——平和なヨーロッパをめざす 「古い欧州」の新しい実験——

はじめに

　現在（2006 年）、ヨーロッパは、これまでの資本主義には見られなかった「新しい実験」を次々と始めている。マーストリヒト条約発効による EC から EU への発展（93 年）、単一通貨ユーロの導入・流通（99 年、02 年）、EU 拡大（04 年）、そして EU 憲法の制定である。この EU 憲法批准については、フランスとオランダの国民投票で否決され、一時、頓挫した形とはなったが、2004 年の EU 拡大によってその加盟国は 15 カ国から 25 カ国へと一気に増加し、GDP 10 兆 9,663 億ドル、人口 4 億 5,460 万人の市場規模を持つ米国に匹敵する巨大な経済圏となった。そして、これら一連の「新しい実験」によってヨーロッパと EU は、世界中から注目される存在となっている。それは、ただ単に規模の点で米国に匹敵する経済圏になったということだけではなく、イラク戦争や「京都議定書」に対するドイツやフランスの態度にあらわれているように、その目指している方向が米国と異なっており、米国型資本主義・帝国主義に対するひとつのオルターナティブとなるのではないかという期待が込められているからである。ただ、同じ EU といっても、米英同盟によるイラク侵略戦争、英国をも含むユーロ不参加国の存在のように事態はそれほど単純ではない。また、構成国の経済力を見れば、その内部には、一人あたり GDP が 1 万ドル以上の高所得国（西側）と新規加盟の中所得国（東側 9999〜5000 ドル）との間に所得格差があり、さらに加

盟準備交渉・申請国の4カ国（4,999〜2,500ドル）を加えるとその格差は
さらに大きくなる可能性もある。だが、ヨーロッパは、このような矛盾・軋
轢をかかえつつも、EU という形態で経済・通貨統合から政治統合へとその
統合を拡大・深化させようとしているのである。

　では、このヨーロッパ統合という「新しい実験」は、どこにむかっていく
のであろうか。帝国主義列強の領土再分割闘争によって二度の世界大戦を引
き起こした「古いヨーロッパ」への復帰＝再建——それは EU の崩壊を意味
する——もしくは米国にかわる「新たな帝国＝ヨーロッパ合衆国」の建設な
のか、それとも、ナチズムをその典型とする排外的ナショナリズムと戦争に
よって焦土と化した過去のヨーロッパを乗り越える人類史の「新しい試み」
なのか、その方向性が注目されている。そこで、この章では、このヨーロッ
パの「新しい実験」を、第二次世界大戦後のヨーロッパ資本主義の発展の中
に位置づけ、それがどのような方向性を持っているのかを考えてみようと思
う。

第1節　第二次世界大戦後の資本主義発展と「ヨーロッパの平和」

　まず、ヨーロッパ資本主義の発展という見地から「古いヨーロッパ」への
復帰＝再建の道について見れば、第二次世界大戦後のヨーロッパがおかれた
状況とその後のヨーロッパ資本主義の発展そのものが、この道を不可能にし
たということができる[1]。

　すなわち、EU 形成の出発点となった ECSC（欧州石炭鉄鋼共同体）設立
（1951年4月18日パリにて設立条約に調印、52年7月23日に発効）の経緯
を見ればわかるように、第二次世界大戦後にヨーロッパ資本主義がおかれた
状況は、ヨーロッパ帝国主義国にとって衝撃的であった。それは、帝国主義
列強として、二つの大戦＝植民地争奪戦に明け暮れている間に、かつて帝国
主義国（宗主国）として世界に君臨した諸国が、見る影もなく没落し、気が
つけば、ソ連と米国という超大国の狭間で、身動きができない状況になって
しまっていたからである。この衝撃と「没落するヨーロッパに対する危機意
識」こそが、モネやシューマンを駆り立て、「統合による新しいヨーロッパ」

の中に希望を見いだす運動へと導いていった原動力であった。ヨーロッパは
もはや戦争をする力をなくしており、米ソの両超大国の間で消滅してしまわ
ないために、共同して急速な経済復興を遂げる必要があったのである。これ
まで敵国同士であったドイツとフランスがその領有をめぐって争ってきた鉄
と石炭を超国家的機関の共同管理下におくこと、すなわち「ヨーロッパの平
和」が「ヨーロッパの経済的繁栄」に繋がることの認識が ECSC したがっ
て戦後ヨーロッパ資本主義の出発点をなしていたのである。

　だが、それだけではなく、その後のヨーロッパ資本主義の発展──ドイ
ツ・フランスを中心とする金融資本の復活と先進国間相互浸透という資本輸
出の新しい形態──が「帝国主義戦争の実在的可能性」を現実性に転化する
ことを阻止し、これを抑制する方向に働いたということに注目する必要があ
る。私は、グローバライゼーションとその発展形態という見地から、資本主
義の発展を次の四つの段階に区分しているが、これは、2. から 3. への資
本主義の発展に対応する[2]。

1. ブルジョア的国民国家を前提とし、商品の輸出を媒介とした世界市場
　の形成によるグローバライゼーションの進展──諸矛盾の発現・解決
　形態としての「世界市場恐慌」

2. 植民地への資本輸出（間接投資）を媒介とした帝国主義ブロックの形
　成によるグローバライゼーションの進展──諸矛盾の発現・解決形態
　としての「帝国主義戦争」

3. 新植民地主義の形成と対開発途上国・先進国間相互浸透という形態で
　の資本輸出（直接投資）を媒介としたグローバライゼーションの進展
　──諸矛盾の発現・解決形態としての「帝国主義戦争」の抑止と「イ
　ンフレーション」「スタグフレーション」への転化

4. 国際的貨幣資本の自由移動と新たな国際的経済ブロックの形成による
　グローバライゼーションの進展──諸矛盾の発現・解決形態としての
　「バブルの崩壊」「21 世紀型危機」

すなわち、金融資本による資本輸出の形態が 2. の段階（植民地への資本
輸出）から 3. の段階（開発途上国だけでなく、先進資本主義国間相互浸透
という形態の資本輸出）へ移行するということは、たとえば、ドイツ金融資

本がフランス、米国、日本等々に進出し、フランス金融資本が、ドイツ、米国、日本等々に進出し、さらに米国金融資本がドイツ、フランス、日本等々に進出するという形で資本の網の目が先進資本主義国間にはりめぐらされるということである。それゆえ、ひとたび戦争（帝国主義間戦争）になれば、相手国にある自国の資本を相互に攻撃しなければならなくなるということであり、これは資本としては自己否定を意味する。したがって、資本の発展がここまでくれば、帝国主義間戦争という形態での矛盾の解決形態＝戦争はその実在的根拠を失ってくるのである。

　こうして ECSC は、第二次世界大戦後における資本主義のこのような形態での発展によって、その実在的基礎がすえられ、その後、EEC、EC へと発展を遂げることができたということができる。というのは、「ヨーロッパの平和」による「ヨーロッパの経済的繁栄」という思想は、すでに思想としては、第一次大戦後の 1923 年、カレルギー伯による欧州統合の呼びかけ（『パン・ヨーロッパ』）にその先駆が見られ、さらに、それに先だつ 1849 年 8 月パリで開催された国際平和会議では、ヴィクトル・ユーゴーによる「欧州合衆国の創設」の提唱があったにもかかわらず、現実のものとならなかった。それは、ヴィクトル・ユーゴーやカレルギー伯が生きた時代は、資本主義の発展が 1. および 2. の段階にあり、ブルジョア的民族国家の形成と国家間競争の時代をへて、帝国主義の形成と植民地再分割闘争（帝国主義戦争）が法則的に発現するという時代状況の下では、彼らの思想が現実に転化する実在的・客観的条件が欠けていたからである。

第 2 節　ヨーロッパ資本主義の現段階
——新たな国際的地域経済ブロック EU の形成——

　このように第二次世界大戦後のヨーロッパ資本主義の発展は、「ヨーロッパの平和」による「ヨーロッパの経済的繁栄」という思想を客観的に支える作用を果たしたのであるが、EC から EU への発展がヨーロッパ統合の次の焦点として浮上していた時、1989 年のベルリンの壁崩壊に始まるヨーロッパをめぐる政治・経済的諸条件の大きな変動——東西ドイツの統一と東欧・ソ連の「社会主義体制」の崩壊がおこる。だが、これはヨーロッパ統合に

とって亀裂をもたらす可能性をはらんでいた。というのは、ヨーロッパ統合の出発点であり、その前提条件であった米ソ冷戦体制の終焉と「統一ドイツ」の誕生は、ドイツ金融資本の発展にとってもうひとつの新たな可能性を開いたからである。それは、「ドイツ帝国主義」復活＝ECからの離脱の可能性――「統一ドイツ」の東方拡大、すなわち、形式的な独立は認めながら、ドイツ単独で、東欧諸国を事実上、政治的・外交的・軍事的・経済的に従属状態におく「新植民地主義的」支配の道――である。だが、現実には、「統一ドイツ」は、EU（ECの発展）の一員として、ヨーロッパ統合をさらに推進するという道を選ぶ。通貨主権の放棄（ドイツマルクの放棄）と単一通貨ユーロの導入はそのことを象徴的に表している。これは、ヨーロッパから見れば、第二次世界大戦を引き起こした「ナチス・ドイツ」をヨーロッパ統合のシステムの中に封じ込めるということであり、ドイツからすれば、「ナチス・ドイツ」のイメージにつながる「強いドイツ」に対する恐怖心を払拭し、統合ヨーロッパの中にドイツ発展の活路を見いだそうとする政治的意思（意志）決定である。

　だが、これはまた、国境を越える資本の運動と競争が激しさを増し、瞬時に世界を駆けめぐる国際的金融資本の運動が活発化する資本主義の発展段階（資本主義のグローバライゼーションの第四段階）において、ドイツ・フランスを中心としたヨーロッパの資本主義がとらざるを得なくなった選択肢でもある。すなわち、米国と日本の資本主義に対抗して市場を確保し、国際的短期資本の運動による為替相場の乱高下をヨーロッパ圏内において封印することによってヨーロッパの多国籍企業の安定的な運動条件を確保すること、そのためには、市場統合からさらに通貨統合へと進める必要があったのであり、新たな国際的地域経済ブロックEUは、ヨーロッパという条件に制約されつつも、これを実現するために資本主義発展の現段階から法則的に生まれた必然的産物――新たな階層をなす法則の作用の結果なのである。

　こうして新たな国際的地域経済ブロックEUが誕生したのであるが、その誕生の経緯と事実――そもそもEU創設の理念が「古いヨーロッパ」（列強帝国主義による帝国主義間戦争）と根本的に対立しており、そのEUをドイツ・フランスが中心となって推進しているという事実――に照らせば、「古

いヨーロッパ」への復帰＝再建の道は存在しないといっていいであろう。

　それでは、EU の理念が「古いヨーロッパ」への復帰＝再建の道と相容れず、また、実際にもそのような方向性をとっていないとすれば、現実の EU は、どのような方向性を持って運動しているということができるのだろうか。

　たしかに、EU は、米国とは違った独自の道を歩み始めたことは事実である。現代帝国主義の典型的形態である米国が、米ソ冷戦体制の終焉、ベルリンの壁崩壊に続く東欧・ソ連の「社会主義体制」の崩壊後、むきだしの帝国主義としての行動――ユニラテラリズム（単独行動主義）に基づく軍事侵略――をとっているのに対して、明らかに、これとは異なる行動形態をとっているからである。だが、米国から自立する道を歩んでいるからといって、EU それ自体が、米国とは違った新しい「帝国主義」となる可能性が否定されているわけではない。また、EU の内部で帝国主義的侵略をする可能性がなくなったからといって、その外部に対してもはや「帝国主義」的行動をとらないと保証することもできない。なぜなら、EU を構成する諸国の主要メンバーは、独占資本主義国であり、金融資本が支配する社会であるからである。すなわち、レーニンの『帝国主義論』によれば、帝国主義の経済的本質は、独占資本あるいは金融資本である。だが、だからと言って、ここから、逆に、経済的に独占資本主義あるいは金融資本の支配する国は、「帝国主義国」であるという結論を直接に引き出すことはできない。たとえば、日本は経済的には独占資本主義・金融資本の支配する国ではあるが、米国に政治的・軍事的・外交的に従属しており、その意味において自立した「帝国主義」とはいえないからである――これらの諸国が「帝国主義」的衝動を内部にかかえこんでいることは明らかである。

　実際、湾岸戦争、コソボ空爆、アフガン戦争については評価が分かれるとしても、今回のイラク戦争に対する英国の行動は、明らかに「帝国主義」的行動である。また、第二次世界大戦後のフランスをみても、一方で、自由・博愛・平等をとなえながら、他方で、ベトナム・アルジェリア独立戦争への軍事介入をしており、典型的な帝国主義――今回のフランスで発生した移民暴動もフランス植民地帝国主義の負の遺産であるといえる[3]――であったと

いうことができるからである。さらに、米ソ冷戦体制の下で NATO に加盟
し、米国の援助によって金融資本の復活をとげざるをえなかったドイツやイ
タリアも——この点については戦勝国である英国やフランスも同様であるが
——、自立した「帝国主義」とはいえないとしても、英仏とともに米国を頂
点とする先進国同盟（帝国主義同盟）の一員であったことも確かであるし、
これらの諸国を母国とする多国籍企業が発展途上国に進出し、国際的価値収
奪を行っていることも事実である。

　それでは、この EU もまた、米国とは違うが、現代帝国主義の新しい形態
ということができるのだろうか。

　たしかに、EU を構成する国の中に「帝国主義」といってもいい国がある
ことは、明らかである。ただ、EU は、現在では 25 カ国（当時）で構成さ
れており、圧倒的多数は非帝国主義国といって間違いない。それゆえ、個々
の国ではなく、これらの国の総体としての EU をみれば——その形成過程お
よび 9.11 以降の EU 諸国の対応、特に、イラク戦争に対するドイツ・フラ
ンスの対応を見れば——、EU を構成する諸国の主要メンバーが経済的に独
占段階に達した資本主義であるからといって、それだけで総体としての EU
が現代帝国主義の新しい形態であると断言することができないような大きな
変化が、EU の中に、生まれつつあるように思える。

　ここで、私が注目しているのは、新たな国際的地域経済ブロック EU は、
その構成国を支配している運動法則——主要国においては金融資本の運動法
則——を基礎としながらも、それらの国々の相互作用の中から発生し、その
基礎に解消されないような独自の運動法則を持つようになった新たな階層の
法則であるということである。それは、資本のグローバル化と金融資本間の
国家を巻き込んだ競争が激化するという条件の下で、国境を乗り越えて運動
しようとする諸金融資本間の相互作用（「資本の国際性と国民性・民族性の
矛盾」の現代的形態）の中から生み出された新しい階層＝法則であり、その
下位の法則（基層）との相互反作用の中で運動している。ヨーロッパ資本主
義は、資本のグローバライゼーションの急速な進展によって、国家によって
総括されたブルジョア的経済（国民経済）と国民経済間の相互作用によって
は、もはや調整できないほどの大きな矛盾をかかえ、その「解決形態」とし

て EU の形成へと踏み出さざるをえない資本主義の発展段階（段階 3. → 4.）に到達したということである。すなわち、一方で、国民国家に総括されたブルジョア的経済を基礎に残しながら、他方で、その上に国際的地域経済ブロック EU が上位の階層＝法則として聳え立ち、その基層と相互作用（階層間相互作用）しながら資本の運動——金融資本を支配的モメントとする——が展開されていくのである。これまで、それぞれの国家が持っていた諸権利——関税を決定する権利、通貨主権、金融政策等々——が上位の機関に移され、これがもうひとつの主体となって、個々の国家と国民経済の運動法則を制約し、直接的にはこれに制約されない独自の運動が行われるようになるのである。

　ただ、EU は生まれたばかりであり、単一通貨ユーロの導入による通貨主義の放棄といっても、1999 年のユーロ導入時には、英国、スウェーデン、デンマーク、ギリシャ（01 年に参加）は不参加である。それゆえ、上位の法則が基層である国民経済と国家の利害を完全に統御・抑制しているわけではない。だが、かつては、英国（ポンド・スターリングブロック）とならぶヨーロッパの帝国主義・植民地帝国（宗主国）として通貨・経済ブロックを形成したフランス（フランブロック）とドイツ（マルクブロック）が、自らの通貨主権を放棄してまでひとつの通貨「ユーロ」をつくり、各国に固有・独自の金融政策を制約することになるヨーロッパにひとつの中央銀行（「ヨーロッパ中央銀行」）をつくったことの意味は大きい。それは、EU がその基礎であるブルジョア的国民国家の運動法則には解消されない独自の運動法則を持った新たな階層＝法則の担い手として運動し始めたことを示しているからである。

　このような見地から EU を見れば、EU の運動をそれを構成する個々の国の運動に解消することはできないし、したがって、それが「帝国主義」かどうかを判断するときも、個々の国の規定に解消することはできない。しかも、帝国主義というカテゴリーは、一般的には、他民族や他国家を侵略し、抑圧する志向と行動を示すカテゴリーとして使われており、そもそも単なる経済的カテゴリーではない。だが、20 世紀以降に発生した現象を前提とすると、その基礎に独占資本主義という経済的規定性を持つのがその特徴であ

る。それゆえ、現代の帝国主義は、独占資本主義という土台に規定されながらも、その上に聳え立つ政治的・軍事的・外交的あるいは文化的・イデオロギー的な上部構造をも含む社会総体をあらわすカテゴリーであって、その総体としての国家間の支配従属関係を表現するカテゴリーとして理解されなければならない。この見地から見れば、EUを構成する主要なメンバーの経済的基礎が独占資本主義にあったとしても、また個々の国に帝国主義的行動が見られるとしても、さらに、これらの諸国が依然としてアメリカを頂点とする先進国同盟（帝国主義同盟）の一員であるという側面を持っているとしても、総体としてのEUが他民族や他国家を侵略し、抑圧する志向＝内的衝動を持つことが法則的であるといえない限り、EUを現代の帝国主義と規定することはできない。むしろ、EUは、排外的ナショナリズムと帝国主義的侵略戦争に反対する運動と結びついてこれを阻止する可能性を秘めた「新しい実験」であり、アメリカ帝国主義に対するオルターナティブなのである。

第3節　ヨーロッパ資本主義の諸矛盾と「欧州社会的モデル」

　だが、EUがそういう可能性を持っているからといって、その内部に矛盾がないわけではない。むしろ、ヨーロッパ資本主義は、至るところで矛盾が噴出しEUはひとつの危機に直面しているともいえる[4]。

　そのひとつが、今回のEU憲法条約批准をめぐる軋轢・矛盾であり、フランス・オランダにおける否決はこのことを象徴的に表している。その根底にあるのは、国境を越える金融資本の運動であり、この多国籍企業による国外移転が雇用不安と失業増を促進しているということである。EUの形成とユーロの導入は、このような資本の自由移動を容易にしたのであるが、それが今回のEU憲法批准をめぐるフランスの投票で争点――この労働市場の規制緩和、企業の国外移転、雇用不安、失業増等の問題（「欧州の新自由主義化」「アングロサクソン化」の危険性）をEU憲法は防止できるのか、それとも促進するのか――となった。興味深いのは、EU憲法賛成・反対の両派がともにこの危険性とその防止を訴えたことである。ここに日本や米国とは違ったヨーロッパ的価値観（欧州社会的モデル）がある。

　もうひとつには、EU 予算問題——加盟分担金をめぐる争いがある。これは、サッチャー首相が、農業部門の小さい英国が「受益（補助金）が少ないのは不公平」として分担金の還付を求めたことに始まるが、現在まで英国は本来の分担金の3分の2をリベートとして受け取り、その不足分を独仏等の加盟国が分割負担してきた。これに対して、フランスがこのような制度は「時代錯誤」としてその削減を求めたのが、今回の対立のはじまりである。ここには、多国籍企業の見地から新産業育成によって国際競争力を高めようとする英国と農業補助金（共通農業政策による補助金；EU 予算の 40％）によって農民を保護しようとするフランスの対立があったが、これは、両者が妥協する形で決着した。さらに、税制統一をめぐる確執——資本課税をめぐる企業・投資家・労働者市民の対立があるが、これも、租税を回避しようとする多国籍企業および投資家に対して、統一的な税制によってこれをどう捕捉するかという問題である[5]。この問題を解決するためには、ひとつの通貨（単一通貨ユーロ）からひとつの財政、さらにはひとつの政府（政治統合）へと進んでいく必要があるだろう。だが、大切なことは、統合それ自体ではなく、誰のためのヨーロッパ統合なのかということであろう。国境を越えて利潤を追求する金融資本のための EU なのか、そこに住んでいる人々が安心して暮らせる EU なのかが問われているのである。グローバライゼーションが進行し、EU をも超えた資本の激烈な競争が展開されている中で、「欧州社会的モデル」の新たな形態が求められている。

注
1) 拙稿「ユーロと新たな国際的地域経済ブロック EU の形成—新しい国際通貨ユーロ誕生とその政治・経済的諸条件—」（『立命館経済学』第 53 巻第 5・6 号、2005 年 2 月）。
2) 拙著『グローバライゼーションと現代の恐慌』（文理閣、2000 年 6 月）。
3) 内藤正典『ヨーロッパとイスラーム—共生は可能か—』（岩波新書、2004 年 8 月）、宮島喬『ヨーロッパ市民の誕生—開かれたシティズンシップへ—』（岩波新書、2004 年 12 月）。
4) 宮前忠夫「EU の危機と背景—欧州社会的モデルをめぐる闘い—」（『経済』2005 年 8 月）。
5) 浜矩子『ユーロランドの経済学』（PHP 新書、2001 年 1 月）。

第 *3* 章

EU 50 年の歴史とその到達点

——ヨーロッパ型資本主義と 「社会的市場経済」の未来——

はじめに

　サッチャー政権・レーガン政権の誕生に始まり、二十数年間にわたって世界を席巻した「新自由主義」の時代[1]がひとつの終わりをむかえているように思える。政治・軍事・外交の分野では、アフガン・イラク侵略戦争の行き詰まり・「泥沼化」に象徴される「ユニラテラリズム（単独行動主義）」の終焉、環境問題の分野では、「京都議定書」からの離脱、さらに、経済の分野では、まさに今進行中のサブプライムショックを契機とした 1929 年恐慌以来の激震——米国発「世界金融危機（恐慌）」とその深化である。

　もし、この米国型資本主義が唯一の資本主義の形態であるなら、この「危機」からの脱出は、「社会主義」（これは、ソ連・東欧の旧「社会主義」ではなく、自由や民主主義が保障された新しいタイプの社会主義）ということになろうが、資本の持つ「生命力」はまだ枯渇してはおらず、米国型資本主義にかわるもうひとつの資本主義のあり方を模索し、現実にも生み出しつつある。

　そのひとつの先駆・典型がヨーロッパ型資本主義と EU の形成・展開である。また、資本の発展段階は違うが、中南米型資本主義と MERCOSUR（南米南部共同市場）も米国型ではない資本主義発展のあり方とその改革——そのひとつとして「社会主義」的改革の方向性を含む——を模索しており[2]、さらには、「東アジア共同体」への動きも始まっている。

　このような世界をめぐる状況のなかで、私たちの日本は、どのような方向

性を目指して進んでいけばよいのだろうか。この章では、昨年（2007年）、ローマ条約締結後50周年をむかえた EU の「新たな試み」を概括・検討し、このことを通じて、それが日本資本主義にとって持つ意味を考えてみようと思う。

第1節　EU 創設の理念と機構

1　「ヨーロッパの平和（不戦共同体）」による「ヨーロッパの経済的繁栄」

　EU（The European Union 欧州連合）は、欧州連合条約（1991年12月、オランダのマーストリヒトで欧州理事会〈EU 首脳会議〉によって採択され、1993年11月1日に発効したので、「マーストリヒト条約」と呼ばれている。当初、12カ国で構成）に基づき設立された新しい形の国家連合体であるが、その起源は、原加盟国6カ国（ベルギー、ドイツ連邦共和国〈西ドイツ〉、フランス、イタリア、ルクセンブルク、オランダ）によって1952年に創設された欧州石炭鉄鋼共同体（ECSC：同条約〈パリ条約〉は、50年という期限つきで発効したため、2002年に失効）にさかのぼり、1957年のローマ条約による欧州経済共同体（EEC）と欧州原子力共同体（EURATOM）の設立がその母体（原型）となっている（その後、1967年、ブリュッセル条約発効により、単一閣僚理事会、単一委員会〈EC 委員会〉が発足。ECSC、EEC、EURATOM 三共同体は、立法機関と執行機関を統合して、欧州共同体〈EC〉と総称されるようになる）[3]。

　この EU 設立の出発点となった ECSC を提案したのは、フランス外相（当時）ローベル・シューマンである。以下の文章は、有名な「シューマン宣言」の一節であるが、ここには、普仏戦争でロレーヌ地方を追われた難民の子として育ち、二つの世界大戦を経験したシューマンの平和への切望――ECSC の核心部分をなす――がよく表れている。

　　「ヨーロッパは1日にして成らず、また、単一の構想によって成り立つものでもない。事実上の結束をまず生み出すという具体的な実績を積み上げることによって築かれるものだ。ヨーロッパの国々が結束するためには、フランスとドイツの積年の敵対関係が解消されなくてはならない。

……ヨーロッパの他の国々が自由に参加できるひとつの機構の枠組みにおいて、フランスとドイツの石炭および鉄鋼の生産をすべて共通の最高機関の管理下におくことを提案する。石炭と鉄鋼を共同管理することにより、ヨーロッパの連邦化に向けた第一歩となる経済的発展の共通基盤が築かれるはずであり、ひいては、長きにわたって武器・弾薬の製造に躍起になり、絶えずその犠牲者となってきた地域の運命を変えることになる」（「シューマン宣言」1950 年 5 月 9 日）。

すなわち、金融資本の本性としての植民地獲得競争とその帰結としての帝国主義戦争という法則によって引き起こされた二つの大戦によって、国土は荒廃し、独・仏の金融資本は、もはや戦争をする力をなくしており、気がつけばソ連と米国という超大国の狭間で没落しかねない状況に追い込まれていたこと、この衝撃と危機意識がジャン・モネ（フランスの実業家、政治家）やシューマンを「統合による新しいヨーロッパ」、「ヨーロッパの平和（不戦共同体）」による「ヨーロッパの経済的繁栄」の中に希望を見出す運動へと駆り立てていった原動力であり、背景であった[4]。私は、ここに、独・仏の金融資本をその典型とする戦後ヨーロッパ型資本主義のひとつの「原型」があると思う。というのは、資本というのは、その本性は変わらないとしても、その置かれた客観的諸条件の中で、これまでのような運動形態（帝国主義）が不可能になったとき、それに代わる運動形態を見つけ出し、適応していくフレキシビリティ（資本の生命力）を持っているからである。

　その後、ヨーロッパ資本主義は、復活を遂げ、金融資本としても復活していくのであるが、それにもかかわらず、「ヨーロッパ（EU 域内）を戦場」にするような事態は引き起こしていないし、世界大戦も起こっていない。この原因については、戦後における世界資本主義の発展それ自身が戦争を抑止する実在的可能性（資本の発展段階が、多国籍企業・銀行による先進資本主義間相互浸透という形態をとるようになると、帝国主義戦争は進出先の自国の資本を攻撃することになり、資本の自己否定を意味することになるので、戦争を抑止しようとする傾向が金融資本主義自身の中から生まれる）を生み出してきたということを見る必要がある[5]。ただ、イラク戦争をめぐって英国とドイツ・フランスとの間に亀裂が生じたことは確かであり、この点で

独・仏の資本主義・金融資本と区別される英国資本主義・金融資本の動向の
分析が「ヨーロッパの平和」「世界平和」の実現にとってかかせない。

　米国によるアフガン・イラク戦争を引き起こしたひとつの起動力が米国の
「軍産複合体」にあることは、すでに、多くの論者によって指摘されている
ところではあるが[6]、サッチャー・メージャー保守党政権（新自由主義の経
済政策の典型）にかわって、政権についた中道左派の労働党（ニュー・レイ
バー）のブレアが「第三の道」をかかげながら、なぜ、ブッシュの戦争に賛
成し、結果として、任期半ば（二期目）にして自ら政権を降りざるをえなく
なったのか、疑問が残るところである。

　ただ、この点についてのヒントになるのは、英米同盟の存在（第二次世界
大戦以来の政治的・軍事的な強い結びつき）と BAE システムズである。
BAE システムズは、ブリティッシュ・エアロスペース社（BAe）の組織改
編によって設立された欧州最大かつ世界有数の英国防衛航空宇宙企業である
が（1999 年、アメリカにパイプを持つ GEC マルコニ・エレクトロニック・
システムズ（英）と合併し、社名を「BAE システムズ」と変更）、ボーイン
グ、ロッキードなどと提携関係にあり、次世代戦闘機を共同で開発してい
る。全米 30 州で 2 万 2,000 人を雇用し、軍用電子機器の製造に加え、ロッ
キード・マーチン、レイセオンなどの米防衛大手向けに部品供給をしている
が、2001 年の売上高は、200 億ドルにのぼり、そのうち、3 分の 1 は、米国
の事業部門が稼ぎ出している。2006 年度の総売上高を見れば、270 億ドル、
軍事部門売上額は、250 億ドルである。これは、米ロッキード・マーチン社、
米ボーイング社に次いで防衛産業世界売上額で世界第 3 位であり、ペンタゴ
ン（米国国防総省）契約上位に入る企業の中で、唯一の外国企業である[7]。

　だが、欧州共通の安全保障・防衛政策の具体的な目標は、「空と海の兵力
からなる緊急部隊を配置し、これを少なくとも 1 年間は維持できるような体
制をつくりあげる」ことであり、これは、まだ「欧州軍」ではなく、各国の
軍隊から派遣される部隊で構成されるに過ぎない。EU 理事会の権限の下、
ブリュッセルに本部を置く政治・安全保障委員会（PSC）と EU 軍事委員会
（EUMC）および EU 軍事参謀本部（EUMS）が整備された結果、EU は欧
州以外の地域での人道支援業務、平和維持活動、その他の危機管理任務な

ど、所定の任務を遂行するための、政治的・軍事的な手段を持つようになったが、NATO軍を考慮にいれたとしても、ヨーロッパには、欧州軍事企業のニーズを満たすような軍需（軍事費）は存在しない。それゆえ、その活路を米国防衛市場に見出したのである。

このように見たとき、アメリカに大きな軍需マーケットを持つ英国の軍需企業であるBAEシステムズがイラク戦争に関わるブレア政権の意志決定に少なからず影響を与えたであろうことは想像に難くない。

だが、このようなことがあったとしても、アメリカのユニラテラリズム（単独行動主義）に対して、民衆レベルのイラク戦争反対の世論を背景としながら、全体としてEU独自の立場を保持したことは、注目すべきことである。シューマンの精神は今もヨーロッパに生きているといっていいであろう。そして、このような政治的諸条件が、ヨーロッパ型資本主義の資本主義としてのあり方を規定しているのである。

2　EUの目的と機構
──マーストリヒト条約によるECからEUへの発展

このような理念を持ちながら生まれたECは、その後、1980年代前半の一時的な停滞はありつつも、統合を進展させ、マーストリヒト条約においてEUへと発展をとげる。過去40年にわたる欧州共同体を軸とした欧州統合プロセスは、これによって、新たな段階をむかえるのであるが、それは、ヨーロッパにおける新たな資本の発展段階に照応するものであった。

このマーストリヒト条約では、EUの目的として、①経済統合を通じた持続的かつ均衡の取れた経済的社会的発展、②共通外交・安全保障分野での加盟国政府間協力による国際的発言力の向上、③警察・司法分野での加盟国政府間協力による欧州市民の安全確保、の三本柱がたてられている。

このうち、第一の柱は、1950年代に形成された三つの共同体からなり、EUの基礎ともなっている。経済政策を中心としたこの分野では、地域全体として活動した方が利益がでて、効率がいいという理由から、各国が主権をEUにあずけ、EUはひとつの国のようにひとつの声で発言する（加盟国から主権委譲を伴う共同体制度）。そして、単一通貨ユーロを管轄する「経済

通貨同盟」もこの分野に属する。これに対して、欧州共同体以外の第二の柱
（共通外交・安全保障政策〈CFSP〉）および第三の柱（警察・司法協力）で
は、EUに決定権はなく、政府間協力が行われる（主権委譲を伴わない加盟
国政府間協力制度）。第二の柱は、これまでの欧州政治協力（EPC）を改編
したものであり、加盟国間の協力体制の確立、共同見解の取りまとめ、共通
措置の実施、共同防衛政策の策定を行う。第三の柱である「司法・内務分野
の協力」は、マーストリヒト条約に基づき、初めて導入された政策分野で、
移民・庇護政策、国境検査、麻薬取引やその他の重大犯罪対策の調整などを
対象にしている。

　このようにEUは、マーストリヒト条約に基づき設立された「新しい形の
国家連合体」であるが、これは、ひとつの国家のような組織を持っている
が、国ではないし、また、単に政府間をつないでいるだけでもない、ユニー
クな組織となっている[8]。それは、国境を越える資本（金融資本）の運動と
ブルジョア的国民国家という枠組みが矛盾・軋轢をおこし始めた時代（国境
を越えて活動する金融資本間の相互作用の中から生まれる金融資本の新たな
発展段階）に照応した新しい「超国家組織」である。

　だが、現在のEUは、これらの諸矛盾の一時的解決形態にすぎないので、
その解決を求めて経済的統合からさらに政治的統合へと進もうとする衝動を
持っている。この現れが、EU憲法条約の制定への動きであり、リスボン条
約調印への動きである。だが、これらの運動が国民投票で否決されたこと
は、EUが抱える矛盾の大きさを示している。

　このように見ると、経済通貨同盟と単一通貨ユーロの導入は、これまで
個々の国家が持っていた国家主権の一部である通貨発行権をEUに委譲する
ということ、ドイツがマルクをフランスがフランを放棄するということであ
るから、EUの歴史の中でも画期をなす出来事である。また、これは、ベル
リンの壁崩壊と東西ドイツ統一によって、「自立化」するドイツをEUにつ
なぎとめ、ナチス・ドイツの悪夢を封じこめる（「ヨーロッパの平和」）とい
う意味をも持っていた。

　それゆえ、多くの経済学者や評論家がその実現性については、疑問視をし
ていたのであるが、マーストリヒト条約は、第一の柱である経済分野におい

て、経済通貨同盟という EU としての新たな統合の前進を目標として掲げ、通貨に関しては、遅くとも 1999 年 1 月までの欧州中央銀行（ECB）の設立、および収斂基準を満たした加盟国による通貨統合、すなわち単一通貨の導入を条文化した。

おおかたの予想に反し、1998 年 6 月には欧州中央銀行が発足し、1999 年 1 月には当時の EU 加盟国 15 カ国中 11 カ国により単一通貨ユーロが導入された。2002 年 1 月からは 12 カ国（2001 年に導入国増）でユーロ紙幣と硬貨の流通が開始し、EU の「新しい実験」は現実のものとなったのである。

だが、これらの目的を達成するためには、国でいえば議会・政府・裁判所のような機関が必要である。EU は独特な立法・司法・行政機構を持っている（図 3 - 1 参照）。

まず、EU 理事会（EU Council 議長国任期 6 カ月、加盟国閣僚＋欧州委員会委員）は加盟国代表により構成され、欧州議会と共に EU 立法を司る。共同外交・安全保障政策と警察・司法協力においては、EU の唯一の意思（意志）決定機関としての役割を果たしている。

次に、欧州議会は、直接選挙によって選ばれた 785 名の議員で構成される。欧州市民を代表して EU 理事会とともに立法手続きに参加し、同時に、EU の諸活動に民主的コントロールを行う。

欧州司法裁判所は、EU の基本条約が正しく解釈され、適用されているかを確実にする役割を果たしている。

そして欧州委員会は、EU の行政執行機関として EU 政策を実施し、唯一の法案提出権を持つ EU 機関として EU 立法に関与している。

さらに、EU の最高政治的機関として欧州理事会（European Council 加盟国首脳＋欧州委員会委員長：EU 首脳会議 EU Summit ともいう）が存在し、EU を政治的に推進し、政策の方向性の設定という重要な役割を果たしている。

この EU 理事会（閣僚理事会）、欧州議会および欧州委員会は「EU 機構の三極構造」と呼ばれ、様々なレベルの法律（EU の法体系の中で「一次法」として知られている基本条約が、EU の市民生活に直接影響を与える「二次法（派生法）」の基礎となり、二次法は、主として、EU の諸機関によって

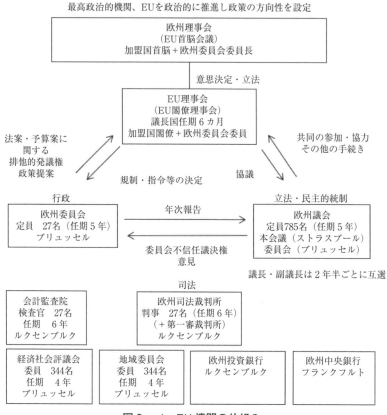

最高政治的機関、EUを政治的に推進し政策の方向性を設定

欧州理事会
（EU首脳会議）
加盟国首脳＋欧州委員会委員長

意思決定・立法

EU理事会
（EU閣僚理事会）
議長国任期6カ月
加盟国閣僚＋欧州委員会委員

法案・予算案に
関する
排他的発議権
政策提案

共同の参加・協力
その他の手続き

規制・指令等の決定　　　協議

行政　　　　　　　　　　　　　　　　　立法・民主的統制

欧州委員会
定員　27名（任期5年）
ブリュッセル

年次報告

欧州議会
定員785名（任期5年）
本会議（ストラスブール）
委員会（ブリュッセル）

委員会不信任議決権
意見

議長・副議長は2年半ごとに互選

司法

会計監査院
検査官　27名
任期　6年
ルクセンブルク

欧州司法裁判所
判事　27名（任期6年）
（＋第一審裁判所）
ルクセンブルク

経済社会評議会
委員　344名
任期　4年
ブリュッセル

地域委員会
委員　344名
任期　4年
ブリュッセル

欧州投資銀行
ルクセンブルク

欧州中央銀行
フランクフルト

図3－1　EU 機関の仕組み

出典：EU 駐日欧州委員会。

決定された規則〈regulation〉、指令〈direction〉および勧告〈recommendation〉
がある）ならびに EU の政策一般を決定する。
　大切なことは、一国の利益ではなく、EU 全体の利益が守られることであ
るから、そのためにこれらの機関は、単独では行動できないようになってい
て、権限が適切に分配されているのである。

第 2 節　EU 形成・拡大による米国を凌駕する巨大経済圏への発展
——米国への対抗戦略としての経済通貨同盟(ユーロ圏)と環境政策——

EU は、これまで、以下のような五次にわたる拡大によって、加盟国数は 6 カ国から 27 カ国となり、その総人口は 4 億 9,000 万人、GDP は 10 兆 9,480 億ユーロとなる巨大な経済圏へと発展している。

第一次拡大　1973 年 1 月　英国、アイルランド、デンマークが加盟

第二次拡大　1981 年 1 月　ギリシャが加盟

第三次拡大　1986 年 6 月　スペインとポルトガルが加盟

第四次拡大　1995 年 1 月　オーストリア、フィンランド、スウェーデンが加盟

第五次拡大　2005 年 5 月　ポーランド、チェコ、スロバキア、スロベニア、ハンガリー、エストニア、ラトビア、リトアニア、キプロス、マルタが加盟（東方拡大）

　　　　　　2007 年 1 月　ブルガリアとルーマニアが加盟（東方拡大の完結）

こうして、EU の経済規模は米国を凌ぐものとなり、世界の GDP の 3 割を占めるまでになったのであるが、半世紀を超えるこの統合プロセスは、このような加盟国の拡大による経済規模の量的な発展だけではなく、関税同盟（1968 年 7 月 1 日、EC 加盟国 6 カ国間で関税同盟完成、対外共通関税創設）に始まり、多くの経済分野での共通政策（共通農業政策等）、市場統合（1993 年単一市場始動）をへて、共通通貨ユーロの導入（1999 年、単一通貨ユーロ誕生、2002 年ユーロ紙幣、硬貨の流通開始）へと、その統合の質を深化させてきたことに注目する必要がある。

1　経済通貨同盟とユーロの導入

まず、注目すべきことのひとつは、「経済通貨同盟（EMU）」と単一通貨ユーロの導入であるが、これによって、EU は、経済政策の協調（低インフレ率・健全な財政・低金利など、ヨーロッパにおける安定した経済環境を追求）が強化され、特に、通貨・金融システムにおいては、各国の政府から独

立した欧州中央銀行（ECB）が、参加国の中央銀行とともに、物価安定を最優先の目標にかかげる欧州中央銀行制度（ESCB）に属することによって、各国バラバラの金融政策にかわって、統一的な金融政策が行われ、ヨーロッパ経済に安定と成長をもたらすことになるということである。

　すなわち、サッチャー政権によるシティ（英国の金融街）の金融ビッグバン（金融における規制緩和）を皮切りに世界中に広まった金融グローバリズムは、国際的短期資本の無政府的な運動を可能にし、一方で、巨大な収益をシティやウォール街（米国の金融街）にもたらすと同時に、他方では、タイバーツの暴落に始まるアジア通貨・経済危機のような新しい形の経済危機（「21世紀型危機」）を引き起こし、世界経済に混乱をもたらしていた。これに対し、EUによる単一通貨ユーロ導入は、このような資本のグローバリズム（無政府性）が生み出す否定的な結果を、ヨーロッパの範囲において封じ込めようという新たな試み（とりわけ、ヨーロッパをひとつの通貨に統一することによって、金融市場の統合をすすめ、為替投機等による為替変動のリスクを回避し、その通貨価値を維持することによって、ヨーロッパ経済の安定性を確保し、成長をもたらすこと）であった。ただ、ここでも、英国は、ユーロ導入にあたって、デンマークとともにマーストリヒト条約における適用除外（オプトアウト）の対象国となっている。すなわち、両国は政府決定、あるいは議会の議決または国民投票を実施することなしに、ユーロの導入を求められることはないのである（もうひとつのユーロ非導入国であるスウェーデンにはこのような規定が設けられておらず、規定上は将来のある時点でユーロ導入が義務付けられている。しかし、EU側はスウェーデンに対してユーロ導入を強制する意図はないということを明らかにしている）。

　ここで、不思議なことは、ユーロ導入が予定されていた時期は、サッチャー・メージャーの保守党政権にかわって登場してきたブレアの労働党（ニューレイバー）政権期（1997～2007年）であったことである。ブレア政権の支持基盤は、意外と思われるかも知れないが一方では、英国産業連盟（CBI）に代表される英国財界にあり、もう一方は、これまでどおり労働党の支持基盤であった保守党政権下で貧困化した労働者階級にあった。しかも、CBIとTUC（英国労働組合会議：労働組合のナショナルセンター）は、

ともにユーロ導入に賛成していた[9]。それゆえ、この側面からいえば、ユーロ導入に踏み切っても不思議ではなかったにもかかわらず、英国は、オプトアウトを継続し、ポンドにとどまったのである。確かに、英国国民の多くは、ユーロ導入に反対しており[10]、ユーロ導入のための収斂条件を満たすことが、場合によっては、財政赤字削減を理由とした国民生活の切り下げにつながりかねないことも事実である。シティの意向がどれほど反映していたのか定かではないが、「国民投票」によるリスクを回避するため、あるいはイラク戦争に多くのエネルギーを削がれ、任期中にユーロ導入を提案できなかったというのが、実際のところかもしれない。いずれにせよ、イラク戦争があろうがなかろうが、どうしても実現しなければならない課題としてユーロ導入が位置づけられていなかったことだけは確かである。

　だが、このことによって、通貨・金融政策においては、ひとつのヨーロッパではなく、いくつかのヨーロッパが形成され、ユーロ導入の効果が減殺されたことは確かである。また、ユーロ圏が形成されたとしても、世界がひとつの通貨となったわけではないので、この意味でもユーロ導入の効果は限定されていたし、金融におけるグローバリズムが進展している中では、なおさらそうである。それゆえ、今回のような金融危機が起こった時、その震源地は、米国であるにもかかわらず、ヨーロッパにも少なからぬ影響を受けるのである。直接、サブプライムローンに関わらなかったヨーロッパの金融機関の破綻が次々と起こっているのは、ここにその理由がある。EUが、このような新自由主義による金融自由化に対してどのような対抗戦略（規制戦略）をとるのか注目されるところである[11]。

2　地球温暖化阻止の対策

　次に、注目したいのは、EU諸国の環境に対する先進的な取り組みである。1994年に制定され、1996年10月に施行されたドイツの循環経済・廃棄物法は、私たちに「ドイツ・環境産業革命」として衝撃を与えたが、現在、それは、温暖化阻止による地球環境保全のための「新しい産業革命」が必要であるというEUレベルの共通認識、さらには、昨年（2007年）のノーベル平和賞（アル・ゴア氏とIPCC〈気候変動に関する政府間パネル〉）にあらわ

れているように、温暖化が進行すれば「紛争と戦争の危険」が増し、これを
阻止するためには、国家の利害を超えた協力が必要であるという点で、温暖
化防止は、同時に平和構築措置でもあるという世界的な認識のレベルにまで
広がり、緊迫感を持った取り組みが強化されている。この点においては、英
国もまた先進的で独自の取り組みをしており、「京都議定書」から離脱した
米国とは、対照をなしている。とりわけ、英国政府（ブレアー政権）の要請
で、元世界銀行チーフ・エコノミストでロンドン大学教授（LSE）のニコラ
ス・スターン博士を中心にまとめられたスターン・レビュー（『気候変動の
経済学』2006 年 10 月 30 日発表）は、英国はもちろん世界中に大きな反響
を呼び起こした。そして、このような政府のスタンスが、英国の環境政策の
現実をも動かしてきたのである。

　すなわち、京都議定書において、EU 加盟国は、全体目標として、二酸化
炭素（CO_2）を中心とする温室効果ガス 6 種類の総排出量を第一約束期間
（2008 ～ 2012 年）までに 90 年水準から 8% の削減、英国は、12.5% の削減
で合意した。しかし、英国は EU 内の割当量を超え、温室効果ガス 6 種類の
排出量を 20% 以上減らす計画を策定している[12]。そして、この目標実現の
ため、2001 年 4 月に、燃料や電力の使用量に応じて企業に課税する「気候
変動税」を導入したのである。それは、使用エネルギー料金の 15% 程度が
税額で、その税収の一部は再生可能なエネルギー源の利用を促す補助金など
にあてるというものである。

　だが、この「気候変動税」には、企業が政府と 2010 年までの CO_2 排出量
の削減目標を設定し、エネルギー節減を進める協定（「気候変動協定」）を結
べば最大 80% 減税されるという「特典」があった。これによって、2001 年
3 月までにセメント産業、鉄鋼業、自動車製造業など 40 の業界団体が協定
を締結することになり、その他の対策と相まって、CO_2 の削減は一挙に進む
ことになった。

　英国の CO_2 排出量は 1990 年から 2005 年までに 6.4% 減少し、温室効果ガ
ス総排出量は同期間に 15.3% 減少している。なお、最新の予測では、英国の
総温室効果ガス排出量は 2010 年までに 1990 年水準を約 23% 下回ると予想
され、京都議定書における削減義務の約 2 倍を達成することになる。だが、

英国はさらに野心的な課題に取り組もうとしている。それは、2007年3月13日、ミリバンド環境・食料・農村地域大臣によって発表された「気候変動法案 Climate Change Bill」で、温暖化ガス削減を世界で初めて法的に義務化するというものである。法案の主なポイントは、①法的拘束力のあるCO_2削減目標の設定―― CO_2排出量を1990年レベルから、2050年までに60%、2020年までに26〜32%削減する。②法的拘束力のある「炭素予算」システム（5年更新）の創設――英国の目標達成への道筋を示し、低炭素技術への企業や個人の投資を促進する。③法定機関として「気候変動委員会」を創設――政府が「炭素予算」内で目標を達成できるよう専門的アドバイスを与えるという内容である。

　だが、このような環境対策の前進は、産業界の支持なくしては不可能であった。ではなぜ、新自由主義・サッチャー政権の生みの親である英国の産業界――それを代表するCBI（英国産業連盟）が、ブレアーおよびゴードン・ブラウン政権の環境政策を支持するようになったのであろうか。それは、グローバルな環境破壊が人類そのものの存続を危うくするという「認識」＝「危機感」が広範にひろがり、それをなんとしても解決しなければならないという「強い意志」が国民と政府によって表明されたからである。ドイツの産業界の場合もそうであるが、最初は強烈に反発していた政府の環境対策に対し、資本は、それがいくら反発しても変わらないものであるとわかったとき、そのような変化した環境（政治的諸条件）の中で生き抜く方法を考え、逆に、それをビジネスチャンスに変えてゆくフレキシビリティを持っているのであって、そのような社会状況（社会的強制）がヨーロッパ型資本主義をつくっていくのである。

　このような歴史的に形成されたヨーロッパ的政治的上部構造と資本主義的な土台――その支配的モメントは金融資本である――との相互作用によってつくられた社会が、「社会的市場経済」といわれるものなのである[13]。このように見ると、現在の英国資本主義は、米国型資本主義とヨーロッパ型資本主義の中間形態となっているように思える。

第3節　移民・失業問題と「欧州社会モデル」

　だが、このように、米国型資本主義とは区別されるヨーロッパ型資本主義ではあるが、それが資本主義である以上、越えることのできない限界がある。それが、失業問題であって、ヨーロッパ型福祉国家にとっても、そのアキレス腱となっている。さらに EU 拡大に伴う国境を越えた資本および労働力移動（移民を含む）とそこから生まれる様々な矛盾・軋轢は、事態をさらに深刻にしている。このような資本主義的市場では解決できない問題を、国家は取り上げるのであるが（福祉国家）、それは当然、財政負担の問題となって跳ね返ってくる。経済成長が続いている間は大きな問題にはならないが、経済成長が停滞した時、それは社会問題となるからである。

　EU 社会モデルは、米国型資本主義とは違って、EU 加盟国で分かち合う連帯、貧困撲滅への取り組み、教育と保健、職場での健康と安全、労使と市民社会の参加といった共通価値や政策原則を包含する政策理念を持ち、それを EU 社会基本権憲章（1989 年採択）に明示している[14]。だが、理念を実在化するためには、財政的な裏付けがなければならない。ユーロ導入の収斂基準——財政赤字が GDP の 3% を超えないこと、および政府債務残高がGDP の 60% を超えないこと——は、ある意味では、新自由主義の「小さな政府」と共通するところがあり、経済成長が停滞している状況の下では、国民生活の福祉の切り捨てにつながりかねない可能性を持っている。この問題を、ヨーロッパ型資本主義と「社会的市場経済」は、解決することができるのかどうか。「欧州社会モデル」が単なる理念にとどまらず、しっかりとした実在的根拠を持つためには、この問題の解決がどうしても必要になってくるのである。

第4節　多様性のヨーロッパ
——文化的・言語的多様性の尊重——

　これまで、EU 統合を経済的側面から見てきたのであるが、EU 統合が世界に果たす役割は、その公用語が 23 言語となっていることに象徴されるよ

うに単なる経済的なものにとどまらない。米国が、様々な国から移民を受け入れ発展した国であり、「人種のるつぼ」あるいは「サラダボール」といわれながらも、その公用語が、英語のみであるのと対照をなしている。EU を構成する言語とその系統を参考のために挙げてみるが（表 3 - 1[15]）、なぜ、EU は、経済的には不効率に見える言語の多様性・文化的多様性を維持しようとするのであろうか。最後にそれを考えてみたい。

　この言語の多様性・文化の多様性を維持するために EU では、5,000 人近い翻訳者・通訳者が働いているそうである。当然、そこには翻訳者・通訳者を雇用するための費用が発生する。一言語であれば、一冊の本・パンフレットですむところが、何冊もの本やパンフレットを印刷・製本しなければなら

表 3 - 1　ヨーロッパ諸国の 23 の言語

● 　アフロ・アジア語族＞セム語派：(1)マルタ語
● 　インド・ヨーロッパ語族
　　○ 　ゲルマン語派
　　　・西ゲルマン語群：(2)英語、(3)ドイツ語、(4)オランダ語
　　　・北ゲルマン語群：(5)デンマーク語、(6)スウェーデン語
　　○ 　イタリック語派＞ロマンス諸語
　　　・西ロマンス語：(7)フランス語、(8)スペイン語、(9)ポルトガル語
　　　・東ロマンス語：(10)イタリア語、(11)ルーマニア語
　　○ 　スラヴ語派
　　　・南スラヴ語群
　　　　・東グループ：(12)ブルガリア語
　　　　・西グループ：(13)スロヴェニア語
　　　・西スラブ語群：(14)チェコ語、(15)スロヴァキア語、(16)ポーランド語
　　○ 　バルト語派：(17)ラトヴィア語、(18)リトアニア語
　　○ 　(19)ギリシア語
　　○ 　ケルト語派：(20)アイルランド語
● 　ウラル語族＞フィン・ウゴル語派
　　○ 　バルト・フィン諸語：(21)フィンランド語、(22)エストニア語
　　○ 　ウゴル諸語：(23)ハンガリー語

出典：「euj 日・EU フレンドシップウィーク企画展示　EU の公用語」（一橋大学附属図書館　学術・企画のサイト https://www.lib.hit-u.ac.jp/service/tenji/Eu-lang/）を参照。

なくなる。だが、これがEUの民主主義——その国・地域の言語・文化を守ることも民主主義のひとつ——であり、それにかかる費用も、アメリカが使っている軍事費に比べれば、微々たるものである。戦争にお金を使うより、民主主義にお金をかけたほうがいいとEUの人たち・EU「市民」は思っているのである[16]。

おわりに

　それでは、EUの「新しい実験」は、日本資本主義にとってどういう意味を持つのであろうか。

　まず、米国型資本主義の限界が誰の目にも明らかになっているにもかかわらず、それでもアメリカをモデルに国家の基本政策を求めるような、国家のあり方が根本的に見直さなければならないということである。

　次に、その方向性が問題になるが、それは、日本資本主義が抱える矛盾の分析によってのみ明らかになる。社会が違うのだから、単純にヨーロッパのモデルを移植してもうまくいくとは限らないからである[17]。だが、それにもかかわらず、EUの分析は、私たちにあるヒントを与えてくれているように思える。それは、意志決定をすることの大切さである。「ヨーロッパの平和（不戦共同体）」が「ヨーロッパの経済的繁栄」をつくるという理念とそれを実現するための政治的意志決定が、ヨーロッパ型資本主義と「社会的市場経済」、そして現在のEUをつくってきたのである。それにならえば、「平和な東アジア（不戦共同体）」による「東アジアの経済的繁栄」という構想が浮かび上がってくる。憲法第9条を持っている日本こそ、それを提起するにふさわしい国ではないだろうか[18]。

注
1) デヴィッド・ハーヴェイ『新自由主義—その歴史的展開と現在—』（［監訳］渡辺治［翻訳］森田成也・木下ちがや・大屋定晴・中村好孝、作品社、2007年3月）。友寄英隆『「新自由主義」とは何か』（新日本出版社、2006年8月）を参照。また、米国経済のもつ生命力とそれが抱える矛盾について鋭く分析したものに、井上博・磯谷玲編著『アメリカ経済の新展開　アフター・ニュー・エコノミー』（同文舘出

版、2008 年 4 月）がある。

2) 新藤通弘『革命のベネズエラ紀行』（新日本出版社、2006 年 5 月）、内橋克人・佐野誠［編］『ラテン・アメリカは警告する「構造改革」日本の未来』（シリーズ「失われた 10 年」を超えて―ラテン・アメリカの教訓　第 1 巻、2005 年 4 月）。

3) EU に関する基礎的なデータは、パスカル・フォンテーヌ『EU を知るための 12 章』（駐日欧州委員会代表部、2004 年 6 月、2007 年 8 月）をはじめ、EU および欧州連合駐日欧州委員会代表部のホームページを参照した。

4)5) 拙著『グローバライゼーションと現代の恐慌』（文理閣、2000 年 6 月）、拙稿「ユーロと新たな国際的地域ブロック EU の形成―新しい国際通貨ユーロ誕生とその政治・経済的諸条件―」（『立命館経済学』第 53 巻第 5・6 号、2005 年 2 月）、同「ヨーロッパ資本主義の現段階と EU の形成―平和なヨーロッパをめざす『古い欧州』の新しい実験―」（『日本の科学者』Vol.41 No.3、2006 年 3 月）。

6) 宮田律『軍産複合体のアメリカ―戦争をやめられない理由―』（青灯社、2006 年 12 月）を参照。

7) 上田慧「航空宇宙　企業の集中統合化と国際共同開発」（『経済』2007 年 5 月号）、鈴木通彦「世界の軍事産業の動向」（THE WORLD COMPASS 2007 年 4 月号）を参照。

8) J・ペルクマンス／田中素香全訳『EU 経済統合　深化と拡大の総合分析』（文眞堂、2004 年 11 月）。氏は、EU を「多層的政府」の一つとしてとらえ、興味深い分析を行っているが、私は、これを、資本のグローバライゼーションの第四段階に対応した資本主義がもつ「階層性」の発展形態として捉えようとするものである。この点については、4)、5) の文献を参照。

9)10) 拙稿 "The conflict over the joining EMU in the UK: The contradiction between multinational corporations and nation state (1)" *RESEARCH BULLETIN KAGOSHIMA JUNIOR COLLEGE,* No.62, June 1998.

11) 相沢幸悦監修 日米金融比較研究会著『カジノ資本主義の克服―サブプライムローン危機が教えるもの―』（新日本出版社、2008 年 5 月）および次章を参照。

12) イギリスの環境対策およびその進捗状況については、駐日英国大使館のホームページを参照。

13) 友寄英隆「EU の『社会的市場経済』とは何か」（『経済』2008 年 4 月号）が参考になった。理論における「社会的市場経済」と戦後ヨーロッパの実現としての「社会的市場経済」とを区別して、今後、研究していく必要がある。

14) EEC 設立条約には、社会労働政策に関する規程がほとんどなく、1987 年の単一欧州議定書で、はじめて職場での健康と安全、労使対話、経済的社会的結束という EU の社会労働政策がその法的基盤を獲得する。1993 年マーストリヒト条約で、社会政策に関する議定書と協定を採択するが、英国の適用除外により、EU 内に社会労働政策に関する二つの異なった法的基盤を認めるという不正常な状態が続く。1999 年、アムステルダム条約（改正 EU 条約）において、社会労働政策を EU と加盟国の共通の責任領域であることをすべての加盟国が確認する。これによって不正常な状態に終止符が打たれ、同条約は、政治宣言として 1998 年に採択された

　　EU 社会基本権憲章の内容を反映する形で、EU 社会労働政策の目的を明示することになったのである。これについては、EU 連合駐日欧州委員会代表部のホームページを参照。

15）「euj 日・EU フレンドシップウィーク 企画展示 EU の公用語」（一橋大学附属図書館 学術・企画主担当）のサイト（http://www.lib.hit-u.ac.jp/service/tenji/EU-lang/）を参照。

16）駐日欧州委員会代表部広報部『マンガ EU とユーロ』（第 2 版 2004 年 12 月 第 1 版 2004 年 5 月）。

17）田中素香『拡大するユーロ経済圏 その強さとひずみを検証する』（日経 BPM　日本経済新聞出版本部、007 年 4 月）

18）拙稿「東アジア共同体の実在的可能性― EU の新しい実験が示唆するもの―」（『鹿児島国際大学短期大学紀要』第 77 号、2006 年 12 月）、「『戦争と平和』の政治経済学― Love&Peace の経済学をめざして―」（『立命館文学』第 603 号、2008 年 2 月）を参照。

第**4**章

金融危機下のヨーロッパ
―― EU 統合とグローバリズムのはざまで――

はじめに

　サブプライムショックを契機とした今回の危機が、米国発の金融恐慌で
あったにもかかわらず、なぜ、ヨーロッパが影響を受け、金融危機、さらに
は、過剰生産恐慌に巻き込まれることになったのか。特に、新自由主義の経
済政策の推進者であるアメリカとは違って、「社会市場経済」を標榜し、ド
イツを中心に比較的堅実で安定している金融システムを持っているとされて
きたヨーロッパが、なぜ、今回は深刻な影響を受けることになったのか。こ
の恐慌からの脱出のために、何が必要なのか。100年に一度の恐慌であれば、
これまでにない対策が必要となるが、それは何か。また、それは可能か。
ヨーロッパ経済にその力点をおいた今回の恐慌の分析を通じて探ってみる。

第1節　現代の恐慌現象をどう見るのか

1　資本主義の「危機」と経済恐慌
――恐慌は、資本主義の「死にいたる病」か

　今回の恐慌について分析する前に、まず、恐慌とは資本主義にとってどの
ような現象であるのか簡単に見ておくことにする。恐慌は、「生きている矛
盾」「生産と消費の矛盾」のひとつの発現形態であり、他の有機体（資本主
義という経済的土台〈一次的有機体〉に規定された二次的有機体）である国
家・政治的上部構造との相互作用で「帝国主義戦争」にも転化するような資
本主義という社会的生産有機体（一次的有機体）の運動が引き起こす現象で

ある。この現象を資本主義の「死にいたる病」ととらえる見解もある。ところが、恐慌の歴史を見ると、1825 年以来、主な恐慌を数えただけでも、16 回は繰り返されており、それにもかかわらず、資本主義が未だに存在している。このことから、恐慌という現象は、資本主義の「死」あるいは「死にいたる病」を意味するのではなく、むしろ、その「復元力」を示していると見る方が妥当であるといえる。実際、資本主義は、その矛盾の発現形態を変えながら、恐慌あるいは戦争を契機として発展してきた。たとえ、資本主義が、恐慌という経済的「危機」に直面したとしても、それが政治的上部構造の「危機」に転化しなければ、資本主義は再び新たな循環を始め、その生命力を維持していくのである。それは、100 年に一度の恐慌といわれる現在の金融・経済危機にもあてはまる。

2　資本主義の発展と恐慌の発現形態の変化

次に、資本主義の矛盾とその発現形態の変化を概括してみると、資本主義が進めてきたグローバリズムの発展段階との関わりで、およそ次のような対応関係が見られる[1]。

1. ブルジョア的国民国家・民族性を前提とし、商品の輸出を媒介とした世界市場の形成によるグローバライゼーションの進展——諸矛盾の発現・解決形態としての「世界市場恐慌」
2. 植民地への資本輸出（間接投資）を媒介とした帝国主義ブロックの形成によるグローバライゼーションの進展——諸矛盾の発現・解決形態としての「帝国主義戦争」
3. 新植民地主義の形成と対開発途上国・先進国間相互浸透という形態での資本輸出（直接投資）を媒介としたグローバライゼーションの進展——諸矛盾の発現・解決形態としての「帝国主義戦争」の抑止と「インフレーション」「スタグフレーション」への転化
4. 国際的貨幣資本の自由移動と新たな国際的経済ブロックの形成によるグローバライゼーションの進展——諸矛盾の発現・解決形態としての「バブルの崩壊」「21 世紀型危機」

3　サブプライムショック＝バブル崩壊の基礎にある金融資本の資本蓄積

　それでは、現在の恐慌は、この四つの段階のどこにあたるかといえば、「4. 国際的貨幣資本の自由移動と新たな国際的経済ブロックの形成によるグローバライゼーションの進展——諸矛盾の発現・解決形態としての『バブルの崩壊』『21世紀型危機』」にあたる。実は、この資本のグローバライゼーションの発展の基礎には、それを支える産業資本の資本蓄積（1. に対応）および金融資本の資本蓄積の発展（2. 3. 4. に対応）があり、現在は、その金融資本の資本蓄積様式からみると、以下に述べる三つの段階中で第三の発展段階にあたる。

　すなわち、第一段階は、独占価格を媒介とした価値収奪に基づく金融資本の資本蓄積、第二段階は、インフレーションを媒介とした価格収奪に基づく金融資本の資本蓄積であるが、第三段階は、疑似資本の膨張・収縮を媒介とした価値収奪に基づく金融資本の資本蓄積である。結論的にいうと、これらの資本蓄積様式が、その時々におかれた様々な諸条件の中でひとつの限界に達したとき、その矛盾が「周期的恐慌」、「帝国主義戦争」への転化、「インフレーション」・「スタグフレーション」あるいは、「バブルの崩壊」・「21世紀型危機」といった形で発現するのである。今回の「100年に一度の恐慌」もその規模と範囲の大小に違いがあったとしても、その基本的性格としては、グローバリズムの第四段階、金融資本の資本蓄積様式としては、第三段階における矛盾の爆発であり、そのひとつの現れにすぎない。

　すなわち、現代の支配的な金融資本の資本蓄積様式の形態（第三段階）は、第二段階の矛盾の現れであるスタグフレーションに直面した金融資本がその資本に内在する諸制限・消費限界を越えて資本が運動しようとしたときに、生み出されたものであり、この資本に固有の内在的諸制限を乗り越えるために規制緩和・自由化による「バブル」あるいは「過剰消費」というアメリカ的な消費形態が必要となったのである。そして、これが起動力となって世界的な過剰生産を吸収する機構がつくられたのであるが、この「過剰消費」を生み出した消費者ローン・自動車ローン・住宅ローン（債務）とそれ自体をまた証券化して、擬制資本の増殖対象にする仕組み（「バブルの膨張」）が、さらなる過剰生産を誘発し、累積させることになった。だが、資本蓄積

の従属変数である賃金（所得）には限界があり、その賃金によって自動車や
住宅に対する需要も最終的には限界づけられているのだから（支払い能力に
は限界がある）、いくら債務が証券化されたからといって、居住することを
前提とした住宅の価格が無限に上昇することはありえない。それゆえ、住宅
価格が上がり続けることを前提として設計されたサブプライムローンは、い
つかは破綻することはわかっていたのであり、どこかで支払い不能が一定の
量を超えて発生すれば、このシステムは崩壊する。そして、その裂け目はま
ず金融部面に現れるのである。だが、このサブプライムローンという証券化
された債務（＝疑似資本の新たな運動形態）があったからこそ「過剰消費」
がつくりだされ、これによってはじめて膨大な「過剰生産」が吸収されてい
たのだから、この「過剰消費」を支えていた債務の証券化が、「サブプライ
ムショック」＝「バブルの崩壊」を契機に限界に達すると、その基礎にある
「過剰生産」が一気に表面化するのである。

　このように見ると、「過剰消費」は、「生産と消費の矛盾」――「制限され
た消費」と「過剰生産」――と矛盾した正反対のカテゴリーのように見える
のであるが、実は、「過剰消費」を可能にした消費者ローン・自動車ローン・
住宅ローン（債務）とその証券化は、制限された消費という資本固有の内在
的諸制限を擬制資本の運動を媒介として乗り越えていくことを可能にした金
融資本の新たな運動形態だったのであり、それは、「生産と消費の矛盾」の
転倒的現象形態だったということが明らかとなる。それは、「生産と消費の
矛盾」を「解消」しはしないが、その矛盾の運動を可能にする新たな展開形
態・「解決形態」だったのである。

　それゆえ、これにかわる金融資本の新たな運動形態が見つからない限り、
また、新たなバブルがつくりだされることになる。これまで、中南米累積債
務危機／米マネーセンターバンク・S&L（貯蓄貸付組合）危機[2]→日本のバ
ブルとその崩壊→アジア通貨・経済危機という形でこの金融資本の資本蓄積
様式はその矛盾を発現させてきたのであるが、それが現在「サブプライム
ショックを契機とした世界金融危機」として発現しているのである。

第2節　サブプライムショックとヨーロッパ金融危機

1　EU統合の理念とヨーロッパ型資本主義の現実

　このような米英を中心とした新自由主義政策に主導された金融資本とその新たな蓄積様式とは違って、ヨーロッパにはドイツを中心として「社会的市場経済」をモデルとしたもうひとつの資本主義があるといわれている。実際、日本がバブル経済に踊っていた80年代に、ドイツではバブルはなかったことも指摘されている。それにもかかわらず、今回のサブプライムショックを契機とした世界金融危機で、ドイツを含めヨーロッパは危機に陥った。それはなぜかを解明するのが本章のテーマであるが、そもそも米英型資本主義とは区別されるヨーロッパ資本主義なるものがあるのか[3]、あるとすればどのような意味でそうなのかについて、まず、見てみたい。

　結論的にいうと、資本主義とその発展段階に照応する普遍的法則を持った各段階に固有で特殊な資本の形態（支配的資本としての産業資本→金融資本）は存在するが、各段階の資本形態とは別に英米型資本主義あるいはヨーロッパ資本主義が各段階の資本主義と同じ法則のレベルにおいて存在するのではないということである。現実に存在するのはアメリカ資本主義、ドイツ資本主義あるいは日本資本主義である。だが、それらの資本主義は、いずれも資本の特殊な発展段階である金融資本という法則に支配されており、その金融資本による支配という法則から逃れることはできないのである。それゆえ、その各国資本は、普遍性を持ちつつも、資本が発生し、発展してきた歴史的・地理的・社会的諸条件の中でその諸条件と相互作用せざるをえず、結果としてそれぞれの社会に固有の資本主義が生まれてくるのである。

　現代の資本主義は、上に見たグローバリズムの第四段階にあり、国境を越える国際的短期資本の運動を前提として激烈な競争を行っており、その法則から逃れることはできない。他方で、資本はまた、国内に留まろうが、国外に出ていこうが国家の形態で総括されている。それゆえ、資本を総括している特定の国家と社会の影響を絶えず受けるのである。

　その中で、ヨーロッパに存在する資本主義が特殊な位置を占めているの

は、それぞれドイツ国家、フランス国家、イタリア国家等々に総括され、ド
イツ資本主義、フランス資本主義、イタリア資本主義等々として存在してい
る資本がその国家を越えた EU という枠組みをつくり、それによって、この
資本のグローバライゼーションの第四段階が引き起こす矛盾に対して対応し
ようとしていることである。また、それと同時に、アメリカ資本主義や日本
資本主義との競争において優位に立つための対抗戦略を形成し、独自の経済
圏を形作っていることである。当然、合意の範囲内ではあるが、各国の経
済・金融政策を越えた共通の経済・金融政策が行われ、それによって各国資
本主義は制約されることになるので、各国資本主義を超えたヨーロッパ資本
主義といわれるものも次第に形成されることになると思われる。現在は、そ
れらが並存し、相互に作用しあっている状態である。

　このように、EU とそれを構成する各国資本主義をとらえたうえで、その
特徴をあげてみれば、以下のようである[4]。

　ひとつは、EU 設立の原点である「不戦共同体」——「ヨーロッパの平和」
が「ヨーロッパの経済的繁栄」をつくりだす——の理念であり、これが、こ
れまでの世界大戦の引き金となったヨーロッパの帝国主義同士の軍事衝突を
回避し、ひいては、第三次世界大戦を回避するファクターのひとつとなった
ことは間違いない。特に、アメリカが主導したイラク戦争に対して独・仏を
中心としたヨーロッパが反対の立場をとったことは EU の存在意義を世界に
印象づけるものとなった。ただ、EU のメンバーでありながら、英国は米国
とともに行動しており、ボスニア・ヘルツェゴビナへの平和維持軍への派
遣、コソボ空爆、アフガン侵攻等については、その「理念」に忠実であった
かといえばそうではないことも記憶にとどめておかなければならない。

　つぎに、経済的に見れば、もはや一国的な対応では不可能となった国際的
な金融の動きをその典型とするグローバル化した資本主義に対する対応とし
て、経済通貨同盟を形成し、ユーロを導入したこと（ドイツがマルクをフラ
ンスがフランを捨てたこと）は、画期的である。これは、国家主権のひとつ
である通貨主権を放棄し、新たな国際的地域経済ブロックをつくりだすこと
によって、資本の無政府性をヨーロッパの範囲内で封じ込めるという戦略で
あるが、ここでもまた、英・デンマークはオプトアウト（適用除外）、ス

ウェーデンも未加盟という問題を抱えている。

　とはいっても地球規模の環境破壊に対する環境政策については、英国も含めてEU総体として積極的であり、それが同時に米国への対抗戦略となっている。もっとも原子力政策については、独・仏の間に対立があることも確かである。

　さらに、「社会的ヨーロッパ」・欧州社会モデル——市場経済の枠組みを維持しながら、社会的規制や福祉の仕組みを加味することによって労働者の保護を図る仕組み。EU加盟国で分かち合う連帯、貧困撲滅、教育と保健、職場での健康と安全、労使と市民の社会参加等々——は、ヨーロッパ資本主義の特徴といわれ、アメリカと比較すれば社会保障は充実していることは確かである。ただ、各国の金融資本と労働者あるいは政府との間では、賃金や社会保障の財政負担をめぐって絶えず衝突があるし、国の政策のレベルで見ても、独・仏と英（特に、サッチャー政権にはじまる新自由主義的経済政策）との間には対立がある。

　それに加えて、旧東ドイツあるいは新たにEUに加盟した東欧諸国を中心とした国々との間には大きな格差があり、独・仏を中心とした金融資本はこれらの国々を自らの資本蓄積にとっての源泉・収奪基盤として位置づけていることも見ておかなければならない点である。

　このように、「理念」としてのヨーロッパと現実のヨーロッパとは必ずしも一致しているわけではない。実際、欧州憲法制定条約・リスボン条約の採択の批准をめぐる抗争——欧州憲法制定条約（2004年採択）が、2005年フランス（5.29）オランダ（6.1）の国民投票で否決され、それにかわるリスボン条約が26カ国の批准にもかかわらず、アイルランド国民投票で否決される（2008年6.12）といった事態がおこった（最終的には採択）——を見ても、ヨーロッパがEU統合や統合のあり方をめぐって模索しながら進んでいることがわかる。ただ、様々な矛盾・軋轢がありながらも、これまでの歴史的な階級闘争・市民運動等の成果として、資本あるいは金融資本の運動を規制する「社会的」な仕組みをつくってきたところにヨーロッパ資本主義の特徴があるといえるだろう。

2　アメリカングローバリズムの進展とその影響
——ヨーロッパにおける金融規制の緩和とバブルの形成

　これまで見てきたように、ヨーロッパ資本主義あるいはヨーロッパを構成する各国資本主義は、資本である以上、その普遍的運動法則から逃れることはできない。たとえ、結果から見れば、バブルであったとしても、短期的に見て、そこに巨大な収益源があり、競争関係にある資本がその利益にあずかっているのを見たとき、そちらに向かうのは資本としては当然の行動であり、それに対する強力な規制がない限り、その動きは止められないのである。

　実際、1997年に開始された欧州雇用戦略（EES）と連携する形で、2000年3月に、EU加盟国首脳は、「より質の高いより多くの雇用と、より強い社会的結束を伴う持続可能な発展ができるような、世界で最も競争力と活力を持つ、知識を基盤とした社会」を構築することをその目標とした「リスボン戦略（2000－2010年）」を採択するが[5]、この包括的な社会・経済計画が採択された背景には、IT技術の発展に支えられ、米国経済が飛躍的な伸びを示し、ヨーロッパ企業を凌駕しようとしているという「危機意識」があった。採択から5年を経た2006年には、その成果は、「必ずしも芳しいものではなかった」として、雇用と成長に政策の重点を絞り込む「見直し」が行われるが、それは、5年経っても、EUは成長率で米国に遅れ、失業率も日米に比べて高止まっており、深刻な財政赤字の問題を抱えている状況を打開するためであった[6]。目標年度である2010年をまたず、その目標としていたアメリカ経済がサブプライムショックを契機として深刻な経済危機に陥るのであるが、ここで指摘しておきたいのは、EUを構成する諸国とそこで活動する資本も、グローバル化した経済の中では絶えず競争にさらされており、当時、最も「国際競争力」のある国であったアメリカの資本の影響を受けざるを得なかったということである。

　こうして、一方では、ヨーロッパ資本の内的欲求として、他方では、アメリカや日本との競争関係に強制されて、「欧州社会モデル」という目標は掲げつつも、現実的には、雇用の質よりも量を優先した「労働の規制緩和」による格差拡大・「非典型雇用」の増大[7]と「金融の規制緩和」による金融の

「証券化」と「国際化[8]」が進行していく。

　だが、このような動きは、すでに 1985 年ジャック・ドロール委員長率いる欧州委員会が「米国に匹敵する大規模な統一経済圏」の確立を提起し、ローマ条約改正と「単一欧州議定書」による欧州統合プロセスの再開に合意した時点（93 年までに単一市場の創設をめざす）から始まっており、これがマーストリヒト条約締結（ヨーロッパ連合〈EU〉条約。1992 年 2 月に調印。93 年 11 月発効）につながっていくのであるが、注目すべきことは、実は、この 1980 年代後半から 1990 年代初頭にかけて、英国や北欧諸国——ノルウェー、スウェーデン、フィンランド、デンマーク——で、経済のバブル化とバブル経済の崩壊により、あいついで金融危機が勃発していたことである[9]。また、日本のバブル経済や北欧諸国ほどではないにせよ、ドイツやイタリアでも金融規制の緩和によって不祥事あるいは小規模の経営破綻が生じている。英国は別として、この時期、ヨーロッパには、バブル経済は存在しなかったかのような議論があるが、資本あるいは金融資本の本質を理解する上で、特に重要だと思われるので、指摘しておきたい。

3　ヨーロッパの金融危機の原因とその対策
（1）サブプライムショックを契機とする米国の金融恐慌とその世界的波及
　それでは、なぜ、米国発の金融不況がヨーロッパまで波及したかである。これまで見てきたように、資本主義における擬制資本の新たな資本蓄積様式の各国における展開という基礎があったこと、そしてその上に、その最先端を走っていた米国でサブプライムショックが起こったこと、である。これがこのショックが米国にとどまらず、世界中、特にヨーロッパの金融危機として波及したひとつの根拠であることをまず見ておく必要がある。

　実際、アメリカとほぼ同時期、ドイツを除くヨーロッパの多くの国——英国、フランス、オランダ、スペイン、アイルランド等々——で、住宅バブル・不動産バブルが発生しており[10]、その意味で、たとえ、米国のサブプライムショックがなかったとしても、いずれははじける構造になっていたのである。

　だが、ドイツでは 1990 年の東西ドイツ統一の時点で、すでに住宅バブル

が発生しており、その処理に追われていたということもあり、この時期には、住宅バブルは発生していない[11]。では、それにもかかわらず、なぜ、ドイツでも深刻な金融危機にみまわれることになったのか。その理由は以下である。

　90 年代の東西ドイツの統一、EU 市場統合、グローバリズムの進展の中で、まずドイツ経済が構造的に変化した（企業活動の国際化、国際資本移動の飛躍的拡大、産業構造の再編、EU 金融・資本市場の統合）。そしてその経済構造の変化にあわせた諸規制の緩和や自由化、競争的な市場環境をめざした企業、労働、金融システムへの転換・移行が求められた。その結果として、大銀行（商業銀行・信用銀行）あるいは州立銀行・ランデスバンク（貯蓄銀行の上部団体）を中心に、ユニバーサル制の間接金融優位の構造から、株式や社債などの証券市場ベースの金融システムへの移行が進められ[12]、アメリカ型の投資銀行へと「変貌」を遂げていたからである。いわゆる金融の「国際化」・「証券化」であるが、こうしてドイツ最大の民間銀行であるドイツ銀行もサブプライム関連商品（評価損約 121 億ドル）に大きく手を染めることになった。これについては、スイスの大銀行 USB（同評価損は、ドイツ銀行の 4 倍）も同様である[13]。大企業の資金調達構造が変化し、それにあわせて大銀行の側でもよりリスキーな分野へと進出せざるを得なかったのである。

　ドイツにおいてサブプライム問題が最初に表面化したのは、2007 年 8 月、IKB ドイツ産業銀行（中堅銀行）で、サブプライム関連投資からの巨額損失が発生し、その筆頭株主である KfW（復興金融公庫：国有銀行）による救済支援が発表されたときである（KfW と連邦政府あわせて、92 億ユーロ、日本円で 1 兆 4,904 億円）。このスキャンダルが発覚するまで IKB は、「石橋を叩いて渡るような堅実な銀行」と評価されていた。中小銀行は、この時期においても、伝統的な取引をつづけており、サブプライムショックの影響を受けることが少なかったといわれているが、ドイツにおける金融部門の構造変化は、大銀行だけでなく、中堅銀行の一部も巻き込んで進んでいたことがわかる。

　さらに、この危機を深刻化させたのは、中・東欧諸国への融資（住宅投

資）に深く関わり、これらの諸国において住宅バブルを引き起こしていたことである[14]。

　これに加えて、指摘しておかなければならないことは、グリーンスパンが告白しているように、バブルを抑えようとして、金利（公定歩合）を調整しても、グローバリズムが進展し、金利差を求め国境を越えて国際的短期資本が運動しているもとでは、その目的が果たせないということである。一国的な金融政策の有効性の喪失である。EUがヨーロッパ中央銀行を創設し、単一通貨ユーロの下で、統一的な金融政策をとろうとしているのは、このような世界経済における根本的な構造変化に対応しようとしたものであるが──実際、今回、ユーロを導入している国において、比較的ショックが少なかったことから、まだ、導入していない国において導入に向けた動きがでてきている──、すでに見たように、英・デンマークはオプトアウト（適用除外）、スウェーデンも未加盟という状況の下では、その有効性も限られているということである。

　こうしてサブプライムショックを契機にリーマンブラザースを始めとするアメリカの五大投資銀行はすべて消滅し、巨大商業銀行に吸収され、さらにこれが世界中に波及し、ヨーロッパもまた深刻な金融危機にみまわれることになった。だが、今回の危機のもうひとつの特徴は、この金融危機が金融の部面にとどまらず、現実資本の領域にまで波及したことである。なぜ、この金融危機が、金融の分野にとどまらず、世界を代表する自動車メーカーGM・クライスラーの倒産にまで波及することになったのか、その基本的な原因については、すでに、「第1節 3サブプライムショック＝バブル崩壊の基礎にある金融資本の資本蓄積」でみたところである。このことをヨーロッパ経済に即していえば、住宅バブルやサブプライムローンによっておおわれていた過剰生産が表面化したということであるが、いったん需要が収縮をはじめると、どの国においても不況局面に突入する。そして、ドイツのように外需に依存した経済で、自動車産業に7人のうち1人が関連しているような産業構造を持つ国では、特にそのダメージは大きい。他の国に比べ、住宅・不動産バブルがほとんどなかったといわれるドイツ経済もまた深刻な危機に陥ってしまったのは、現実資本のレベルにおいても一国的に完結した経済で

はなくなっているからである。これは、日本経済についても同様のことが指摘できる。

(2) ヨーロッパの金融危機とその対策
──個別対策から各国の「協調行動」へ

　最初は米国で始まった今回の危機が、米国にとどまらず、世界を巻き込んだ恐慌という性格を持っているという認識がすすむにつれ、次第に、対処療法的な政策からより包括的な政策提起へと変化していく。この点をヨーロッパについて見ると、2008 年 9 月から 10 月初旬にかけて、まず、破綻した金融機関に対して以下のような個別対策が講じられる[15]。

　英国政府　住宅金融大手 B&B（ブラッドフォード・アンド・ビングレー）の一部国有化、ベネルクス三国　金融大手フォルティスを部分国有化（112 億ユーロ出資）、フランス・ベルギー政府　金融大手デクシアに公的支援（64 億ユーロ）、ドイツ政府　不動産金融ヒポ・レアルエステート向けに銀行団による 350 億ユーロの融資枠を柱とする支援策等々、である。

　次に、こうした各国の個別対応では不十分であることが認識されると、EU レベルの「協調行動」へと発展していく。2008 年 10 月 12 日には、ユーロ圏緊急首脳会議（15 カ国）が開催され、以下の点を含む「共同行動計画」が合意される[16]。

① 米国政府が躊躇していた公的資金投入を積極的に行うこと
② 資金の枯渇（dries up）を克服するための銀行間取引への政府保証を実施すること
③ 各国が一斉に行動に移すこと

　だが、こうした「協調行動」と並行して、より根本的な、新自由主義・アメリカ型資本主義とは違った金融規制、社会的保護・労働条件の規制を求める議論がヨーロッパの中から登場してくる[17]。

　すなわち、ドイツのメルケル首相の変化である。2005 年、政権についたばかりのメルケルは、BDA（ドイツ経営者団体連盟）の総会で、熱く「（大企業よりの）変化」を強調して、拍手につつまれた。ところがその 2 年後には、方向性を転換し、失業保険の給付期間の延長、法定最低賃金を導入する

文理閣

京都市下京区七条河原町西南角
TEL 075（351）7553
FAX 075（351）7560

ISBN978-4-89259-900-2 C3033 ¥3000E

西原誠司 著

グローバライゼーションと
民族、国家を超える共同体

定価 本体3000円＋税

基準の決定、親子手当の導入を行い、米国発の世界金融恐慌以前から、世界
経済での投機規制を主張するようになる。そして、メルケルは、07 年 6 月、
ハイリゲンダムでの G8 主要国首脳会議（サミット）で、世界経済を混乱さ
せているヘッジファンドの抜本的規制やタックスヘイブン（租税回避地）と
なっている地域の監視などを提唱した。もっとも「規制は自由な経済活動を
阻害する」と主張する米英日の強い抵抗にあい、その時は、成功しなかっ
た。ところがメルケルの提唱は、米国発の危機が深刻化する中で、世界経済
を自由市場にまかせるのではなく、世界の意思である程度コントロールしよ
うというドイツの構想として明らかになっていく。

　さらに、メルケル首相は 09 年 2 月 5 日にはベルリンで行った国際諸機関
代表との協議（OECD、ILO、世界貿易機関〈WTO〉、国際通貨基金〈IMF〉、
世界銀行の 5 つの国際機関が参加）で「持続的経済統治のための憲章」を提
唱、支持を得る。

(3) 金融サミットの意義——金融資本への規制と新しい担い手の登場

　こうした議論を背景としつつ、20 カ国・地域（G20）首脳会合（第 1 回金
融サミット）が 08 年 11 月に開催され、以下の点が合意される[18]。
　① 透明性と説明責任の強化
　② 健全な規制の拡大
　③ 金融市場における公正性の促進
　④ 国際連携の強化
　⑤ 国際機関の改革
　この金融サミットでは、基軸通貨ドルの位置づけをめぐってフランスのサ
ルコジ大統領と日本の麻生太郎首相の間で対立があったが[19]、ただ単に、米
国中心の議論にかわってヨーロッパでの議論が反映されるようになったとい
うような単純なものではない。この会議への参加国を見ればわかるように、
これまで G7 のような先進国のみによって決められていた世界経済の仕組み
が BRICs（ブラジル、ロシア、インド、中国）のほか、韓国、アルゼンチ
ン、オーストラリア、インドネシア、メキシコ、南アフリカ、トルコ、サウ
ジアラビアのような国が参加しなければ、決められなくなったことを示して

いるのである。ここに、グローバル化がもたらした危機の深刻さを見ることができる。だが、それは同時にその解決の方向性と担い手をも生み出しているのである。まず、ここにこのサミットの歴史的意義がある。

次に、第2回金融サミット（09年4月）では、規制の仕組みがより具体化される[20]。

① 成長と雇用の回復（ⅰ 2010年までに、協調して総額5兆ドルの財政出動を行い世界の成長率を4%分押し上げる。ⅱ 非伝統的な手段も含むあらゆる金融手段を動員して、金融の緩和を維持する。）

② 金融監督と規制の強化（ⅰ 金融安定化フォーラムの後継組織として、G20を含む新しい金融安定化理事会を創設する。ⅱ 金融安定化理事会は、IMF と協調して、マクロ経済と金融のリスクに対して早期の警報を出す。ⅲ ヘッジファンドや格付け会社の規制・監督を強化する。タックスヘイブン（租税回避地）への監視を強化し、非協力的な国・地域のリストを洗い直し、罰則の検討も開始する。）

③ 国際機関の強化（ⅰ 新興国と途上国の成長を支援するために、国際金融機関をつうじて8,000億ドルを使えるようにする。ⅱ IMF の資金基盤を3倍増の7,500億ドルとし、途上国の支援を拡充する。）

④ 国際貿易・投資の促進と経済の回復（ⅰ 貿易障壁を設けない措置を1年間延長し、10年末とする。世界貿易機関（WTO）のドーハ・ラウンドの合意の必要性を再確認する。ⅱ 持続可能で地球にやさしい回復という目標にむけて、財政出動による投資を活用する。）

このサミットでは、「①成長と雇用の回復」を優先しようとするアメリカと「②金融監督と規制の強化」を主張するドイツ・フランスが対立し、両論が併記される形となったが[21]、②でいわれていることは、ハイリゲンダムサミットでドイツが2年前、取り組みを呼びかけた課題であり、これまで新自由主義的政策一辺倒だった議論の中に、資本に対する監督や規制が書き込まれたことの意義は大きい。

第3回金融サミット（09年9月）では、以下の点が合意された[22]。

① 世界経済の成長に向け、各国の政策を相互評価する枠組みを2009年11月までにスタートさせる。

② 金融監督と規制の強化（金融機関の経営者の報酬制限にも踏み込み、報酬体系の開示を義務化すること）

③ 世界的に深刻化する雇用問題への対処（雇用の増加や所得拡大、失業者への社会保障などを優先する政策を実施すること、来年早期にG20の枠組みによる雇用関係大臣の会合を開催すること）

④ 地球温暖化の原因とされる化石燃料への補助金を中期的に段階的に削減することを目指すこと。

⑤ 金融サミットを、国際経済問題を協議する枠組みに衣替えして常設化すること（2010年6月カナダ、11月韓国、11年はフランスで開催）

　こうして、G20が国際経済問題を協議する枠組みとして常設化されるということは、世界経済を推進する新たな担い手としてこれらの諸国が登場してきていることを示している。

おわりに――世界恐慌からの脱出をめぐって

　GMやクライスラーの破綻に象徴されるように、アメリカ的な生活様式とそれを可能にした生産体制が、ひとつの限界に逢着しているように思える。しかし、サブプライムショックによって明らかとなった膨大な「過剰生産」の処理が同時に新しい産業の創生でもあるような方向性をもたない限り、また、バブル経済の繰り返しになってしまうだろう。

　それでは、オバマ政権の登場とグリーン・ニューディールあるいは、鳩山政権の誕生による日本経済が進もうとしている方向はどうだろうか。そのような方向を目指したものなのか、それとも従来型の経済体制を繰り返すものなのか、見てゆきたいと思う。その際、環境対策でリードするヨーロッパは、上に見たような様々な問題を含みつつ、ひとつの示唆を与えているように思える。ただ、恐慌からの脱出という側面から見ると、高い失業率を克服できないでいるヨーロッパよりも、新興工業国であるインド・中国資本主義の急激な発展というファクターの方がより現実的である。だが、これらの諸国は、環境対策という側面では、大きな問題を抱えており、まだ、私たちの未来を指し示すものではないことも確かであろう。Mercosur（南米南部共

同市場）が「社会主義」的な方向性をもつ新しい国際的地域ブロックとして登場してきているが、まだ、民主主義の成熟度において問題を抱えている。

　それゆえ、現実には、私たちが「モデル」とすべき社会はどこにも存在しないのである。私たちは、この現実から出発した「新しいモデル」を必要としているのである。

注

1）拙著『グローバライゼーションと現代の恐慌』（文理閣、2000 年 6 月）。

2）住宅用不動産の抵当貸付を手がけるアメリカの貯蓄金融機関を指す。1980 年代の規制緩和により、不動産関連融資やジャンクボンド投資を積極的に行ったが失敗し、多くの S&L が経営危機に陥った。1988 年には 229 社が倒産し、預金保険機関による支援合併や清算措置を受けることとなった。

3）拙稿「EU50 年の歴史と到達点—ヨーロッパ型資本主義と社会的市場経済—」（『経済』2008 年 12 月号）。

4）田中友義「欧州は雇用問題にいかに取り組んでいるか　EU の雇用戦略の展開を検証する」（『季刊　国際貿易と投資』2003 年 Winter No.54）。

5）田中友義「EU リスボン戦略はなぜ変更を迫られたのか　ひらく米国との成長・雇用格差」（『季刊　国際貿易と投資』2005 年 Summer No.60）。

6）松丸和夫「ドイツの労働改革と社会保障」（『経済』2009 年 7 月号）、土田武史「ドイツにおける社会保障改革の動向」（『クオータリー生活福祉研究』通巻 54 号 Vol.14 No.2 2005 年）。

7）居城弘「経済危機下のドイツ金融システム」（『経済』2009 年 7 月号）。

8）伊藤正直『なぜ、金融危機はくり返すのか』（旬報社、2010 年 1 月）。

9）10）相沢幸悦『恐慌論入門』（NHK ブックス、2009 年 3 月）、『問いかける資本主義　世界経済危機が突きつけた構造転換の方向』（新日本出版社、2009 年 12 月）。

11）居城、前掲論文。

12）13）相沢、前掲書。

14）15）山口義行編『バブルリレー』（岩波書店、2009 年 2 月）。

16）片岡正明「メルケル政権のドイツの行方」（『経済』2009 年 7 月号）。

17）相沢、前掲書。

18）伊藤、前掲書。

19）相沢、前掲書。

20）21）22）伊藤、前掲書。

第 2 部

EUは民族・国家・宗教を
超える新しい
「価値の共同体」となれるか

―― EUから離脱する英国と
加盟を目指すトルコ――

第 5 章

Brexit による「大英帝国」・UK の終焉
と Little England への道

—— UK（連合王国）の持つ矛盾は、
EU 離脱によって解消されるのか——

はじめに

　英国は 2020 年 1 月 31 日午後 11 時（日本時間 2 月 1 日午前 8 時）、1973 年以来 47 年間加盟していた EU（加盟時は EU の前身である EC）を離脱した。2016 年 6 月の国民投票で EU 離脱を決定[1]してから 3 年以上がたち、やっと Brexit が実現した。Brexit（ブレグジット）とは、英国が EU から離脱することで、Britain（英国）が EU から exit（離脱）するので Brexit（Britain + exit = Brexit）という。EU が誕生して以来、新たに加盟する国はあっても離脱する国はひとつもなかったので、この新しい現象を表現するために、このふたつの単語を組み合わせ、つくられた造語である。

　この間、英国では、この問題をめぐって紛糾を重ね、首相は 2 度交代（キャメロン→テリーザ・メイ→ボリス・ジョンソン）、総選挙は 2 回（2017 年 6 月、2019 年 12 月）も行われた。国民投票で離脱が決定し、また、国民投票での敗北の責任をとって辞任したキャメロン首相にかわって新しく就任したテリーザ・メイ首相の下、EU と英国政府の間で離脱条件での合意がなされたにもかかわらず（2018 年 11 月）、その離脱案（とりわけ〈バックストップ〉案）が英国議会によって大差で否決され、さらに修正案も否決（計 3 回）、離脱をめぐる方向性が定まらなくなった。行き詰った事態を打開すべくメイ首相に代わり登場したジョンソン首相ではあったが（2019 年 7 月 24 日）、再び紛糾、もはや「合意なき離脱」以外の選択肢はないのではない

かというところまで追い込まれた。土壇場になって離脱条件で EU と「合意」が成立する（10 月 17 日）が、これをめぐっても「関連法案」が成立するまで離脱延期という動議が通り、EU との間で離脱の最終期限であった 2019 年 10 月 31 日には間に合わなくなった。すでに 2 回も離脱の期限を引き延ばしていたのであるが（離脱延期申請 2019 年 3 月、4 月）、さらにもう一度 EU に延期を要請、承認された（最終期限は、2020 年 1 月 31 日）。残された時間はわずかという状況の中、2019 年 12 月 12 日、ジョンソン首相は総選挙を実施、政権与党である保守党が圧勝したため、これで、やっとこの問題をめぐる議論は終結した。

　その後、EU というシステムから離脱し、新しいシステムへどのように移行するのかということを決定する段階（移行期間 2020 年 2 月 1 日〜 2020 年 12 月 31 日）に入り、2020 年末、EU・英国の新貿易協定でも合意に至り、やっと 2020 年 12 月 31 日に完全離脱することになった[2]。「移行期間」も含めた完全離脱までに、4 年以上経過したことになる[3]。

　ところが、今年に入り、決着がついたはずの離脱合意をめぐって北アイルランドで暴動が頻発している。北アイルランド独立に向けた動きとそれに対する反発である。また、スコットランドでも独立に向けた住民投票を再度実施しようという動きが活性化してきた。

　他方、新型コロナに感染したボリス・ジョンソン首相が退院後発した「社会というものがまさに存在する（there really is such a thing as society）」（The Guardian〈ガーディアン〉2020 年 3 月 29 日付）という言葉が世界中に波紋を呼んでいる。というのは、「サッチャー哲学の継承者」「新自由主義の申し子」（サッチャー元首相は、"There is no such thing as society." 「社会なるものは存在しない」、「存在するのは個人、個々の男たちと女たち、家族である」といい、この言葉で戦後英国の福祉国家体制・社会的政策を否定し、民間企業にすべてを委ねる民営化路線、新自由主義に走った。それは、徹底した個人の「自己責任」を強調する新自由主義の「哲学」であり、その後、米英の経済・社会政策はこの新自由主義でずっと彩られてきた）と目されてきた人物であるそのジョンソン首相が、「コロナウイルスは『社会というものがまさに存在する』ことを証明した」と発言し、「われわれの NHS

（National Health Service 国民保健サービス）を守れ」と発信したからである。これは、明らかに新自由主義路線からの転換のメッセージである。

　さらに、英運輸省は 2021 年 5 月 20 日、鉄道事業の改革に向けた指針を示した白書を公表。「グレート・ブリティッシュ鉄道（GBR）」と呼ばれる公的機関を 2023 年に創設し、大幅な運営制度の見直しを行うとしている。ここにきて事実上の「再国営化」へと大きく舵を切ることとなる。これまで労働党の政策（選挙公約）であった民営化された国鉄（British Rail →民営化後、「英国鉄道」ナショナル・レール（National rail）に継承）の「再国営化・再公営化」を政権党である保守党が採用するということだから、政策上の大転換である。

　このように、ブレグジットとコロナ禍が同時期に起こったため、ブレグジットを契機に＜独立の動きを強める分裂の方向＞とコロナ禍やこれまでの新自由主義的政策で引き裂かれた＜国民の間の繋がりを取り戻そうという逆の方向＞の二つの動きが同時に進行するという事態が生じているのである。

　では、なぜ、これほどまでに紛糾を引き起こすことになる EU からの離脱に英国国民は踏み切ったのであろうか。EU 残留支持派と離脱支持派は何をめぐって対立していたのであろうか。また、離脱条件の合意では何が合意され、新貿易協定の結果はどうなったのか、離脱条件での合意が成立し、新貿易協定でも合意したにもかかわらず、北アイルランドでは、なぜ、暴動がおこっているのか。ブレグジットによって離脱派が求めた「理想」は実現することになったのか、これらの分析を通じて、ブレグジットとはいったい何であったのか、それは、英国をどこに導いてゆくことになるのか、また、そのことが持つ意味について考えてみたい。このことは、私たち日本の針路を考えるにあたっても一定の示唆を与えてくれるに違いないと思うからである。

第 1 節　英国の EU 離脱をめぐる矛盾と対立

1. BBC ニュースによる国民投票の結果分析——離脱派が勝った 8 つの理由

　世論調査の予想に反して、僅差ではあるが離脱派（52%）が残留支持派（48%）を上回り、その結果、英国は EU から離脱することになった（投票

率は71.8%、約3,000万人以上が投票。登録有権者数4,649万9,537人で過去
最高）その理由について、BBCニュースは以下の8点を挙げている。なる
ほどと思わせる解説であったので、以下に紹介しておく（＜＞内は筆者が加
筆）。

(1)EU離脱＝「経済打撃」の警告が裏目に

「Brexit＝英国離脱」をめぐっては、これによって英国がいかに貧しくな
るかという警告が相次いだ。CBI（the Confederation for British Industry
英国産業連盟＜英国の財界団体＞）もIMF（国際通貨基金）もOECD（経
済協力開発機構）もIFS（英財政研究所）も、まるでアルファベット・スー
プ（米国の競走馬、種牡馬。1996年のブリーダーズカップ・クラシックな
どで優勝）のような専門家たちが次々と、「EUを離脱すれば経済成長はお
ぼつかなくなり、失業率は上がり、ポンドは急落し、英国のビジネスはEU
外の無人地帯に放り出される」などと警告。これに加え、イングランド銀行
（中央銀行）も景気後退の懸念を示唆、財務省は「所得税増税が必要になる
上、国民医療サービス（NHS）や教育費や国防費の削減も必要になる」と
指摘し、さらに、オバマ米大統領は「もしEUを離脱すれば、米国との通商
協定を望む国々の『列の最後尾』に英国は並ぶ羽目になる」と、ほのめか
し、EUのトゥスク大統領＜当時＞にいたっては、「欧米政治文明の終焉」
を示唆した。しかし、いかに警告の集中砲火を浴びても、国民（離脱支持
派）は結局のところ、言われたことを信じなかった、あるいは、その程度の
代償は払う価値があるとも考えたということである。欧州の連合に50年近
く関わったことの経済的メリットがさかんに喧伝されるが、"自分たちはそ
の恩恵を感じていない、置き去りにされている"と感じる人が、実に多かっ
たのではないかと思われる。＜排外的ポピュリズムを生み出す他の国とも共
通する土壌が英国にも存在したということである＞。

(2)「NHS（国民保健サービス）に3億5,000万ポンド」の公約が
　　広く伝わった

'We send the EU £ 350 million a week - let's fund our NHS instead'

（EU に毎週3億5000万ポンド送っている。それより（その）資金を NHS に使おう）と書かれた離脱運動の赤塗りの広報バスが全国津々浦々走りまわった。EU を離脱すれば EU に払っていた週あたり3億5000万ポンドの予算が浮くので、これを NHS に回せる――という主張は、＜数字が正確かどうかは別として＞印象的でわかりやすく、色々な年齢や政治指向の有権者を惹き付けることとなった。まさに、各種の政治運動が夢見る主張だ。離脱派がこれを、広報バスに大きく掲げたのも当然だろう。＜だが、実際には、EU に払った拠出金のうち、英国に返ってくる補助金の部分があるので、毎週3億5,000万ポンドがそのまま NHS に使えるわけではなく、2015年の資料によれば、毎週1億数千万ポンドということだった。残留支持派からの批判も行われたが、離脱支持派の人達の耳には入らなかった。この数字の「誤り」が明らかにされたのは、国民投票後であった。これについては、離脱支持派・英国独立党のファラージ氏も認めているが、国民投票の結果が覆ることはなかった。この手法は、ナチスドイツ時代に行われた宣伝相ゲッベルスの宣伝戦略に酷似している＞。

　世論調査によると、この公約はかなり支持され、広まり、国民投票の運動で取り上げられた様々な数字の中で一番印象に残るものとなった。このスローガンの結果、この額を EU に加盟費として払うよりは英国内で使うべきだと多くの人が考えるようになり、「英国は EU の外にいた方がいい」という主張を強力に支えるメッセージとなったのである。

(3) ファラージ氏が移民問題を主要テーマにした

　欧州懐疑派のシンボル的存在である英国独立党（UKIP：United Kingdom Independence Party）ファラージ党首は、保守党が多数を占める公式の離脱運動と全国ツアーではぎくしゃくし続け、離脱派組織「Leave.EU」との関係でも同様であったが、独自のスタンスで行動し、'BREAKING POINT The EU has failed us all'（限界点　EU はわたしたち全員を裏切った）と書かれた UKIP のポスター前に立ち、国民投票のキャンペーンの焦点を移民問題に向けるために重要な役割を果たした。

　移民問題にすべてを賭けたというわけではないにせよ、離脱派は何が切り

札か承知していたし、切り札は効果的に使った。移民問題は、国民的・文化的アイデンティティーというより大きな問題につながり、特に低所得有権者へのメッセージとしては、離脱派の主張には好都合だった。

英国に来る移民の数やその社会的影響に対するここ10年来の懸念と、今後20年でどうなるのかの懸念は、予想外に幅広く、かつ深く浸透していたことが、投票結果からうかがわれる。同様に、離脱派の中心的主張は、「EUに留まる限り英国は入ってくる移民の数を制限できない」という内容だったが、これがいかに有権者に強く響いていたかも、投票結果からうかがわれる。いずれも非常に重要なポイントだ。

さらに、離脱派の理論武装にとって＜320万人のシリア難民をかかえる＞トルコは鍵となる「武器」だった。トルコのEU加盟を英国は阻止できないという言い分は、徹底的に論破されてはいた＜すなわち、EUへの加盟申請は全会一致なので、一国でも反対する国がある限り、認められない。それゆえ、英国が反対すれば、トルコのEU加盟は阻止できるのである＞が、それでも＜すでに、キャメロン首相は、人道的な時限措置として、2015年9月7日5年間で2万人のシリア難民受け入れを表明しており、トルコを通じて大量のシリア難民が流入してくるという＞不安をかりたてるに十分だった。欧州で続く移民・難民危機も、この不安に追い討ちをかけたはずだ。

離脱運動が使った表現や画像は、たびたび批判された。しかし、自分の国のことは自分で決める、国家主権を行使する一世一代のチャンスだという離脱派の根本的な主張は、さまざまに形を変えながらも、広く共感を呼び、途切れることなく響き渡った。

(4)国民が首相の言うことを聞かなくなった
＜キャメロン元首相の誤算　①　2015年での総選挙での予想外の勝利＞

デイビッド・キャメロン元首相はここ10年の間に、党首選を1回（2010年の連立形成も含めれば2回）と総選挙を1回、国民投票を2回と勝ち続けてきたが、ここへ来てついに運が尽きた。＜キャメロン元首相は、2013年1月23日のロンドンでの演説で国民投票実施を表明。当時は、保守党単独で過半数を獲得することができず、EU離脱反対・残留支持派の「自由民主党」

と連立を組んでいた。2015年の総選挙でも、単独過半数は困難と考え、総選挙後の組閣のためには、「自由民主党」と連立を組む必要があるが、連立相手の「自由民主党」が、国民投票に反対し、阻止するので、現実に国民投票をするというリスクはないと考えていたとのこと（EUトゥスク大統領の『どうして国民投票を決断したのか。余りにも危険でばかげている』との問いにキャメロン元首相が答えたもの。『自分自身の党が唯一の理由』だとの答えが返ってきた）。ところが、予想に反し、保守党が単独過半数を獲得し、連立を組む必要がなくなったので、公約通り、リスキーな国民投票を実施することになったのである＞。

　残留運動の中心に自分を全面的に据えたこと、そして投票を自分への信任に結びつけたことで、首相は自分自身の政治生命と個人的評価を投票結果に賭けてしまった。

＜キャメロン元首相の誤算　②　EUとの権限回復交渉の失敗＞

　「EUと英国の関係を根本的に変えてみせる、自分ならそれができる」とあまりに強調してきたせいで、9カ月の交渉を経てEUから持ち帰った譲歩内容が、保守党内の欧州懐疑派から「それだけか」と一蹴されるのは必然だった。

＜キャメロン元首相の誤算　③　国民投票における残留キャンペーンの失敗＞

　しかし、そこからさらに深い問題が浮上した。望む結果が得られなければ「（どんな選択肢も）排除しない」と言い続けたがためにかえって、期待に応えにくくなった＜ハードルを上げてしまった＞。大方にとっては「ほどほどでしかない」EU改革案だけで英国民を説得し、EUへの熱意をかき立てるなど、はなから難しい相談だったのだ。

　一連の過程でキャメロン氏は絶えず、保守党内から多くの抵抗に遭った。党内の多くはいまだに、2010年総選挙で自由民主党との連立を決めたキャメロン氏の判断を受け入れていないし、あの連立劇で強いられた様々な譲歩も受け入れていないからだ。加えて首相は、労働党支持者を説得できるタイプではなく、「とりあえず応援してみようか」という無党派層の支持も不十分だった。

　自ら望んだ結果が得られなかった上に、「投票に至る激戦で傷ついた国を

ひとつにまとめたい」という願いから、キャメロン氏は10月までに辞任すると発表したのだった。

(5)労働党は有権者との接点を見つけられなかった

　残留派が国民投票で勝つには、労働党支持者の票が必要だった。それは最初からわかっていたことだが、なぜ労働党支持者が乗ってこなかったのか、労働党は今後、互いを責め合いながら党内で長く議論していくのだろう。

　労働党下院議員の9割は残留支持だった。にもかかわらず党は支持者の気分をひどく読み違えたし、そればかりか、自分たちの投票運動に何か問題があると気づいてからもほとんど有効な手を打てなかった。＜これまで堅固な労働党の支持基盤だったところで、移民によって、自分たちの職が奪われるのではないかという不安に対して有効な対策が打てず、結果として、労働党への投票を大きく減らす結果となった＞。

　ゴードン・ブラウン前首相やロンドンのサディク・カーン市長（パキスタン出身のイスラム教徒）などの大物をあちこちに派遣して、EUのメリットを語らせた上で、追加の移民対策も必要だろうとほのめかした。しかしその割には、党首脳部と草の根支持者の隔たりが拡大しているという印象を、取り除くことができなかった。

　労働党「残留」運動のトップだったアラン・ジョンソン氏が特に批判されているものの、他党のEU支持者と一緒に残留を呼びかけようとしなかったジェレミー・コービン党首が、もっぱらの責任を負うことになりそうだ。

　コービン党首を批判する人たちは、EUをほどほどにしか支持しない（「10点満点で7点」と言ったことがある）コービン氏の生温い態度が、残留派の運動全体に浸透してしまったと言う。そして「社会主義の欧州」が必要だという主張は、十分に共感されなかったのだと。＜将来展望としては、理解されるとしても、今の問題（失業問題）に苦しんでいる支持者に、EUに残留しつつ、移民問題（移民の流入による失業の不安）にどうこたえるのかという説得的な政策が、将来展望との関係で十分でなかったと思われる＞。

(6) 獰猛な大物 2 人──ボリス・ジョンソン氏とマイケル・ゴーブ氏

　閣僚の一部が離脱支持に回るのは以前からわかっていた。しかし離脱運動が一気に猛スピードで加速したのは、マイケル・ゴーブ司法相＜現・保守党庶民院議員　住宅・コミュニティ・地方自治大臣＞とボリス・ジョンソン前ロンドン市長（現＜当時＞・庶民院議員＜現英国首相＞）の離脱支持宣言がきっかけだった。

　＜元＞司法相は離脱運動に知識人としての重みと戦略家としての能力をもたらした。そして前市長は、しばしの逡巡を経て、党内の隔たりを超えて広くアピールできるスター性と求心力を持ち込んだ。

　2 人の大物は適材適所で巧みに活躍した。ジョンソン氏はドブ板の兵士のように、「離脱に一票を」と書かれたバスで全国を縦横無尽に遊説してまわり、あちこちのパブでビールを一杯やり、ミートパイをほおばって回った。一方のゴーブ氏はもっぱら、ここ一番の力仕事を担当。離脱後マニフェストの策定に協力し、スカイ・ニュースや BBC の国民投票特番で国民の前に登場した。

　この 2 人に加えて、ファラージ UKIP ＜英国独立党＞党首がいた。英国における欧州懐疑派の「顔」だが、保守党が多数を占める公式の離脱運動においては、制御不能な不確定要素になる恐れもあった存在だった。UKIP 党首はいつものように好き勝手に動き、時に物議をかもしたが、UKIP 支持者をはじめ大勢に投票意欲を抱かせる重要な原動力になった。

(7) 大勢の高齢者が投票した

　投票結果については今後、専門家たちが時間をかけて事細かに精査するだろうが、離脱派勝利を決めたのは高齢者だという声が上がるのは必至だ。特にイングランド南部、南東部、中部、北東部において。年齢が高いほど、投票する傾向も高いのは確かに事実だ。2015 年総選挙では 65 歳以上の投票率が 78％だったのに対して、18 〜 24 歳は 43％、25 〜 34 歳は 54％だった。今回の有権者登録は 5 月 15 日の締め切りが 6 月 9 日まで延長され、締め切り間際に 260 万人が滑り込んだ。多くは若者だった。それでも、年齢別の投票率は今回もそうは変わらないかもしれない。加えて、55 歳以上の離脱支

持率は他のどの年齢層よりも高かった。65 歳以上になると、5 人中 3 人が離脱を希望した。こうした要素が重なり、投票結果の下地が整ったわけだ。

　もちろん、ことはそこまで単純ではない。イングランドやウェールズの各地で、多くの若者が離脱を支持した。しかし世代ごとの投票行動に大きな差があったことは、今後もさかんに議論される話題の一つに過ぎない。＜投票結果の地域別、年齢別分布についてはのちに分析する＞。

(8)英国にとってヨーロッパはいつでも少し異質

　英国と欧州の関係が単純だったことはないし、常に揺れ動いてきた。欧州共同体（EC）への加盟にも何年もかかったし、加盟継続の是非を前回投票で決めた 1975 年の時点でも、多くの人は不承不承に、もしくは限定的な経済的理由から支持したに過ぎなかった。そうやって欧州への加盟に賛成した人の多くは後に意見を改め、曖昧だった態度があからさまな敵意に変わった。英国の政治家、そして多くの英国メディアの間では、欧州への疑心暗鬼が何十年も続いてきたのだ。これに対して若い世代はもっぱら欧州を支持していると見られてきたが、「離脱」への投票が、英国の政治経済の将来に関する意見表明であると同時に、国としてのアイデンティティーとそれにまつわるあらゆるものについての意見表明だったのは、どうやらはっきりしている。

　以上が、BBC ニュースによる国民投票直後の分析である。

2　国民投票の結果（地域別、年齢別、社会階層別分布）と
　離脱後の国民世論

　国民投票の結果については、(1)の BBC ニュースの分析ではまだ明らかでなかった地域別・年齢別・社会階層別の投票行動の違いが各種調査機関によって明らかになってきている。以下紹介する。

　まずは地域による投票行動の違いである（図 5 - 1）。

　スコットランド、北アイルランドとイングランド、ウェールズとでは明らかな違いがある。スコットランド、北アイルランドでは、「残留支持派」が多数を占め、イングランド、ウェールズでは、「離脱派」が多数を占めてい

る。

　ただ、イングランドの中でもロンドンのような大都市では、残留支持派が多数を占めている。注目をしておく必要があろう。

　第二に、年齢別の投票行動の違いである。英調査機関ロード・アシュクロフト Lord Ashcroft Polls による 1 万 2,369 人の投票分析を見ると（図 5 - 2）、世代間の断裂が鮮明である。18 〜 24 歳の 73%、25 〜 34 歳の 62% が残留を支持。ところが 45 〜 54 歳を境に離脱が多くなり、65 歳以上では 60% が離脱に投票していた。また、世論調査会社ユーガブ YouGov の調べでも 18 〜 24 歳の約 4 分の 3 が残留に票を投じたといわれている。これについては、人やモノが自由に行き交う「EU の中の英国」で育った若者の声が、反 EU 感情や大英帝国時代への郷愁が強いとされる中高齢層に押し切られたとの見方もある。

　第三に、社会階層別の投票行動の違いである、図 5 - 3 を見れば、AB といういわゆる中流（A - 上位中流　富裕層や英国教会の指導者など。B - 中位中流　銀行頭取や医師、軍人など）に位置する社会階層の人々が「残留支

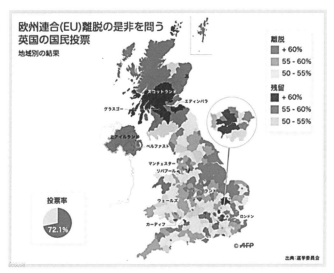

図 5 - 1　国民投票　地域別の結果

出典：英国選挙委員会　AFP 提供

持」である一方、C1・C2・DE（C1 - 下位中流　銀行員や農園所有者、学生など。C2 - 上位下流　熟練工や農園の雇われ人など。D - 中位下流　非熟練工や郵便配達員、漁師など。E - 下位下流　失業者や生活保護世帯など）といういわゆる下流に位置する社会階層の人々が「離脱支持」であることがわかる。

　とくにC2やDEの社会階層の人々は「離脱支持」が6割を超える得票率となっている。この階層が、英国がEUに加盟している現状に対する不満が相対的に大きいと見ることができる。"自分たちは置き去りにされている"と感じている人々である。

　最後に、国民投票の前と後とで、どのように意識が変わったかを見てみよう。

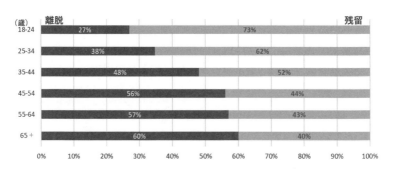

図5－2　英国民投票　離脱 vs 残留　世代別の得票率

出典：Lord Ashcroft Polls を基に作成

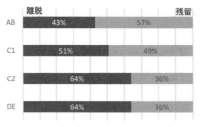

注：
A- 上位中流　（富裕層や英国教会の指導者など）
B- 中位中流　（銀行頭取や医師、軍人など）
C1- 下位中流　（銀行員や農園所有者、学生など）
C2- 上位下流　（熟練工や農園の雇われ人など）
D- 中位下流　（非熟練工や郵便配達員、漁師など）
E- 下位下流　（失業者や生活保護世帯など）

0% 10% 20% 30% 40% 50% 60% 70% 80% 90% 100%

図5－3　英国民投票　離脱 vs 残留　社会階層別得票率

出典：Lord Ashcroft Polls を基に作成

　図 5 − 4 は、EU 離脱という投票結果についての意識調査である。僅差ではあるが、EU 離脱の投票結果を「間違いだった」と考える人が「正しかった」と考える人を上回っており、その格差が少しずつ拡大していることが見て取れる。

　ただ、他の世論調査を見ても、では、もう一度国民投票をやり直すかといえば、そこまでは考えていないという人が圧倒的である。EU 離脱をめぐって、国民を二分する 4 年間に渡る紛糾はこれ以上したくない（「ブレグジット疲れ」）というのが、率直な実感であるということが国民投票後の世論調査に表れている。

図 5 − 4　国民投票後の意識の変化

出典：YouGov 社の世論調査

第 2 節　EU 離脱をめぐって争点になった諸問題は
どうなっているのか

1　移民・難民問題──1％の特権的階層・エリート層の利益隠蔽の口実

　国民投票キャンペーン期間中最大の焦点になったのは、なんといっても移民問題である。移民の大量流入によって、英国にもともと住んでいた人たち

の職と文化が失われるというのが、EU 離脱を支持した人々の主張であろう。ところが、このような意見に対しては、橋本直子氏（ロンドン大学高等研究院難民法イニシアチブ　リサーチ・アフィリエイト）による反論「解説シリーズ」「『移民・難民の大量受け入れに反発して英国が EU を離脱した』の『ウソ』」（2016 年 6 月 25 日、7 月 7 日 21 時 26 分 JST｜更新 2017 年 7 月 8 日 18 時 12 分 JST）がある。1997 年の私自身のロンドン留学とその後、朝日吉太郎氏を団長とする数次に渡るドイツおよびヨーロッパでの調査および滞在の体験と実感から共感するところがあったので、氏の見解を紹介したい（＜＞は筆者による補足）。

＜英国の移民数は、EU の平均水準＞

　まずは、移民の数であるが、英国の人口は、約 6,500 万人（2014 年末現在）で「外国生まれで英国に住んでいる人」が大体 13％（約 830 万人）、「外国籍を有して英国に住んでいる人」が大体 8％（約 500 万人）＜国際移民統計では、これに亡命者・難民が加わるが＞、日本的な感覚では恐らく後者「外国籍を有して英国に住んでいる人」が「移民」のイメージに近い＜として、氏は議論を進めている＞。「外国籍を有する住人」が人口に占める割合は、EU 諸国では大体 7％～ 15％くらいが「普通」（ルクセンブルクに至っては 45％）である。それゆえ、EU 諸国内で比べると「英国に住んでいて外国籍を持つ人」の割合が突出して多い訳ではない。しかも「外国籍を有して英国に住んでいる人」のうち、半分くらいは他の EU 諸国出身で、常に半分くらいは EU 域外の出身なので、EU から離脱したからといって突然インド人やパキスタン人が英国から居なくなるわけではない。

　＜実際、インド人やパキスタン人が英国から居なくなったといった報道は聞いたことがないし、2021 年 5 月のロンドン市長選挙では、サディク・カーン市長（51 歳、労働党所属）が再選された。彼は、2016 年、ムスリム（イスラム教徒）として初めて、EU 加盟国の首都の市長になったパキスタン移民 2 世である。ただ、図 5 － 5 に見るように、国民投票前は、EU 内外からの移民の流入は、それぞれ 20 万近くで推移していたが、国民投票後、EU 内からの移民は激減、その後の統計資料でも、同様の傾向を示しており、

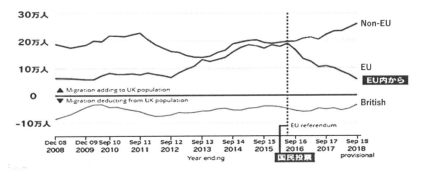

図 5 − 5　英国移民の純増減数

出典：英国国民統計局（ONS）

EU から英国への移民数（純増減）は、ピーク時の 3 分の 1 以下となっている（2019 年 3 月末）。

その意味では、EU 離脱は効果があったようであるが、それに代わって EU 域外からの移民が急増している。それゆえ、EU からの移民が減ったからといって、地元の人々の雇用が増えるといった関係にはなっておらず、EU 域外からの移民にとってかわられている可能性が高い＞。

＜シェンゲン協定に入っていなかった英国＞

次に、英国が「シェンゲン協定」（EU 域内での移動の自由を保障している。＜ EU 域内に入る時には、パスポートコントロールが必要であるが、いったん EU 域内に入ってしまえば、EU 域内を自由に移動できる＞）に入っていないことである。それゆえ、＜これについては、あまり知られていないようであるが、「シェンゲン協定」にそもそも入っていないのだから＞ EU に入っているから他の EU 諸国から移民が何の管理もなく自由にジャンジャン流入しているというのも「被害妄想」である。

＜ポイント制度は EU 域外出身者を対象にすでに導入＞

ちなみに、EU 離脱派が声高に訴えていた「ポイント制度」＜年収や学歴などを基準にポイントを与え、一定のポイントを超えた人材だけにビザ（査証）を発給する＞も（EU 域外出身者を対象に）既に 2008 年度から導入されている[4]。

＜ EU 域内からの移民は、地元英国人が嫌がる仕事を引き受けている＞

　さらに、移民に職を奪われるというが実際にはどうだろうか。「英国に住んでいる EU 諸国出身の人」の国籍は、多い順にポーランド、アイルランド、イタリア、ルーマニア、リトアニア、ポルトガル、フランス、ドイツで、そのうち多数（といっても全人口の 1％強）を占めるのがポーランド人。だが、彼らの多くが、地元の英国人がいずれにせよ就きたくないような農業・建設業・清掃業・介護の分野、あるいは自営業（エスニック・スーパーなど）で働いている。したがって、仮に彼ら全員が居なくなったからと言って、地元民が就きたいと思っている「良い」仕事が突然空くわけではない。

　しかも、EU 域内から来ている移民の多くが若くて元気でスキルがあって勤勉でハングリー精神あふれる人達なので、雇用主が彼らの後任として「スキルもやる気もない地元民」＜スキルがないとは断言できないが、地元民が就きたくない仕事を EU 移民が引き受けていることは確かである＞をすぐに雇うという保障もない。もちろん、後任募集の際に「英国籍を持つ人に限る」といった国籍条項を設けることは理論上可能であるが、普通に考えれば、空いた雇用は EU 域外出身者に流れてしまう。

　＜国民投票後、EU からの移民の減少によって労働力不足が生じており、これに対して、英国産業連盟（CBI）のマシュー・フェル政策責任者は、「熟練労働者の不足の悪化を意味している」と「ガーディアン」紙（2019 年 8月）で懸念を表明している（JETRO ビジネス短信 2019 年 9 月 5 日）。実際、英国のスーパーの棚から商品が消えているという。その理由を訪ねると、商品そのものがなくなったのではなく、それを運ぶトラック運転手不足だそうである。すなわち、これまで商品の輸送を担っていた EU 域内の移民の激減によってその輸送が困難になっているということなのである。それでは、それに代わって地元民がその輸送を担うかといえば、そのような仕事はしたくないということなのである。このように、移民は、すでに英国にとってなくてはならない存在になっているにも関わらず（共存以外にはありえない）、移民が職を奪っているとの誤った「情報」に惑わされ、EU 離脱を選択したが、結果として損害を受けているのは英国国民なのである。グローバルな時代の移民規制はそれほど簡単ではなく、離脱支持派が思ったようには進ま

いようである＞。

＜大量の難民受け入れ国・ドイツと少数受け入れ国・英国＞

　最後に難民問題である。2012 年～ 2014 年の英国での庇護（難民）申請者数は毎年 2 万人強。2015 年は 3.2 万人に増えているが、ドイツの 44 万人やスウェーデンの 16 万人と比べると少数である。ギリシャやイタリアにやってきた庇護申請者と比べたらもう霞むような数字である。しかも英国は「EU のダブリン制度」（ごく簡単に言うと、庇護申請者が他の EU 諸国を通過してきたら、最初の通過国が庇護申請の責任を負うという取り決め）に入っているので、そのような庇護申請者は他の EU 諸国（例えばフランス）に追い返せることになっている。

　その一方で、去年の 9 月に EC（欧州委員会）が決めた「イタリアとギリシャにいる庇護申請者の EU 諸国間での緊急分担制度」などの「EU 内での義務的痛み分け制度」には入ってないので、「EU によって庇護申請者が押し付けられている」というのもウソ。かえってダブリン制度から抜けざるを得なくなることで、庇護申請者は微増するのではないか、というのが橋本氏の読みである。

　実際、英国に辿り着いた庇護申請者のうち、英国が（第一次審で）難民認定したのは 2012 年が 5,135 人、2013 年が 5,736 人、2014 年が 7,266 人、2015 年が 9,975 人。この数字は他の EU 諸国や OECD 諸国と比べて極端に大きい訳ではない。実は、難民認定制度について様々な最低基準を定めたいくつかの「EU 指令」にも入っていないので、「EU 規則によって難民認定制度が左右されている」というのも完全な濡れ衣。恐らく大きな「ハードル」の一つになっているのが欧州人権条約に定められている人権基準であるが、これはストラスブールにある欧州評議会と欧州人権裁判所による基準と判決であって、EU とは全く別の組織である。したがって、EU から離脱したからと言って「欧州人権条約」の基準を無視できるようになるわけでもない。

　＜このように EU に加盟しているから、大量の移民・難民がやってきて、職がうばわれるというのは、事実とは言えないようである。他方で、文化については、移民の文化が持ち込まれるのは確かであり、これまでの伝統的な英国文化がそのまま残されるという風にはならないというのは事実である

が、問題は、これを、新たな文化の流入として歓迎するのか、それとも、伝統的な文化の破壊ととらえ、排斥するのかということである。これは、グローバル化した現代において、どこの国も多かれ少なかれ直面している問題であって、EUに加盟しているから引き起こされている問題ではない。英国がEUから離脱したとしても、移民の流入を完全にストップすることができない限り、起こりうる問題である＞。

　以上、橋本直子氏に依拠しつつ、EUからの移民が職を奪っているという点についての誤解を解いてきたのであるが、移民問題についての危惧が、「どうして英国の下層に位置する人々が置き去りにされているのか」という問題・事態の本質をついていないとすれば、本当は何が問題となっていたのであろうか。

＜真の問題は、一部の特権的階層による階級支配
──その克服と再分配こそ必要＞

　英国は、よく階級社会（「1％のエリート層と99％の労働者階級によって成り立っている社会」）と言われる。

　実際、「英国　富の集中　土地所有でくっきり」（2019年5月7日）との記事が、「エコノミストOnline」に掲載された。それによると、英国の人口の84％が居住するイングランド地方（約13万平方キロメートル）の土地の半分は、同地方の人口（約5,560万人）の1％にも満たない少数が所有しているという衝撃的な統計が、英『ガーディアン』紙報道（The Guardian Observer book of the week Society books　Who Owns England? by Guy Shrubsole review – why this land isn't your land　Tim Adams@ TimAdamsWrite Sun 28 Apr 2019 07.00 BST）で明らかになった。主な所有者は、英国女王や貴族、一部の大企業だ。掃除機などの製造で知られるダイソンの創設者で、英王室から「ナイト」の称号を授与されたジェームズ・ダイソン氏もその一人だという。

　統計をまとめたのは、『イングランドは誰のもの？｜Who Owns England？｜』（2019年5月出版）の著者で、不動産価格の高騰などの問題に取り組む活動家、ガイ・シュルソール（ガイ・シュラブソール）氏である。

氏は数世代にわたって広範な土地を所有し、現在もイングランド地方の土地の 30％を所有する貴族階級の存在を厳しく批判。「現代社会にそぐわない不公平な階級主義が、いまだに存在する」と述べている。

　また、英国では過去 20 年間の賃金上昇率が 60％程度であるのに対し、住宅価格の上昇率は 250％を上回っており、一般市民の住宅購入が難しい。家賃相場の上昇にも直結し、家を持たない層は住宅購入の預貯金もままならない。「持てる者と持たざる者」の経済格差は慢性的な社会問題だと指摘している（竹鼻智・在英ジャーナリスト）。＜なお、同様の内容の記事が、The Asahi Shimbun GLOBE+ ニューヨークタイムズ 世界の話題「イングランドの半分を、 1 ％未満の人が所有している現実」2019.05.20 （Palko Karasz）©2019 The New York Times にも掲載されている＞。

　だが、これは、英国だけに限らない。2011 年 9 月 17 日に始まったオキュパイ（「ウォール街占拠」）運動がおこった米国でも同様の問題が起こっている。新自由主義的政策の下、中間層が崩壊することによって、もともとあった階級・階層間格差がさらに強まり、労働者階級の底辺層を中心に「自分たちは置き去りにされた」と考える人々が増えているのである。これをトランプ前米国大統領のように移民のせいにして、これを排斥するのか、それとも、より公平な社会に向けて、階級・階層の問題、再分配の問題にメスを入れ、新自由主義的政策を根本的に見直していくのかが、問われていたのである。

　英国に話をもどせば、特に田舎に住む労働者階級の人々は、住居や医療、年金などの社会保障制度における様々な問題に大きな不満を抱えており、それらの社会保障制度の諸問題を解決するには、税金制度の改革、より厳格には「所得の再配分」が有効だが、「1％のエリート層」は抜本的改革に踏み切れなかっただけでなく、税金の安い諸国にペーパーカンパニーをつくり、「タックス・ヘイブン（租税回避地）」で私腹を肥やしていたのである。国際調査報道ジャーナリスト連合（ICIJ）によって、パナマ文書（2016 年 4 月 3 日）、パラダイス文書（2017 年 11 月 5 日）、パンドラ文書（2021 年 10 月 3 日）と次々に文書が公表され、その租税回避の実態が明らかにされてきた。BBC ニュース JAPAN（2016 年 4 月 8 日　https://www.bbc.com/japanese

/35994360）によれば、カリブ海のタックス・ヘイブンを使った各国首脳や
著名人の租税回避行動を浮き彫りにした「パナマ文書」によって、キャメロ
ン元英首相（当時は現首相）の亡父イアン氏がパナマで運営していたオフ
ショア信託「ブレアモア・ホールディングス」も問題になっていた。これに
ついて、元首相は4月7日、自分と妻サマンサさんが同社の株を一時保有し
ていたと認め、2010年に3万ポンドで売却したとのこと。本人の言によれ
ば、株の売却益に課せられる英国の税金はすべて納め、「ブレアモア・ホー
ルディングス」は租税回避のために作られた会社ではないとのことである
が、そのような言い逃れが通用するのであろうか。英首相が行った相続税回
避策とは、〝生前贈与から7年以内に母親が死なない限り相続税は免除され
る″という英国の税制を利用するため、生前贈与を受け取っていたというこ
と。またその生前贈与に課される贈与税も回避するため、タックス・ヘイブ
ンを利用した、金融取引を行っていたということである。

　また、2021年10月3日、ヨルダンのアブドラ国王やトニー・ブレア元英
首相もタックス・ヘイブン（租税回避地）に設立した秘密法人を使って巨額
の不動産を保有するなど、世界の現旧首脳35人が回避地を介した取引に関
与していたことが、国際調査報道ジャーナリスト連合（ICIJ）が入手した新
資料に基づく取材で明らかになった。これは、「パンドラ文書」と名づけら
れているが、この新資料で租税回避地とのつながりが判明した政治家や政府
高官は91カ国・地域の330人以上で、ブレア氏ら格差是正のための富裕層
課税の必要性を主張していた公人も多い（朝日新聞デジタル「ブレア元英首
相ら各国首脳　タックスヘイブンに関与　パンドラ文書」会員記事2021年
10月4日1時30分ほか参照）。

　このように元首相経験者であるキャメロン（保守党）およびトニー・ブレ
ア（労働党）両氏がともにタックス・ヘイブンを利用した租税回避に関与し
ていたとのニュースは衝撃的であり、英国の階級・階層社会を象徴する出来
事である。このような一部特権層による階級支配の社会の構造こそ変革され
なければならない問題であるにもかかわらず、問題の真の原因と解決策をぼ
やかすための「別の矛先」として一部の政治家たちによって利用され、見事
に「成功」を収めたのが「大量の移民・難民」と「EU」だったのである。

2　NHS 問題
——公約違反を認め、国民健康保険料 1.25％の引き上げ＝増税を実施

　ジョンソン政権は 19 年末の総選挙のマニフェスト（政権公約）で「所得税や付加価値税、国民保険料は引き上げない」と明言していた。ジョンソン氏は 2021 年 9 月 7 日、公約違反を認めたうえで「新型コロナの大流行は誰のマニフェストにもなかった」と釈明した（日本経済新聞　電子版 2021 年 9 月 8 日）。英政府は増税分の多くを今後の新型コロナ対策や、コロナ対応で遅れた他の疾病の患者の対応に充てる方針だ。国民投票前の公約では、EU に払うことになっていた拠出金を NHS の財源に充てる（増税はしない）ということであったが、新型コロナウイルスに対応する国民医療制度（NHS）の強化や、高齢者介護の充実などを図るため、国民保険料の 1.25％ の引き上げにあたる増税を実施するという。今回の増税により 3 年間で約 360 億ポンド（約 5 兆 4,000 億円）の財源を社会保障の強化に充当する。また、英 BBC によると、この 22 年 4 月からの日本の社会保険料にあたる国民保険料の 1.25％ 引き上げは、23 年からは、所得への増税に切り替えて同じ金額を徴収するとのこと。企業の株式などからの配当収入にも 1.25％ 分の増税を課す見通しである。英政府によると、年収 5 万ポンドの労働者の場合、国民保険料負担が年間 4,851 ポンドから 5,356 ポンドに増える計算となる。新たな財源は介護制度の強化にも充てる。利用者への支援金を充実させるほか、生涯でのケアサービスへの支払額には上限を設ける方針だ。英政府統計局によると、21 年 3 月末時点の英政府の総債務の累積額は国内総生産（GDP）比で 106％ に達しており、財政余力は乏しくなっている。

　新型コロナ対策のための「公約違反」ということである。これまで行ってきた新自由主義的経済政策の完全な破綻であるが、財源をどうするのかが大きな問題である。タックス・ヘイブンへの課税を含め、特権的諸階層への切り込みが必要であろう。これは、EU を離脱するかどうかとは関係なく、日本も含め、今後各国で取り組まなければならない問題である。

3　漁業協定
——新自由貿易協定（関税ゼロ）の犠牲で、公約から大きく後退

　最初に取り上げた BBC ニュースの分析からは外れていたが、国民投票キャンペーンで移民・難民問題についで注目を浴びたのは、漁業協定をめぐる問題ではなかっただろうか。GDP に占める割合は 0.1％ に満たず、就業人口も 1 万人程度と極めて小さな産業であるが、英国の主権を取り戻すというキャンペーンのシンボル的存在となり、少なからぬ人がこれを EU 離脱に投票する時の根拠としたと思われる[5]。

　だが、結果から見ると、英国の漁業関係者の思いは、関税ゼロの「新自由貿易協定（FTA）」締結の犠牲となって、裏切られたというのが正直なところであろう（「英 EU、漁業で明暗　「安堵」「裏切り」―FTA 合意」時事ドットコムニュース 2020 年 12 月 29 日）。

　すなわち、2020 年 12 月 26 日に公表された協定文によると、英海域での EU の漁獲高のうち、英国が離脱に伴って取り戻すのは、5 年半で計 25％。当初の目標だった 80％ の奪還には程遠い幕引きと言える。英国は EU 漁船を自国海域から排除する「主権」を有するが、EU にも報復関税などで対抗する「抑止力」が認められたため、英国が一方的に権限を行使しにくい取り決めとなったからである。

　この合意について、水産資源の豊富な英海域で操業する EU 主要国フランスの漁業関係者は、AFP 通信に「漁師にとって大きな安堵」と語り、英 EU 双方が「ウィンウィンだ」と評価した。他方、英国内では悲痛な声が渦巻く。全国漁業団体連合会（NFFO）は 12 月 26 日の声明で「首相は（EU に）屈服した」「より良い未来を手にする絶好の機会が無駄になった」と、やり場のない思いを吐露。北部スコットランドの漁業団体も、ジョンソン氏がバラ色の結末を「約束するだけ、しておいて、ひどい期待外れだ」とぶちまけた。

　この英国の漁業関係者の怒りの理由には、2016 年の国民投票で EU 離脱が決まった背景に、関連産業を含めても GDP の 0.1％ 程度を占めるにすぎない漁業者の全面的な支持があったからである。当時、離脱派を率いたのがジョンソン氏で、その後、「胆力」「突破力」を買われて首相の座を射止める

と、「われわれの海の支配権を回復する」と何度も豪腕をアピールした。漁業者とは一蓮托生と思われていたが、最後に決定的な亀裂が生じた。ドイツ、フランス、イタリア、スペインなど全 27 加盟国を擁する EU は経済力や市場規模で英国を圧倒。いくらジョンソン氏が上手を取ろうともがいても、「交渉は強い方が勝つ」（外交筋）というセオリーにはあらがえなかったということである。この交渉力の違いが、2020 年 1 月末に欧州連合（EU）を離脱した英国と EU の自由貿易協定（FTA）締結交渉に決定的な影響を与え、英海域での EU 加盟国の漁業権の在り方という最大の懸案で明暗がくっきり分かれることになった。ジョンソン英首相は決裂回避のため、土壇場で EU に大幅譲歩。その結果、EU の漁業者は合意内容に「ほっとした」と胸をなで下ろしたが、英漁業者にとっては、「裏切りだ」と激高する事態となったのである。

　さらに、FTA 合意によって関税ゼロとはなったものの、EU 離脱によって通関手続きが復活し、物流停滞の懸念も現実化している（東京新聞電子版 2021 年 1 月 26 日【ロンドン＝藤沢有哉、パリ＝谷悠己】）。すなわち、離脱から 1 カ月たった時点でも、合意が完全離脱直前だったため、今年分の漁獲割当量がまだ定まらず、EU 各国は昨年末から、英海域に入らないよう漁業者に呼び掛けているため、フランスには、英海域で漁業できない漁師たちがいる一方、EU へ魚介類輸出している英国側の水産関係者も通関手続きの復活で、輸送に苦心しており、双方にとって打撃という報告もなされている。とりわけ、英国から EU への水産物輸出では、商品を詰めたすべての箱で獣医師による衛生証明が義務化され、事務手続きに使用する IT システムの不具合も重なり、EU の納入先への輸送時間が大幅に増したとのことである。

　英国は一昨年実績で、自国漁船の漁獲量の約半分を EU へ輸出しており、EU はいわば「お得意さま」である。だが、EU 側には輸送遅延への懸念から、今年に入り英国以外の仕入れ先を探す動きが出ている。一部の漁師は輸出時の通関手続きを省くため、捕った魚介類を直接 EU 加盟国に水揚げし始めたが、自国の水産物加工業が衰える恐れもある。

　英政府は 1 月 19 日、輸送遅延の損害などに対し、総額 2,300 万ポンド（約 32 億 6,000 万円）の資金援助をすると発表。ただ、英スコットランド白身魚

生産者組合の最高責任者マイク・パーク氏は「英国は EU からの輸入品の通関手続きを夏まで猶予する。同じ対応を EU に求めてほしい」と抜本策を望んでいるとのことである。

4　EU 官僚から国民主権を取り戻すことはできたのか

英国の主権を取り戻すということが EU 離脱派の一番の目標であったのだが、それは、自国の運命が EU 官僚に左右されているという不満と一体になっていた。したがって、残留派の中には、EU 加盟を前提としたうえで、EU 官僚によって EU の政策決定が行われている状況を改革したいという人々もいたはずである。キャメロン元首相もその一人であったが、これについては、大きな争点とはならなかった。とにかく、EU を離脱すれば、すべては解決するかのような「幻想」が離脱派の中では支配していたように思える。

だが、実際に、離脱してみると、そんなバラ色の未来はやってこないということが明らかになってくる。EU からの移民が職を奪ったのではなく、移民は、すでに英国経済にはなくてはならない存在となっており、その土台を支える重要な構成員となっていたこと、NHS は EU への加盟分担金を取り返しただけでは足りず、コロナ禍という不測の事態があったとはいえ、結局、増税をせざるを得なくなったこと、漁業協定については、あれだけ大騒ぎをしておきながら、漁民たちの思いを犠牲にして、関税ゼロという新貿易協定を選んでしまったこと（英国経済の全体としての利益を考慮すれば、当然の選択であった）、これが、EU 離脱の結果がもたらした偽らざる現実である。

第 3 節　「新貿易協定」で何が合意されたのか

これまで、国民投票で焦点になった論点について、個別に見てきたのであるが、ここで、全体として、EU 離脱後の新貿易協定がどうなったのか、外観しておこう。

まず、表 5 - 1 は、新たに締結された貿易・協力協定（TCA）と EU 加

盟国の諸権利との関係を一覧にしたものである。

　また、表 5 - 2 は、EU から離脱することによって生じる諸問題を TCA の利点と比較して一覧にしたものである。

　英国は、2021 年 1 月 1 日、移行期間が終了したことで欧州連合（EU）の単一市場、関税同盟、および EU 法の総体系から離脱し、これによって EU と英国間の「人、モノ、サービス、資本」の自由な移動は終了、EU の国際協定の枠組みから外れることとなった。そこで、この EU の国際協定の枠組みから離脱することで予想される混乱を可能な限り抑えるため、2020 年 12 月 24 日、EU と英国は「貿易と協力に関する協定（TCA）」が必要となったのである。こうして作られた TCA は、物品・サービス貿易に加え、投資、競争、補助金、透明性、輸送、漁業、データ保護、エネルギーと持続可能性、社会保障など、幅広い分野をカバーする自由貿易協定であり、原産地規

表 5 - 1　貿易・協力協定（TCA）と EU 加盟国の権利の違い

	TCA	EU加盟国		TCA	EU加盟国
ヒトの移動の自由			**サービスの貿易**		
国境検問の撤去	✗	✔	金融サービス単一パスポート	✗	✔
ペット・パスポート	✗	✔	専門資格の簡易手続きによる承認	✗	✔
短期滞在(180日のうち90日以内)のビザ免除	✔	✔	**航空輸送**		
長期滞在(90日以内)のビザ免除	✗	✔	単一航空圏での完全な自由	✗	✔
EU圏内での就業、学業、居住の自由	○	✔	双務的な域外向け航空貨物の途中経由地での取り扱い	○	✔
ローミング料金の撤廃	✗	✔	**陸上輸送**		
財の貿易			輸送業者のための単一域内輸送市場	✗	✔
摩擦のない取引	✗	✔	第3国貿易	○	✔
ゼロ関税、数量規制なし	✔	✔	**エネルギー**		
税関手続き免除	○	✔	単一エネルギー域内市場	✗	✔
衛生植物検疫(SPS)免除	✗	✔	エネルギー取引プラットフォーム	○	✔
原産地証明手続き免除	○	✔	**EUプログラム**		
漁業協定	○	✔	交換留学制度・エラスムス計画へのアクセス	✗	✔
EUの国際条約からの恩恵	✗	✔	復興基金「次世代EU」、雇用支援のSUREへのアクセス	✗	✔
			EU版全地球測位システム・ガリレオへの参加	✗	✔
			研究助成のホライズン・ヨーロッパへのアクセス	○	✔

○はTCAに関連する条件付き

出典：欧州委員会の資料をもとに作成

表5－2　EU離脱によって生じた諸問題とTCAの利点

	英国がEU単一市場、関税同盟、およびEU法の総体系から離脱した結果起きること	EU・英国「貿易と協力に関する協定」の利点
物品貿易	▶モノの移動が自由な単一市場から抜けることで、事業関連の手続きが増え、EU・英国のサプライチェーンの間で調整が発生する ▶英国貨物の国境での通関手続き・検査が生じ、EUへの物流が滞る ▶輸入の際、付加価値税、物品税(酒類、タバコなど)が発生する(オンライン購入も含む) ▶英国の製造業者がEUと英国の市場で製品を販売する際、双方の基準と規制を満たさねばならず、EU当局からコンプライアンスに適合しているかどうかのチェックを受けなければならない(適合性評価の同等性は認められない) ▶英国から食品を輸出する場合は、輸出衛生証明書を添付せねばならず、一貫して(植物)検疫チェックを受けることになる	▶原産地規則を満たす物品について、低価格を担保するため全品目で関税ゼロ・割り当てなしとする ▶関税ゼロの要件を満たし適用を受けることを容易にするため、貿易業者は販売する物品の原産地を自己証明し「全累積」を享受することができる(使用原材料のみではなく加工作業も原産地に反映される) ▶通関手続きの負担軽減やモノの移動の円滑化のため、信頼できる貿易業者を認定するプログラム「Authorised Economic Operators」を相互に承認 ▶低リスク製品においては共通の国際参照標準の使用、および適合性の自己申告を認めることで、生産者が両市場の要求を満たすことができる ▶ワイン、有機製品、医薬品、自動車、化学品については、特定の取り決めにより円滑化を図る
サービス貿易とデジタル貿易、調達	▶英国のサービス提供事業者は、EU単一市場全体へ自動的にアクセスできる「原産国」アプローチや金融サービスなどにおける「単一パスポート制度」の恩恵を享受することができない ▶英国の医師、看護師、歯科医、薬剤師、獣医師、技師、建築家などがEU加盟国で仕事に従事したい場合、当該加盟国で専門的資格の認定を受けなければならない ▶英国の事業者は、英国発行の事業許可証ではEUで自由に映像・音響サービスを提供することはできない	▶EUのサービス提供事業者あるいは投資家は英国内において、英国の事業者との何ら遜色のない扱いを受ける。その逆も同様 ▶高度なスキルを有する従業員の短期ビジネス訪問や一時的出向を円滑にする ▶データ保護規制を守りつつ、データローカライゼーションの制限を解禁することを含む、デジタル貿易の不当な障害の除去 ▶小規模契約も含め、英国の公共調達市場は入札において、英国内のEU企業にも英国の企業と同様にオープンであること。その逆も同様
漁業	▶英国は独立した沿岸国となり、国際協定を尊重しつつ、自国の海域や漁場へのアクセスについて自由に決定できる ▶英国は、海域への公平なアクセス、安定的な漁獲割り当ての取り決め、および海洋資源の持続可能な管理を担保するEUの法的枠組みである「共通漁業政策」から脱ける ▶英国の水産物はEU域内に入る際、税関手続きと衛生植物検疫(SPS)チェックを受ける	▶新たな取り決めにより、EUと英国は独立した沿岸国・地域として、お互いの権利と義務を守りつつ、双方の海域における共有の漁業資源の持続可能な管理を行う ▶海洋資源の保全とお互いの海域に依存する漁業者の活動の保護の必要性を考慮し、5年半の移行期間中、お互いの海域での互恵的な漁業アクセス権は変わらない。その間、EUの漁業割り当ては段階的に英国に移される
安全保障とテーマ別協力	▶英国はEUのユーロポール(Europol、欧州警察機関)とユーロジャスト(Eurojust、欧州検察機関)から抜け、これら警察・司法協力機関のルール構築には参加しないため、警察・司法当局間の特権的協力の恩恵を受けることはできない ▶英国は、EUの自由・安全・司法の領域を支える、第二世代シェンゲン情報システム(SIS II)などの、慎重に扱うべきデータベースやネットワークへのアクセスを失う	▶EU・英国間の継続的な警察・司法協力 ▶EU加盟国と英国の警察と司法当局間の強固な協力のための取り決め ▶乗客予約記録(PNR)データ、DNA、指紋、車両登録(Prüm)、犯罪歴などの迅速な情報交換のためのアクセスメカニズム ▶健康安全保障への国境を越える脅威に対する協力と機密情報の交換

出典：europe magazine EU MAG 駐日欧州連合代表部の公式ウェブマガジン
2021年2月24日 EU MAG Vol. 81（2021年冬号）

則を満たすことを要件に、全品目で関税、割り当てが撤廃された。「合意な
き離脱」を回避し、関税ゼロの、新貿易協定が実現できたこと、これが今回
の TCA 最大のポイントである。

　だが、新協定が施行されたとしても避けられない、見過ごせない以下のよ
うな大きな変化がある。

　人の自由な移動の終了：英国市民には、EU での自由な労働・勉学・起
業・居住は認められない。EU での長期滞在には査証（ビザ）が必要。EU
入域の際には国境での審査が適用され、パスポートへの証印が必要となる。

　物品の自由な移動の終了：税関での検査と審査は、英国から EU に入る全
ての物品に適用される。英国の農産物委託販売品は、輸出衛生証明書を取得
し、加盟国の国境検査所で衛生および植物検疫の審査を受ける必要がある。

　サービスの自由な移動の終了：英国に籍を置くサービス提供者は、母国法
主義（country-of-origin principle：母国の法令などに基づき提供が許可され
ている場合、他の加盟国の許可を得なくても、その国でのサービスの提供を
可能とする原則）の恩恵を受けられなくなり、サービスを提供する加盟国ご
とのさまざまな規則を遵守せねばならず、現行の営業を継続したい場合は
EU に拠点を移す必要がある。専門資格は相互承認されない。英国の金融
サービス会社は、EU 内での金融サービスの提供を承認される「単一パス
ポート」を失うこととなる。

　とりわけ、漁業協定との関係では、「英国の農産物委託販売品は、輸出衛
生証明書を取得し、加盟国の国境検査所で衛生および植物検疫の審査を受け
る必要がある」こと、また、サービス貿易の点では、「単一パスポート」を
失うこととなる点は英国にとって大きな痛手である。金融ビッグバンによっ
て「復活」したシティであったが、これを契機に世界の金融中心地としての
地盤沈下が危惧されている[6]。

第4節　離脱による混乱とスコットランド・
北アイルランドでの独立運動の活性化

1　離脱条件での合意をめぐる対立、
＜バックストップ＞協定で何が争われたのか

　これまで見てきたように新貿易協定 TCA も合意され（2020年12月）、これによって、ブレグジットは完了した、と誰もが思っていたのではないだろうか。ところが、新通商ルール（北アイルランドに関する部分）をめぐって、今年（2021年）4月、北アイルランド各地で「親英派住民」による暴動が起こっている。EU からの離脱合意をめぐってなぜ国会で紛糾したかと言えば、北アイルランドとの国境をめぐってどのように決着をつけるかという問題についてすべての人を納得させる決着がつかなかったからであるが、結局、これについては、決着がつかない、あるいは、つけないまま、EU と英国は「合意」したということなのである。今回の紛糾の出発点は、メイ元首相によるバックストップ案にある。

(1) メイ首相案

　バックストップ（backstop）とは、（エレベーター・コンベアーなどの逆行防止のための）安全装置のことをいうが、ここでは、英国と EU との間で通商協定がまとまらなかった場合に、北アイルランドとアイルランドとの国境に厳格な検問所等を設置しないための措置で、2018年11月、テリーザ・メイ前首相が、EU と取りまとめた協定書に書き込まれたものである。では、なぜ、「北アイルランドとアイルランドとの国境に厳格な検問所等を設置しないための措置」が必要かといえば、かつて北アイルランドでは、1998年のベルファスト合意に至るまで、30年以上に渡る血で血を洗うような紛争が行われ、3,600人以上の命が失われたからである。EU 仲介と財政援助で、やっと収束した紛争が、この「国境に厳格な検問所等」を置くことによって再び、この時代が想起され、紛争を引き起こしかねないと危惧されているからである。

　それゆえ、このような措置が必要であることは、EU・英国の関係者を含

め、誰もが了解しているのであるが、具体的な提案がなされると、大きな反発がおこり、なかなか前に進めないという事態がつづいたのである。

　メイ前首相の提案の場合、問題になったのは、新たな合意が成立するまで、EU の関税同盟と単一市場にとどまるという点であった。だが、これでは、せっかく EU から離脱したにもかかわらず、英国が EU の関税同盟にとどまることになる。また、北アイルランドでは、ブレグジット後も EU 単一市場のルールに従う必要がでてくる。連合王国としての一体性が損なわれ、アイルランドとの一体性が強化されるということになりかねない。さらに、一度バックストップが発動すると、英国と EU 双方の合意がない限り、バックストップから離脱できないと定められていたので、このような状況が固定化されるのではないかという危惧が浮上した。こうして、国会議員の中から、反対意見が噴出し、大差で否決された。修正案も同様の運命に会い、メイ首相の下で合意の方向性が定まらなくなり、ジョンソン首相と交代することになったのである。

(2) ジョンソン首相の新たな代替案──「北アイルランド議定書」

　2019 年 7 月に新首相に就任したボリス・ジョンソン氏の場合、メイ元首相とは、戦術上の明らかな違いがあった。メイ前首相のように最初から落としどころを提示するのではなく、「合意なき離脱」をチラつかせながら、チキンレースを仕掛け、EU から譲歩を引き出そうという戦術・方法である。というのは、「合意なき離脱」は、英国だけでなく、EU にとっても大きな痛手であるからである。ジョンソン首相は、EU からメイ前首相が EU との間で合意したバックストップ案を撤回するという暴挙＝提案を行い、実際、バックストップ案に代わる「新たな合意」（「北アイルランド議定書」）を獲得する。

　その内容は、北アイルランドは、英国の関税領域となるということである。これまでのメイ前首相による合意では、バックストップで、北アイルランドは EU の関税領域に入ることになっていた。だが、これでは、アイルランド島とブリテン島との間に境界線がつくられることになるので、これを回避し、二つの島の間に境界線をつくらないために、ブリテン島全体が EU の

関税同盟に残る内容になっていたのである。だが、これが大きく変わったということである。

　ジョンソン首相の提案では、北アイルランドは英国の関税領域に入ることを宣言している。これは首相の絶対に譲れない線であり、この点については、EU は妥協し、ジョンソン首相の言い分を受け入れたのである。こうして、北アイルランドは、ブリテン島と共に、EU の関税領域から抜けることになった。英領全体で、関税の自主権を取り戻したのだ。そして、条件なしに自由に第三国と貿易協定が結べるようになったので、これで、「トルコの罠」に陥る心配もなくなった[7]。

　しかし、北アイルランドでは、主に物品は EU 単一市場に事実上残ることになった。これは、明らかな矛盾であるが、逆にこちらは、ジョンソン首相の妥協であり、EU 側が前からの言い分を通した形となった。この点については、メイ前首相案とあまり変わらないことになる。

　こうして、英国と EU がそれぞれ妥協して「合意」したバックストップに代わる新しい代替案ではあったが、これについてもすんなりと議会が受け入れることにはならなかった。

　既に見たように、ジョンソン首相は、懸案となっていた「バックストップ」に関する代替案を含んだ離脱協定案に関する新たな提案を行い、協議の末、10 月 17 日に EU と合意した。

　しかし、英議会では、関連法案が成立するまで新離脱協定案の採決を保留するという動議が成立したため、10 月 19 日までの離脱協定案承認が不可能となる。新離脱協定案の採決見送りを受けて、ジョンソン首相は法律に基づき離脱日の延期を EU に対して要請し、最長で 2020 年 1 月 31 日までの離脱延期が承認された。だが、この議会勢力の状況下では、離脱法案は可決されないと判断したジョンソン首相は、ブレグジット一点に絞り込んで国民の声を聴くという総選挙を決断、10 月 29 日、英下院では解散総選挙を行う法案が通過し、12 月 12 日に解散総選挙が実施された。その結果、ジョンソン首相の率いる保守党が過半数を超える議席を獲得して圧勝する。

　これにより、新離脱協定案は英国議会で承認され、2020 年 1 月 31 日に正式に EU から離脱することになった。2 月 1 日からは、通商を含む将来関係

図5－6　英国・北アイルランド・EU 間の関税適用

【画像説明】　新協定の関税の仕組みを図解した。グレートブリテン島から北アイルランドへ輸送される物品（電子版では赤い矢印）には、アイルランド島に入った段階（電子版では赤い点線）で関税がかけられる。その後、物品が北アイルランドにとどまれば（EU に輸送されるリスクがない場合）関税が払い戻されるが、さらに EU 加盟のアイルランドへ輸送された場合（EU に輸送されるリスクがある場合）、払い戻しはない。

出典：BBC　NEWS　JAPAN　2019 年 10 月 18 日
　　　https://www.bbc.com/japanese/features-and-analysis-50092855

　を交渉する期間である「移行期間」に入り、これも 2020 年 12 月 31 日に終了したのである。

　こうして、ブレグジットに関しては、これですべてが完了したはずであったが、最初に述べたように、英・EU の北アイルランド問題をめぐって、北アイルランド各地で親英派住民による暴動が発生しており、この問題は、決着がついたわけではなかったということが明らかになった。このような事態に直面して、英国政府は、EU と締結した離脱協定の一部である英領北アイルランドでの通商ルール（「北アイルランド議定書」）について、再交渉を求

めると発表した。これに対する EU の対応としては、EU が 21 年 10 月 13 日「北アイルランド議定書の改定案」を発表し、詳細については、現在も交渉中である[8]。それゆえ、最終決着については、今後の動向を見る必要があるが、さしあたり、「北アイルランド議定書」では、どのような合意が行われたのか、ポイントになる点を図示（図 5 - 6）しておいたのでご覧頂きたい。

　そもそも、北アイルランド問題については、これまで通り EU に残留するということであれば、何の問題も起こらなかったはずである。にもかかわらず、EU 離脱を前提として問題を解決しようとするから、こういう迷路に入ることになる、というのが私の見解である。だが、迷路に入った以上、次善の策を考えざるを得ない。つまり、どこかで妥協しないとおさまりがつかないということであるが、「妥協」しようとしない人達がいると「紛争」が再燃するのである。そこで、次にこの点について、見ておくことにしよう。

2　再燃する北アイルランド紛争と UK からの独立の動き

　1997 年、私がロンドンに留学した時は、まだ、1998 年ベルファスト合意の直前で、9.11 の同時多発テロが起こる前であったから、テロといえば、アイルランドとの統一を主張して武装闘争に走るカトリック過激派アイルランド共和軍（IRA）であり、イスラムのことなど、頭の片隅にもなかった。頻発するテロが収まっていったのは、1 年間の留学を終え、日本に帰国して以降のことであり、この紛争の収束に果たしたベルファスト合意と EU の役割は絶大なものであったと実感している。

　まず、ベルファスト合意とは、英国政府とアイルランド共和国政府の間で結ばれた北アイルランドの和平合意である[9]。1998 年 4 月 10 日に北アイルランドのベルファストで結ばれたことから、こう呼ばれる。合意日が聖金曜日（グッド・フライデー）であったため、聖金曜日協定 Good Friday Agreement と呼ばれることもある。合意は、11 条からなり、主な内容は、以下の四点であった。(1)英国とアイルランドは北アイルランドの領有権を主張しない。(2)北アイルランド住民の過半数が合意することなしに北アイルランドの現状を変更しない。(3)将来の帰属は北アイルランド住民の意志

に委ねられる。(4)帰属が確定するまではプロテスタント、カトリック系政治勢力が共同参加する自治政府によって統治される。合意後、アイルランド共和国は国民投票により北アイルランドの領有権を放棄し、英国は1920年のアイルランド統治法を廃止した。このベルファスト合意は、1960年代以降、約30年にわたってプロテスタント系とカトリック系の住民が繰り返してきた武力紛争による流血の歴史に和平をもたらしたといわれている。この功績により、プロテスタント系を代表する北アイルランド自治政府初代首相のデービッド・トリンブルとカトリック系社会民主労働党党首（当時）のジョン・ヒュームが1998年のノーベル平和賞を受賞している。さらに、この合意のため、ジョージ・ミッチェル元米上院議員、トニー・ブレア英首相、ビル・クリントン米大統領による政治のリーダーシップが発揮されたことも忘れてはならないだろう。

　だが、もうひとつ忘れてはならないことがある。それは、EUの果たした役割である。

　ひとつは、ベルファスト合意によって英国によるアイルランドの分断と支配の象徴であったアイルランドと北アイルランドとの間に置かれていた検問所が撤廃されたことである。これによって、英国、アイルランド、北アイルランドの間の自由な往来が可能になったのであるが、それは、73年、両国ともすでにECに加盟しており、93年には単一市場が始動し、EUが誕生するという流れの中で、北アイルランドとアイルランドとの間の人（ヒト）、物資（モノ）、資本（カネ）、サービスの往来が自由にできるという仕組みができていたからである。

　もうひとつは、EUのピース・マネーである[10]。EUの単一市場の登場によって国境を越えた経済関係の構築が要請され、北アイルランドにおいてもEUの存在感が増していったが、その中で、90年代以降本格化したEUによる北アイルランドの和平を実現することを目的とする多額の資金援助が、英国政府とアイルランド政府が決めた機関によって北アイルランドにもたらされたことである。EU資金の主だったものには「北アイルランドとアイルランドの国境地域における平和と和解のためのプログラム（EU Program for Peace and Reconciliation in Northern Ireland and the Border Countries of

Ireland)」（Ⅰ-Ⅳ）（ピースプログラムと呼ばれる）や「INTER-REGプログラム」（Ⅰ-Ⅲ）があり、「国境を越えた協力（Cross-border Cooperation）」に対する重要な役割を担っていた。このような資金援助がなければ、ベルファスト合意の合意はなかったのではないかと思われる。

　では、ベルファスト合意以前の、北アイルランドはどのような状態であったのか、また、合意後どのように変化したのか、少し、振り返ってみることにしよう。木村正人（在英国際ジャーナリスト）氏によれば、以下のようである[11]。

　紛争の出発点は、1968年。それまで「二級市民」扱いだったカトリック系住民が、アメリカの黒人たちによるいわゆる「人種差別」の解消を求めた公民権運動に触発され、北アイルランドでも2番目に大きい都市デリーで公民権運動デモを組織したことに始まる。雇用、公共住宅の割り当て、選挙区割り、そして警察官の採用についてカトリック系住民をプロテスタント系住民と平等に扱うよう求め、声を上げたのである。英国によるアイルランド支配、アイルランド独立戦争を経て英国にとどまることになった北アイルランドのカトリック系住民には「支配者」として振る舞い続けるプロテスタント系住民や警察権力に対する憤まんが渦巻いていた。ところが、1972年にデリーで行進中のカトリック系住民が英軍に銃撃され、14人が死亡する「血の日曜日」事件を機に紛争は一気にエスカレートする。英国からの分離、アイルランドとの統一を主張して武装闘争に走るカトリック過激派アイルランド共和軍（IRA）と、英国への残留を唱えるプロテスタント系民兵組織が互いに血塗られたテロを繰り広げていくようになったのである。そして、この紛争は30年に渡って続くことになったのである。

　ところが、ベルファスト合意をきっかけに北アイルランドは大きく変わる。最も分かりやすい指数は観光である。首府ベルファストを泊まりがけで訪れる観光客は99年の50万人から2016年には150万人まで増加。ベルファストに入港するクルーズ船の数も2隻から2017年には117隻まで増えている。さらに、12%台だった北アイルランドの失業率が3.2%まで下ったのである。

　合意から20年、北アイルランドは平和の恩恵を享受し、成長してきたと

いえる。初めての航海で氷山と接触して沈没、1,500 人を超える犠牲者を出した悲劇の豪華客船タイタニック号が米映画『タイタニック』で世界中の人気を集め、ベルファストの造船所跡地が観光名所に生まれ変わったのと同じように、安全を確保するためカトリック系とプロテスタント系の居住区を隔てる「平和の壁」も観光コースになったのである。

　まさに、EU の理念を体現したような取り組みが行われてきたといえる。「平和なヨーロッパこそが、ヨーロッパの経済的繁栄をつくりだす」のである。この取り組みに対して、北アイルランドに関して見る限り、EU からの離脱は歴史の歯車を元に戻すような愚行であると考える。ただ、現在、北アイルランドで起こっている暴動は、北アイルランドが一部単一市場に残り、紛争を回避するため、「北アイルランドとアイルランドとの国境に厳格な検問所等を設置しないための措置」として、アイルランド海に関税チェックの境界線を設けたことが、アイルランドの一体化が進み、少数派になることを恐れたユニオニスト（親英国派）の若者たちが起こしているようで、ベルファスト合意以前の紛争とは違って、少しその性格に変化が起こっているように思える。今後、分析する必要があるが、現在のところでは、暴力行為がこれ以上おこらないよう願うばかりである。

3　スコットランド独立運動──再住民投票

　スコットランドでは、ブレグジットの前からすでに動きがあった UK（連合王国）からの独立を目指す住民運動が高まる兆しがみられる。

　「スコットランド議会選 独立派が過半数 将来的な独立へ向け圧力」（NHK NEWSWEB、2021 年 5 月 9 日 https://www3.nhk.or.jp/news/html/20210509/k10013019801000.html）という記事に見られるように、英国からの将来的な独立の是非が大きな争点となった北部スコットランドの議会選挙は開票の結果、独立を支持する勢力が過半数を確保した。今後、独立のための住民投票の実施に向けて、ジョンソン政権に圧力を強める模様である。

　6 日に投票が行われたスコットランドの議会選挙は 8 日、開票が終了し、129 議席のうち与党スコットランド民族党（SNP）が 64 議席を獲得し、第 1 党となった。SNP は、独立のための住民投票の実施を公約に掲げ、単独で

の過半数をめざしていたが、過半数には1議席届かなかった。ただ、独立を支持する緑の党が8議席を獲得し、独立を支持する勢力で72議席となったので、過半数を確保することとなった。スコットランド議会選挙の開票結果は、以下のようである。

　▼スコットランド民族党　64議席

　▼保守党　31議席

　▼労働党　22議席

　▼緑の党　8議席

　▼自由民主党　4議席

選挙後、SNP のスタージョン党首は演説し「ジョンソン首相であれ誰であれ、スコットランドの人々がみずからの将来を決める権利を阻止する正当な理由はない」と述べ、緑の党と協力して住民投票の実施を目指す考えを強調した。しかし、法的に拘束力のある住民投票を実施するには、英国政府の同意が必要であり、ジョンソン首相は反対する考えを示している。これに対してスタージョン党首は、今回の選挙で民意が示されたとして、今後、ジョンソン政権に対し、圧力を強める構えである。

　このように、スコットランドでは、独立の動きがみられるが、今後の動向に注目したい。

第5節　コロナ禍での新自由主義からの政策転換
——民営化された鉄道の「再国営化」——

コロナ対策をめぐり、当初、「なすがままに（レッセフェール）」で集団免疫獲得「戦略」を打ち出したジョンソン首相であったが、彼自身の感染もあり、専門家の意見を聞くことによって、「感染抑止」に政策を急転換した。その中でジョンソン首相は、ロックダウンと合わせて、給与所得者や自営業者に所得の8割を給付するなど手厚い損失補償も約束している[12]。

コロナ禍を契機に、新自由主義的政策では対応できないとして、ケインズ主義的財政出動が各国で行われるようになった。だが、英国の動向を見ていると、新自由主義的政策の破綻は、コロナ禍だけが原因ではないようである。

　英政府がこれまで行ってきた民営化にストップをかけ、鉄道の分野で、再国営化・公営化への動きを始めているのである。さかい もとみ氏（在英ジャーナリスト）が『東洋経済』ONLINE に掲載した記事があるので、紹介したい[13]。

　1997 年に完全民営化を果たした英国の旧国鉄。列車運行と線路インフラの保有・管理を別々の組織が担う「上下分離」方式を採用し、列車運行に民間企業を多数参入させるシステムによって 20 年以上にわたり運営が続いてきた。

　だが、コロナ禍による旅客需要の蒸発によって、民営化の軸となってきた「フランチャイズ制度」の維持が困難な事態に陥ったことから、英運輸省は 5 月 20 日、鉄道事業の改革に向けた指針を示した白書を公表。「グレート・ブリティッシュ鉄道（GBR）」と呼ばれる公的機関を 2023 年に創設し、大幅な運営制度の見直しを行うとしている。ここにきて事実上の「再国営化」へと大きく舵を切ることとなったというのである。

　民営化後の英国の鉄道運営は、上下分離の「下」にあたる線路や信号、駅などインフラの保守管理は運輸省傘下の「ネットワークレール（Network Rail）」という組織が担っていた。一方、「上」にあたる列車の運行事業は TOC（列車運行会社 = Train Operating Company）と呼ばれる民間企業が行うことになっていた。

　「フランチャイズ制度」というのは、TOC に運営権を与えるシステムで、運輸省が路線や地域ごとに「フランチャイズ」（運営権）を設定し、競争入札によってこの権限を獲得した TOC が、入札時に提示した条件に沿ってダイヤや運賃を設定して運行し、TOC はネットワークレールなどに施設の使用料を支払うという形である。

　日本の JR とは違い、TOC には国内企業のほか外資も参入しており、現在はドイツ鉄道（DB）、オランダ鉄道（NS）、イタリア国鉄（FS）などが進出。日本も、JR 東日本や三井物産が TOC の一つである「ウェストミッドランズトレインズ（West Midlands Trains）」に出資している。

　同一線区に複数の TOC が参入することで競争が発生し、TOC がいわゆるダイナミックプライシングの手法を使ってさまざまなプロモーション運賃

の導入も可能になり、利用者は国営時代と比べ圧倒的に"お得に"鉄道が利用できるようになった。その結果、英国の鉄道利用者数は、コロナ禍前には第2次大戦後で最多の水準までに達していた。これは、民営化の光の側面である（図5－7）。

ところが、他方、問題も少なからず発生していたという。導入から20年以上を経たフランチャイズ制度だが、過去10年間はTOCとして参入を希望する入札企業の数はそれ以前と比べて明らかに減少。運輸省が公募した案件のうち、なんと3分の2は無競争で運営権が付与される事態となっていたというのである。

この理由としては、運輸省がTOCに対する支払いの管理やリスクマネージメントに関する要件をより厳しくしたこと、鉄道路線そのものが飽和状態にあり「商業的なインパクト」のある列車運行の余地がないこと、などの背景があると考えられている。さらに、企業側が業績悪化によって運営権を返上したり、基準に満たないとして運輸省が運営権を剥奪したりといった事態も起きているそうである。

今回の改革の引き金になったのは、英国で「2018年5月の鉄道網混乱」と記憶されているこの問題で、主にロンドンを縦断する「テムズリンク」とイングランド北部で運行を受け持つ「ノーザン」の2社において、設定された本来のダイヤ通りに契約通り運行できず、遅延や運休が頻発した事態を指す。両社がいずれもダイヤ設定本数の85％前後しか運行できなかったこのトラブルでは、やむなく間引き運転のダイヤを定めてその場をしのごうとしたが、問題の解決には至らなかった。その原因は、複合的だが、どうもどちらのトラブルもTOC単体の問題ではなく、駅や路線の工事といった「下」を担うネットワークレールの問題が絡んでおり、上下の連携ができていなかったことによってトラブルが拡大したといえるとのことである。そこで、英運輸省は5月20日、鉄道事業の改革に向けた指針を示した白書「グレート・ブリティッシュ鉄道―ウィリアム氏とシャップス氏による鉄道事業に関する計画」（以下、白書）を明らかにした。

同白書は、列車運行会社とインフラ管理会社が共同でサービスを提供し、これをより広い地理的エリアをまとめる形、つまり「いま、日本で行われて

いるような方式に近いもの」（日本の JR も様々な問題を抱えているので、
果たして、「日本の JR を改革のモデルにしていいものか、疑問のあるとこ
ろであるが」）が望ましいと綴られている。

　その中心となるのが、白書の表題となっている「グレート・ブリティッ
シュ鉄道（GBR）」で、これこそが「鉄道事業の再国営化」の軸となる「公
的機関」である（図 5 - 8）。運賃やダイヤの設定、鉄道全体の財務管理、

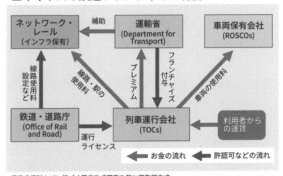

図 5 - 7

出典：東洋経済 ONLINE　2021 年 6 月 19 日

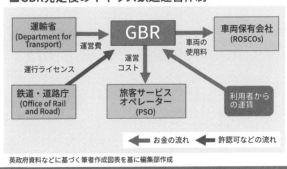

図 5 - 8

出典：東洋経済 ONLONE　2021 年 6 月 19 日

線路・信号インフラの整備などを担い、2023年の発足を目指すとのこと。

　列車の運行方式については、1997年の鉄道民営化に際して導入された TOC に運営権を与えるフランチャイズ制度を全面的に否定。TOC に代わり PSO ＝旅客サービスオペレーター（Passenger Service Operators）という事業体が運営を担う。

　PSO は引き続き民間企業からの入札で決定するが、現在の TOC とは異なり、運賃やダイヤの設定などは GBR が行い、旅客運賃などの収入もすべて GBR が吸い上げる。その一方で、運営に必要なあらゆるコストは運行サービスを提供した対価として PSO に支払われる仕組みとなるため、企業側のリスクは大幅に軽減される。このため、政府には「民間企業の鉄道事業への参入のハードルが圧倒的に下がる」という期待もある。

　シャップス運輸相は今回の白書発表に際し、「複雑で、かつ破綻しているシステムを終わらせる」と断固たる態度で改革に当たる姿勢を示しているとのことである。

　以上、さかいもとみ氏に依拠し、英国で行われる予定の鉄道の「再国営化」について紹介させていただいたが、「はじめに」のところでも指摘したように、これまで労働党の政策（選挙公約）であった民営化された国鉄（British Rail →民営化後、「英国鉄道」ナショナル・レール（National rail）に継承）の「再国営化・再公営化」を政権党である保守党が採用するということであるから、これは、政策上の大転換であることを再度強調しておきたい。

おわりに——社会というものが存在する

　最初にサブタイトルで提起した課題「—UK（連合王国）の持つ矛盾は、EU 離脱によって解消されるのか—」という問いに対しては、「否」と言わざるを得ない。

　英国資本主義は以下のような矛盾を持つ「経済的社会複合体」である。

1. 資本主義一般が持つ矛盾（資本＝賃労働関係の矛盾とその展開／失業問題）

2. 独占資本主義が持つ矛盾（独占─非独占間の矛盾、金融資本による非独占資本（中小・零細資本）の収奪）

3. グローバル化した資本主義が持つ矛盾（資本の海外展開による収奪／旧植民地からの移民流入・難民の流入）

4. 連合王国内部の民族間矛盾（イングランドによるアイルランド、スコットランド、ウェールズの支配・格差の存続）

英国は、このような諸矛盾の中で、一握りのスーパーエリートが富を独占・収奪している階級・階層社会である。法の下では平等であるべき人々が様々な理由をつけて差別・抑圧されている。だが、資本が生み出した生産力は、たとえ、これ以上成長しなくても、その分配の在り方を変え、自然や動植物さらにはウイルスとの関わり方を変えることによって、もう少しみんなが幸せに生きることができる社会になるはずである。その時に大切なキーワードがある。ボリス・ジョンソン首相が思わず漏らしてしまった言葉をもって、この章を終わることにしたい。

これは、ジョンソン首相がコロナ禍から九死に一生を得て、病院から退院後『ガーディアン』に語った言葉である。新自由主義的政策の破綻と新たな社会の方向性を象徴的に示したものとして心に刻んでおきたい言葉である。

"We are going to do it, we are going to do it together. One thing I think the coronavirus crisis has already proved is that there really is such a thing as society." 「私たちは一致団結することで、コロナと戦うことができる。コロナウイルス危機が証明してくれたのは、社会というものが存在するということだ。」

注
1) 英国で「EU 離脱の是非」を問う国民投票が行われたのは 2016 年 6 月 23 日のこと。事前の世論調査の予想に反し、僅差で離脱支持が残留支持を上回るという結果（離脱支持が約 52%、残留支持が約 48%。投票率は 71.8%、約 3,000 万人以上が投票）となった。
2) 国民投票から EU からの最終離脱に至る過程は非常に複雑であるので、以下概略を記しておく。
　英国政府は 2017 年 3 月 29 日に EU 条約（リスボン条約）50 条を発動し、正式

に EU 側に離脱を通告した。

　英国と EU は 2017 年 6 月から本格的な離脱交渉を開始し、2018 年 11 月に離脱の条件をまとめた離脱協定案について英 EU 間で合意に至った。しかし、英国内での議会承認において、北アイルランドとアイルランドの国境管理のために設けられた「バックストップ（安全策）」に関する反発が強く、2019 年 1 月の英議会において大差で否決される。さらに、その後も修正案を採決したものの否決され（最初の否決を含め計 3 回）、英国内で離脱の方向性がまとまらなかった。そのため、英国側は 3 月と 4 月に 2 度にわたり EU に離脱日の延期を要請し、2019 年 4 月の EU 首脳会議で、最長で 10 月 31 日までの離脱延期が承認された。

　この延期期間に、メイ首相は野党である労働党との協力や離脱協定の修正などに取り組んだものの、閣僚を含め党内の支持を失い、党首を辞任すると発表する。それに伴い与党である保守党内で党首選が行われ、7 月 24 日にジョンソン首相が就任した。

　ジョンソン首相は、「合意なき離脱」も辞さずとし、必ず 10 月末に離脱するという姿勢で交渉に臨んだ。しかし議員たちの「合意なき離脱」への反対は根強く、10 月 19 日までに離脱協定案を英議会で承認できなかった場合、英政府に離脱の延期を義務付ける離脱延期法が 9 月に成立する。

　その後、ジョンソン首相は、懸案となっていた「バックストップ」に関する代替案を含んだ離脱協定案に関する新たな提案を行い、協議の末、10 月 17 日に EU と合意した。しかし、英議会では、関連法案が成立するまで新離脱協定案の採決を保留するという動議が成立したため、10 月 19 日までの離脱協定案承認が不可能となる。新離脱協定案の採決見送りを受けて、ジョンソン首相は法律に基づき離脱日の延期を EU に対して要請し、最長で 2020 年 1 月 31 日までの離脱延期が承認された。

　この議会勢力の状況下では、離脱法案は可決されないと判断したジョンソン首相は、ブレグジット一点に絞り込んで国民の声を聴くという総選挙を決断、10 月 29 日、英下院では解散総選挙を行う法案が通過し、12 月 12 日に解散総選挙が実施された。その結果は、ジョンソン首相の率いる保守党が過半数を超える議席を獲得して圧勝する。これにより、英国は新離脱協定案を議会で承認し、2020 年 1 月 31 日に正式に EU から離脱することになった。

　2 月 1 日からは、通商を含む将来関係を交渉する期間である「移行期間」に入り、2020 年 12 月 31 日に終了した。

3)　離脱後の英国と EU の関係については、ヨーロッパ経済領域（ノルウェー）型、二国間協定（スイス、カナダ）型、WTO（世界貿易機関）型の三つの可能性が議論された。英国が EU 離脱後もその単一市場にはとどまるヨーロッパ経済領域（EEA）型を「ソフトブレグジット soft Brexit」、それ以外の選択肢を「ハードブレグジット hard Brexit」と呼ぶこともあるが、WTO 型は、「合意なき離脱」として区別した方がより正確であろう。

　まず、ソフトブレグジットであるが、人、物、金、サービスが自由移動できる状態であり、ノルウェーは、EU に加盟していないが単一市場・関税同盟の一員であ

り、その対価として EU に財政的に拠出し（財政負担）、人の自由移動も受け入れている。ロンドンの国際的金融街シティを拠点とする金融機関は、英国が単一市場の一員にとどまれば、「シングルパスポート制度」により、EU 域内で自由に営業することができる。しかし、離脱派が移民の制限を訴えて勝利したため、ノルウェー型をそのまま適用するのはむずかしく、実際、これは採用されなかった。

　もし英国と EU がいかなる通商協定の締結にも失敗すると、WTO のルールが適用され、英国と EU 諸国との貿易には関税がかかることになる（「合意なき離脱」）。これは、両者の被る経済的打撃が甚大になるため、その可能性は低いといわれてきたが、実際には、EU と英国政府の離脱合意案が次々に否決され、もはや「合意なき離脱」しかないという事態まで追い込まれた。だが、土壇場で合意が成立し、最悪の事態——離脱強硬派からすれば、これこそ望んでいたことかもしれないが——は回避された。

　最後に、ハードブレグジットであるが、これはソフトブレグジットと「合意なき離脱」の中間形態である。スイスやカナダはそれぞれ EU と FTA（自由貿易協定）を締結しているため、工業製品の貿易には関税がかからないが（ゼロ関税）、イギリスの主要産業であるサービス業や金融業はあまりカバーされていない。したがって、最終合意の内容は、ハードブレグジット（カナダ型）であったということができる。

4）「ポイント制度」というのは、年収や学歴などを基準にポイントを与え、一定のポイントを超えた人材だけにビザ（査証）を発給するというものである。これについては、EU 域外出身者を対象に、すでに 2008 年から実施されていたが、2020 年、英国政府は、EU 離脱に伴う新たな移民制度の概要を発表した。『日本経済新聞』の記事があるので以下紹介する。「英国、ポイント制でビザ発給　年収や学歴で移民選別　英 EU 離脱」（2020 年 2 月 20 日）

　【ロンドン＝中島裕介】英政府は 19 日、欧州連合（EU）離脱に伴う新たな移民受け入れ制度の概要を発表した。EU 域内の労働者が英国に自由に移動できる仕組みを終了し、単純労働者など低技能の人の英国への流入を排除する。年収や学歴などを基準にポイントを与え、一定のポイントを超えた人材だけにビザ（査証）を発給する。離脱の移行期間終了後の 2021 年 1 月から導入する。／これまで EU にノルウェーなど 3 カ国を加えた欧州経済地域（EEA）の労働者は域内を自由に移動できた。このため東欧などからの低賃金の移民労働者が大量に英国に流入し、16 年の国民投票で離脱派を勝たせる要因になった。新制度にはこうした移民の流入を阻止し、高度人材の受け入れに軸足を移すことで国民に離脱のメリットをアピールする狙いがある。／新制度は EU 出身と EU 域外出身の労働者を同じ扱いにする。ビザを得るには「一定の英語力」「英企業からの正式な求人」「職務上必要な技術」の 3 項目は必須となる。これに加えて 2 万 5,600 ポンド（約 365 万円）以上年収があれば必要なポイントを取得できる。／年収がやや低くても 2 万 480 ポンド以上で、政府が認める人手不足の業種や関連する博士号などを持っている人材にはビザ発給が認められる可能性がある。パテル内相は 19 日の英 BBC の番組で「確かな能力を持った人々を優遇して経済を押し上げたい」と語った。／ただ、慢性的に人

手が足りない業界や、労働力を移民に頼っていた業種では労働力不足への懸念が高まっている。英国産業連盟（CBI）は「すでに失業率が低いサービス業や建設、介護などの業種で人材確保の問題が生じる」と分析する。／英国に在住済みの移民には新制度の影響は出ないものの、外国人排斥の動きを呼び起こす恐れもある。最大野党・労働党は「現在、英国に住んで働いている移民へのメッセージを考えたようにはみえない」と指摘。スコットランド民族党のスタージョン党首は「地域の経済を破壊する」と語った。

　　（https://regist.nikkei.com/ds/setup/briefing.do?me=S001&n_cid=BREFT038）

5)　EU の共通農業政策（Common Agricultural Policy = CAP）については、EU の中での予算額も約 4 割と大きく、知っている方も多いとは思うのであるが、これとは別に EU の共通漁業政策（Common Fisheries Policy = CFP）が存在している。EU の漁業は、年間 640 万トンの魚を水揚げする世界で 4 番目の規模を擁し、魚介類の加工産業と合わせて 35 万人を超える雇用を創出しているが、予算規模は、9 億 3100 万ユーロで、EU 予算の約 0.75 ％（2004 年）とその規模も小さい。それゆえ、英国の EU 離脱に関してひとつの焦点になって初めて知ることになった人も多いのではないだろうか。そこで、CFP について、少し説明しておきたい。もともと、EU の漁業に関する共通規則は、共通農業政策（CAP）の中で扱われていたのであるが、漁業に関する最初の共通措置がとられた 1970 年以降、農業とは異なる要素や、漁業に固有の問題を別に扱う必要から、次第に CAP からの分離・独立が図られ、1983 年、共通漁業政策（CFP）として確立されるに至った。その後、二度の見直しを経て、現行の CFP は 2003 年から施行されている。

　　EU の漁業政策の中でも特徴的なのは、EU 加盟国が、年間総許容漁獲量（Total Allowable Catch = TAC）や、操業に関する規制を EU レベルで定めることに合意し、その権限を EU に委譲していることである。加盟各国の排他的経済水域（Exclusive Economic Zones = EEZ）は、EU の共通海域とされ、EU 全体の枠組みとして TAC を定めることにより、適切な漁業資源管理を施すべく取り組んでいる。

　　EU の年間総許容漁獲量（TAC）は、国際海洋調査評議会（International Council for the Exploration of the Sea = ICES）の勧告に基づき、欧州委員会が年ごとに提案を行い、その提案を基に EU 漁業理事会が決定する。現行の CFP においては、TAC の設定は、欧州議会との共同決定事項ではなく、加盟各国の担当閣僚により構成される EU 漁業理事会の専決事項となっている。TAC の決定後、EU 各加盟国には、各国の漁業実績などに基づく割り当て基準に従って、魚種別の漁獲割り当て（quota）が配分される。

　　EU 加盟各国には、EU により、自国の漁獲能力（fishing capacity）の上限を定めること、資源回復計画などに基づき漁獲能力を最適レベルまで削減することなどが義務付けられている。また、自国漁船による違法操業の監視や取り締まりなどは、各加盟国の権限とされているが、EU は、このような各加盟国の監視取り締まり状況をモニタリング・評価し、場合によっては制裁を科す権限を有している。

　　これが、CFP の仕組みの概要であるが、この EU への権限移譲（EU 加盟国が、

TAC や、操業に関する規制を EU レベルで定めることに合意し、その権限を EU に委譲していること）を英国に取り戻すというのが、今回の「漁業協定」の眼目であった。

　その根拠を歴史的に振り返って見れば、まず英国は 1964 年、欧州 12 カ国とロンドン漁業協定を結び（66 年 3 月発効）、自国の領海沿岸での 6 〜 12 カイリ内での水域での外国船の操業を認めたことに始まる。その後、1973 年英国自身が欧州共同体（EC、当時）に加盟し、その共通漁業政策（CFP、その前身は CAP）に自国の漁業管理を委ねることになった。そして、この CFP の基礎になったのが、1970 年 10 月 30 日に発効した CFP に関する理事会規則（EEC）No. 2141 ／ 70 であり、同規則は、欧州経済共同体（EEC、当時）水域に関する加盟国間のオープンで平等なアクセスを保証し、同水域における資源保護を決定する権限を EEC に与えたのであるが、このことが英国にとっては、自国の海域での主権喪失を意味することになったのである。

　実際、年間総許容漁獲量（TAC）が導入され、毎年、加盟国間で配分されるようになってからは、英国の漁民は割り当てられた漁獲枠（クオータ）に制限される一方で、他国漁船が自国 EEZ で操業するのを黙認せざるを得ない状態に長年置かれてきた。ここに英国の漁民たちの不満がある。英国政府によると、2015 年英国海域で英国以外の EU 籍船舶が揚げた漁獲量は 68 万 3,000 トン［金銭換算 4 億 8,400 万ポンド（約 687 億円、1 ポンド＝約 142 円)］、他方、英国漁船が英国以外で揚げた漁獲量は 11 万 1,000 トン（1 億 1,400 万ポンド）で、EU 水産業の英国水域への依存度の高さが浮き彫りになっている。

　ただ、英国の水産品と水産加工物の 4 分の 3 を輸出し、輸出額の 65% は EU 市場向けであるので、離脱後、対 EU 輸出に関税が課されることになれば、経済的には大打撃である。それゆえ、国民投票の時には、ブレグジットを選択した漁民が圧倒的（92% が離脱支持）だといわれているが、水産業を取り巻く経済的な状況を客観的に見ると、離脱すれば、問題は解決するかといえば、それほど簡単なことではない。

　英国が EU を離脱するということは、このような EU の共通漁業政策からも、魚種別の漁獲割り当て（quota）配分からも自由になって、英国の排他的経済水域の中で、自由に操業できるということと考えられていた。だが、実際には、EU との間で結ばれる漁業協定に拘束され、「英海域での E U の漁獲高のうち、英国が離脱に伴って取り戻すのは、5 年半で計 25%。当初の目標だった 80% の奪還」からは程遠い結果に終わった。

　これらの点については、JETRO「英国の EU 離脱と漁業問題」（2021 年 7 月）を参照。

6)　離脱をめぐっては、シティの不可解な動きがある。一方で、EU 離脱によって、金融パスポートを失うことは、シティにとって痛手となるはずで、それについての指摘は、多くの文献に見られる。たとえば、「英 EU 離脱　シティー地盤沈下　金融機関、移転検討」（毎日新聞 2016 年 6 月 28 日）という記事である。だが、他方で、金融取引税やタックス・ヘイブンに対する規制を強めようとする EU に対して、こ

れを嫌い、EU離脱に反対したのではないかとの、指摘も散見される。これについては、以下のような文献を参照していただきたい。「英シティが望んだ？　EU離脱」(橘玲の世界は損得勘定2016年7月27日)、寺島実郎「EUの介入を嫌った英国、白人不満層とシティの思惑が一致　なぜ英国はEUを離脱するのか」(『財界』2016年7月19日)。UKのGDPの8割を占めるサービス部門──その中枢である金融部門・シティが、タックス・ヘイブンを駆使したシティへの富の蓄積を行っており、金融取引税等によってタックス・ヘイブンに網をかけようとするEUの政策を回避しようとしたのではないかとの指摘である。このふたつの関係がどのように結びついているのか、今後、分析すべき興味深いテーマである。

7)　トルコは、EU加盟を申請し、最終段階まできているのであるが、第6章で見るように、なかなか承認されない。ただ、あまり知られていないことであるが、トルコはEUの関税同盟に加入している。EU加盟国ではないので、EU単一市場には入れないのであるが、関税同盟には加入できるのである。それゆえ、EUとの貿易においては、関税ゼロのメリットを享受しているのである。だが、二つの問題がある。ひとつは、EU加盟国ではないので、意思(意志)決定に参加することはできないにもかかわらず、決定されたEUのルールには従わなければならないこと、そして、第三国との貿易では、EUが第三国に対して決めた関税率が適用されること、もうひとつは、EUと関税ゼロの経済協定を結んでいる国(第三国)との貿易において、貿易上の大きな不利益を被るケースがあり(たとえば、EUとB国が関税ゼロの協定を結んでいる場合、B国からEUへ輸出された商品は、関税ゼロとなり、トルコにも関税ゼロで出回ることになるが、トルコからB国に輸出しようとすると高関税がかけられるという問題が発生している。EUは、トルコ側の不満をうけて、貿易相手国や地域に対して、「トルコ条項」＜「EUとの協定締結と共にトルコとも協定(FTA)の締結を行ってください」と促す条項＞)を共同声明に入れるよう努力してはいるが、義務ではない。ここに、トルコがEUに加盟申請し続けている経済的根拠のひとつがあった。だが、英国は、EUの関税同盟から離脱し、関税自主権を取り戻すことになったので、このような「トルコの罠」の心配はなくなったということである。これらの点については、今井佐緒里「EUが大幅譲歩。合意内容とジョンソン首相案の変更点は？遂にイギリスとEUがブレグジット離脱文書に合意」2019年10月18日、「イギリスとEUの相互不信 EUは何が原因か。関税同盟と貿易の問題：イギリス・ブレグジットで」2019年10月14日、Yahoo!ニュースJAPANを参照した。

8)　BBC NEWS JAPAN「EU 北アイルランド議定書の改定案を発表　ブレグジット」(2021年10月14日)を参照した(https://www.bbc.com/japanese/58907095)。

9)　ベルファスト合意については、以下の文献を参照した。木村正人(在英国際ジャーナリスト)「【ルポ】北アイルランド和平20年の危機　ブレグジットでカトリック系とプロテスタント系の対立再燃」(Yahoo!ニュース2018年4月8日 https://news.yahoo.co.jp/byline/kimuramasato/20180408-00083714)、英国ニュースダイジェスト編集部「北アイルランドの『誕生』から100年　今も続くアイルランドの複雑な問題」(2021年7月1日 vol.1582 http://www.news-digest.co.uk/news/

features/21302-ireland.html)、南野　泰義「1998 年『ベルファスト和平合意』の構造（1）」「同　（2・完）」『立命館国際研究』24（2）、2011 年、407-425 頁、24（3）、2012 年、43-71 頁を参照。

　　コトバンク「ベルファスト合意」（矢野武　2015 年 2 月 17 日）小学館　日本大百科全書（ニッポニカ）より

　　https://kotobank.jp/word/%E3%83%99%E3%83%AB%E3%83%95%E3%82%A1%E3%82%B9%E3%83%88%E5%90%88%E6%84%8F-1725604

10）福井令恵「＜研究ノート＞北アイルランドの観光と国境を越えた関係性」『法政大学キャリアデザイン学部紀要』17 巻、2020 年 3 月を参照。

11）この点については、注 9）の木村氏の【ルポ】を参照した。

12）小原隆治（早稲田大学教授・地方自治）「新型コロナが問う日本と世界「社会が存在する」英首相発言　背景は…」しんぶん赤旗電子版 2020 年 5 月 24 日付。

13）さかい　もとみ（在英ジャーナリスト）「コロナ禍を経て「再国営化」に向かう英鉄道の事情　複雑な『フランチャイズ制度』見直し一元化へ」東洋経済 ONLINE 2021 年 6 月 19 日。さかい氏によれば、英政府は今回の白書発表に当たり、GBR の目標として以下の 9 項目を挙げているとのことである。

　　1. 政府は鉄道事業の改革を優先事項として実施する。
　　2. 向こう 30 年間にわたる戦略と 5 年間の事業計画を策定する。
　　3. 鉄道事業全体の予算を管理する。
　　4. 安全で効率的な運用に責任を持つ。
　　5. 乗客による提案に責任を持って対応する。
　　6. 駅施設を含む鉄道インフラは自社で管理する。
　　7. 事業計画は公共の利益に資するものとする。
　　8. 地域を跨がる鉄道貨物事業をサポートする。
　　9. 「GBR リージョナル」では各地域の運営チームが意思決定を行えるようにする（ローカル線運営のための仕組み）。

第6章

EU加盟をめざすモダンイスラム・
トルコの挑戦と苦悩

—— EUは民族・国家・宗教を超える
新しい「価値の共同体」となれるか ——

はじめに

　イスタンブールのタクシム広場にあるゲジ公園の存続（ゲジ公園は緑の少ないイスタンブール中心部にあるが、政府はこれを取り壊し、オスマン帝国時代の兵舎をモデルにした多目的ビル〈巨大ショッピングモール〉を建設するという計画を立てていた）を求めるデモにトルコ政府が催涙弾や放水を使って鎮圧する衝撃的な映像が世界に流れた。ちょうど、2020年夏季オリンピック招致を目指していたときだけに、イスタンブールのイメージが大きく損なわれ、招致は頓挫、2013年6月に再開する予定であったEU加盟交渉再開の延期の理由ともなった。この印象が強烈であったため、今回の反政府デモを「アラブの春」になぞらえ、「トルコの春」と称する見解も見られる[1]。だが、他方で、欧米偏重だった外交政策を中東諸国とも連携をする「全方位善隣外交（ゼロプロブレム外交）」へと転換、次々と経済の規制改革や社会制度改革を実施することによって、11年に渡る経済成長を実現したモダンイスラムの挑戦として、「アラブの春＝民主革命」を経た中東諸国から「先行モデル」として注目が高まっていたのもトルコである[2]。
　反政府デモを弾圧する政府〈民主主義の破壊者〉と国民の多数に選ばれて経済成長を実現する〈民主主義の擁護者〉。どちらが本当のトルコなのだろうか。不思議に思えるかもしれないが、どちらも現在のトルコが持っている顔のひとつなのである。ただし、反政府デモを「アラブの春」になぞらえ、

「トルコの春」と称し、両者を同一視するのは誤りであろう[3]。というのは、すでに複数政党制が実現し、複数回の民主的な選挙によって選ばれた公正発展党（AKP）が政権を掌握しているトルコと長期独裁政権下にあったアラブ諸国では、国家の政治システム・民主主義の成熟度が違っているからである。それは、イスラム独裁へ逆行というようなことではなく、一定の民主主義が実現した社会における、あるいは、民主主義が発展したからこそ起こっているフリクション、長期政権＝エルドアン政権の内部の腐敗および反対派に対する強権的な抑圧への国民的な反発として今回の反政府デモを理解したほうがトルコ社会の実像に近い。また、アルコール類の販売を禁止する法律が問題となっているが、これも、一般市民の飲酒を禁止したものではなく、夜間から早朝にモスク近くでのアルコール類の販売を制限する法律である。トルコ社会は、イスラム教徒が 95％を占めるにもかかわらず、「世俗主義」が浸透した飲酒に寛容な社会で（トルコ共和国建国の父、ケマル・アタチュルクも大酒飲みであった）、ビール、ワイン、ラク（Raki：ぶどうの蒸留酒。水を入れると白濁）等アルコール飲料の生産・販売は、自由に行われているのである。

　このイスラム教徒が多数派の国でありながら、一定の民主主義と経済成長を実現した国、そのトルコが、キリスト教徒が多数派である EU への加盟を目指し、加盟交渉を開始するというその最終段階に入っている。もし、これが実現すれば、EU は、真の意味で、民族・国家・宗教を超える新しい「価値の共同体」となることができる。このことは、トルコにとっても、EU にとっても新しい挑戦であると同時に人類社会にとっても新たな挑戦である。

　だが事はそう簡単には進まない。実際、トルコは、加盟申請を始めて 11 年、EEC（欧州経済共同体）への加盟申請にまでさかのぼると 50 年近くたつにもかかわらず、EU 加盟は、いまだに実現していないのである。それはなぜであろうか。このことについて、トルコと EU の双方の側から、その実現を阻む様々な障害と、それを乗り越えていこうとする衝動がどこから生まれてくるのかを分析し、トルコの EU 加盟が持つ人類史的意味を考えてみようというのが、本章の課題である。

第1節　なぜ、トルコは、EU加盟をめざしてきたのか
——トルコがEU加盟をめざす原動力・推進力とその担い手——

2013年7月1日、クロアチアが28番目の加盟国として正式にEUに加盟した。加盟申請が2003年、加盟交渉が2005年だから、加盟申請から10年、交渉開始から7年で加盟が実現したことになる。トルコも、同じ2005年加盟交渉を開始した。

だが、EC（現EU）への加盟申請は1987年、正式加盟候補国となったのが1999年だから、申請からクロアチアが加盟した2013年までに26年、EUの前身であるEECの加盟申請（1963年）まで遡ると、実に50年の歳月が流れたことになる。しかも、2005年12月3日に始まった加盟交渉も1年後の2006年12月14〜15日の欧州理事会（EU加盟国の首脳会議）で35の交渉項目（EUの加盟交渉は、トルコの国内法を35章からなるアキ・コミュノテール〈EU法体系の総称〉と呼ばれるEUのルールに調和するよう改定してゆく作業であって、それぞれの章ごとに交渉が行われる）のうちキプロス問題に関わる8項目（物の自由な移動、会社等設立の権利・サービスの自由、金融サービス、農業、漁業、運輸、関税同盟、対外関係）が凍結になり、2010年半ばからは約3年間中断され、2013年6月に再開の予定であったが、イスタンブールのタクシム広場にあるゲジ公園の存続を求めるデモにトルコ政府が催涙弾・放水を使って鎮圧したために交渉再開が延期され、やっと11月5日に再開されたという状況にある。

トルコが民主主義や人権の尊重に関していくつか問題を残していることは確かであるが、トルコよりはるかに遅く加盟申請をした国々（第5次拡大では、2004年、チェコ、エストニア、ラトビア、リトアニア、ハンガリー、ポーランド、スロベニア、スロバキアの中東欧8カ国とキプロス、マルタ、2007年にはブルガリアとルーマニア）が次々と加盟を果たしている中で、なぜ、トルコだけが、26年あるいは50年も待ち続けなければならないのか。また、それにもかかわらずなぜトルコは加盟をあきらめないのか。なんとしてでも加盟しようとするその原動力はどこにあるのだろうか。

それは、トルコにとってEU加盟とは、まず、トルコ共和国の父、ケマ

ル・アタチュルク（Mustafa Kemal Ataturk 1881 – 1938　初代大統領。ス
ルタン・カリフ制の廃止、「世俗主義」〈政教分離の徹底　憲法からイスラム
を国教と定める条文を削除〉、新民法の採用、アラビア文字の廃止とトルコ
文字〈ラテン文字表記〉の制定、民族教育の普及、国家主義に基づく経済建
設など、近代国家トルコの礎を築いた）以来、トルコが一貫して目指してき
た外交政策・近代化〈西洋化〉政策（Look West）理念の実現であり、その
後継者にとって悲願であるからである。

　すなわち、オスマントルコの崩壊を目の当たりにしたアタチュルクは、ト
ルコの急速な「近代化」の必要性を痛感した。帝国主義列強に囲まれた中
で、トルコ共和国の独立を維持し、しかも、日本の明治維新より50年以上
遅れて、本格的な「近代化」を開始しようとするのだから、その思いは強烈
であったに違いない。「近代化」＝「西洋化」ではないとしても、「近代化」
はトルコにとって至上命令であり、現実にトルコを「近代化」しようとした
とき、そのモデルは「西洋」とならざるを得なかった。トルコ国民を「近代
化」へと向けて統合するためには、モデル＝憧れの対象だけでなく、「敵」
が必要であり、その標的となったのが「イスラム」であった。「イスラム」
を「近代化」の「敵」とし、「世俗主義」を徹底することが、トルコ共和国
の基本路線となったのである。

　したがって、アタチュルクが創設した共和人民党とその後継政党――その
中心的担い手は、西洋化された都市エリート層――が、EU加盟支持者で
あったことは、想像に難くない。だが、トルコには、他の国には見られな
い、トルコ近代史に固有の「近代化」の特徴がある。それは軍の存在であ
る[4]。すなわち、軍は、軍事の天才でもあったアタチュルクの熱烈な信奉者
であり、その改革の支持者であるだけでなく、共和人民党の強力な支持基盤
でもあった。他方、権力を掌握した共和人民党もまたアタチュルクの改革路
線、「世俗主義」の推進者であったがために、軍は、「世俗主義」の「守護
者」を自認することができ、「世俗主義＝共和国の根幹」を守るという錦の
御旗のもとに、いくども政治へ介入することとなったのである。その際、
「イスラム派」は、たとえ近代的科学技術の摂取（「近代化」）を肯定してい
たとしても、共和国の「世俗主義」にしたがっていないという理由で、「反

動」と位置づけられ、軍の介入が許された。こうして、トルコ国民に民主的
に選挙で選ばれた政権が、1960年クーデター、1971年書簡クーデター、
1980年クーデターと、何度も軍部のクーデターによって覆されたのである。
しかも、「クーデターを起こす軍部」は、トルコ国民に民主的に選ばれた政
府をクーデターという暴力で転覆させるのだから、非民主主義の典型であっ
たにもかかわらず、国是である「世俗主義」に反するイスラムを排除するの
だからという理由で、自らを「進歩的」と正当化することができただけでな
く、欧米を中心とする世界にも「進歩的」と受け入れられるという奇妙な構
図——これは、多分にNATOの一員であるという政治的「配慮」のバイア
スが入っていたと思われる——が生み出されてきたのである。

　だが、EU加盟が現実の課題として浮上してきた1990年代末（トルコが
正式加盟候補国となったのが1999年）、このようなトルコ社会の政治構造・
憲法体制が当然、問題になる。すなわち、その加盟条件としての「民主主
義」を阻害するものとして、軍の存在がクローズアップされることになった
のである。なぜなら、トルコにおけるアタチュルクの「正統な後継者」であ
る共和人民党と軍は、「近代化」と「世俗主義」の担い手ではあったが、必
ずしも一貫した「民主主義」の担い手であったという訳ではなかったからで
ある。とりわけ、軍はそうであり、ある時期からは、むしろ、「民主主義」
の抑制者・破壊者としての側面を持っていたのである。それゆえ、軍は、ア
タチュルクの後継者として、EU加盟に賛成しなければならないが、そのこ
とは、同時に軍の弱体化につながるので、もろ手を挙げて賛成とはいかな
い。したがって、消極的推進者というポジションをとることになったのであ
る[5]。

　では、このようにEU加盟に関して、軍が消極的であり、最もEU加盟に
積極的であるはずの共和人民党も、トルコがEU加盟候補になれるかどうか
が問題になっていたその一番大事な時期に政権についておらず、——しかも
1999年の総選挙では敗北し、全国平均で10%の得票を獲得できなかったた
めに、国会の議席を失っていた（阻止条項）—— EUの現実的な推進力た
りえないという状況の下で、誰が積極的にEU加盟を推進したのであろう
か。実は、EU加盟を支持しているのは、共和人民党のような世俗主義政党

だけではない。意外なことに、現在では、親イスラム政党である政権党
AKP（公正発展党）を筆頭に、イスラム派の政党や知識人の大半は、トル
コの EU 加盟を多少の留保はあれ支持しているのである。とりわけ、AKP
（公正発展党）は、政権を掌握する前の総選挙（2002 年 11 月 3 日）の段階
から、EU 加盟支持を公約としてかかげていた[6]。

　それでは、一般には、「近代化」や「民主主義」を否定しているように思
われている親イスラム政党が、なぜ、「民主主義」を求める EU を支持する
のか。実際、EU 加盟に関しては、トルコにおける親イスラム政党は、過去、
「西洋キリスト教文明がイスラム文明と異質で対立する」という理由で、EU
加盟に反対してきた歴史があった[7]。それがなぜ、現在のような立場に転換
をとげたのか。

　そのことを理解するためには、イスラム（イスラム教を基礎にした社会・
文化の総体）に対して一般的に考えられている誤解を解いておく必要があ
る。確かに、一般には、ユダヤ教も含め、キリスト教、イスラム教は、異質
で、対立する宗教であると思われ、そのように報道するジャーナリズムも多
い。だが、3 つの宗教は、実は、神をおなじくする兄弟宗教である。三大聖
地（ユダヤ教は「嘆きの壁」、キリスト教は「聖墳墓教会」、イスラム教は
「岩のドーム」）もエルサレムという同じ地にある。実際、イスラム帝国のも
とでは、十字軍（キリスト教徒による聖地奪還運動）といった歴史があった
にもかかわらず、ジズヤ（Jizya）という人頭税をはらえば、ユダヤ教、キ
リスト教を信じることが許されていた。その意味で、近代以前のイスラム社
会は、非イスラム教徒に対して寛容な社会であったし、トルコの場合、キリ
スト教徒に弾圧されたユダヤ教徒を受け入れたという歴史的事実（とりわ
け、1492 年イベリア半島から追放されたユダヤ人教徒の多くをオスマン帝
国が受け入れたことで知られている）もある。そういった歴史的背景もあっ
て、これまで、トルコとイスラエルとの関係は、他のイスラム諸国家とは違
い、親イスラエル的であり、国家間関係としては、良好な関係にあったので
ある。現在、イスラエルによるガザ空爆に対して、イスラエルの一部の政治
家をヒトラーにたとえ、正当にも、非難しているエルドアンの最近の発言[8]
だけを見て、トルコは、イスラム教徒が多数の国だから、反ユダヤ＝反イ

スラエルだと考えるのは、論理的にも、歴史的事実としても誤っている。む
しろ、最近のエルドアンの発言の方が、トルコの歴史から見ると特殊であっ
て、欧米中心の外交政策から、ゼロプロブレム外交への転換ともからまっ
た、大統領選挙、次期総選挙むけのパフォーマンス（エルドアンの支持基盤
は、トルコで多数派のイスラム教徒）として理解した方がわかりやすい。

　また、イスラム教と「近代化」あるいは「近代的科学技術の摂取」が相容
れないと考えるのも、誤解であろう。宗教と科学の対立の問題はあるとして
も、現実の歴史としては、「暗黒の中世」といわれた西欧世界に対して、む
しろ、イスラム帝国の下で、医学や数学や自然科学が発展していたのであ
り、オスマン帝国の末期には、イスラムの下での「近代化」が試みられてい
る。そのような「近代化」には限界があったので、アタチュルクが登場した
のであるが、それは、オスマン帝国との「断絶」であると同時に、「連続」
の側面もあったことを見ておかなければならない。開明的なイスラム教徒
は、「近代化」を拒否しないのである。問題は、「近代化」のイニシアティブ
を誰が握るかであって、アタチュルクは、トルコ共和国の新しい担い手を、
オスマン官僚ともイスラム教とも「断絶」した共和人民党と軍に置いたとい
うことなのである。すなわち、イスラム教が本質的にユダヤ教あるいはキリ
スト教と対立・敵対しているわけではないし、「近代化」を拒否しているわ
けでもないのであって、それらの間に乗り越えられない壁はないということ
である。したがって、EU 加盟に反対の理由である「西洋キリスト教文明が
イスラム文明と異質で対立する」という親イスラム政党の考えも、論理的あ
るいは歴史的事実として証明されたものではなく、アタチュルク以後の徹底
的な「世俗主義」のもと、イスラムが弾圧・抑圧されてきたことへの反発の
中で形成されたのであって、親イスラム政党を取り巻く政治状況が変われ
ば、その考えも変化するのである。そして、その転換は 2002 年にやってき
た。というのは、これまでイスラム教を弾圧・抑圧してきた軍の行動を EU
が要求する「民主化」（EU の加盟条件）によって、現実に押さえ込むこと
ができるという実在的可能性が生まれてきたからである。このプロセスを見
てみよう。

　すなわち、トルコの国内政治における内からの民主化要求は、すでに

2002 年以前から存在しており、1991 年に成立した連立政権（正道党〈中道右派〉・社会民主人民党〈中道左派〉）の政権合意である民主化計画も一部は、デミレル首相（正道党〈与党第一党〉総裁）の強い指導力で実現（政党活動制限の緩和、大学学長選挙の再開、警察官への人権教育、刑事訴訟法改正、拘留期間の短縮等）を見ていたのであるが、1993 年以降、クルディスタン労働者党（PKK）のテロ活動が活発化すると、暗礁に乗り上げる。正道党保守派が軍部の意を汲み、テロ抑止を理由に、民主化計画に反対し、デミレル首相（93 年大統領に就任）の後を継いだチルレル（正道党総裁）もこれをおさえることができず、連立与党第二党である社会民主人民党が提出した民主化法案も骨抜きにされたからである。ところが、EU との関税同盟締結の前提条件としてトルコに要求されていた「民主化」の外圧がこれに風穴をあける。1995 年 3 月、EU 理事会で承認されていたトルコとの関税同盟は、欧州議会での批准を必要としていたが、その欧州議会が、トルコ政府による PKK 掃討作戦を契機に、現行憲法の民主化、テロ法の改正を批准のための新たな条件として要求したからである。チルレルは、この〈外圧〉を巧みに利用し、野党祖国党を押さえ込み、1995 年改憲（民主化の対象は、「市民社会」）を実現する。こうして、EU・トルコ関税同盟（1996 年 1 月）が発効する[9]。

　だが、EU ＝外圧による民主化は、これにとどまらない。それは、1999 年 12 月のヘルシンキ欧州理事会で、トルコが、関税同盟からさらに進んで、EU 加盟候補国となったからである。すなわち、トルコは、その加盟に向けた準備過程で、欧州理事会が起草した「加盟のためのパートナーシップ」（加盟に向けて改善が必要な重点課題と、それら分野を達成するための財政支援の方法を定めている）を達成するため、具体的公約である国家プログラムを立て、その計画に基づいて、実際に憲法を改正する必要が生じたのである。この進捗状態は、欧州委員会によってチェックされ、「年次報告書」にまとめて欧州理事会に提出される。こうして、1995 年改憲に引き続き、2001 年には、エジェビット政権（民主左派党〈中道左派；旧共和人民党左派〉と祖国党〈中道右派〉、民族主義者行動党〈民族主義政党〉の連立政権）の下、トルコ史上最大の改憲（民主化の対象は、「個人と少数派」）が実現す

る。エジェビットは、さらに、コペンハーゲン基準を満たすための国内関連
法規を改正するための包括立法である第一次〜第三次のEU調和法を、連立
第二与党の民族主義者行動党（MHP）の反対がありつつも、野党の幅広い
支持を受け、成立させ、基本的人権制限条項撤廃、死刑廃止、クルド語放送
自由化など多くの改革を実現したのである[10]。

　こうした状況の中、公正発展党（AKP）は、1990年代半ばまでは、EU
加盟反対の立場をとっていたAKPの前身である歴代イスラム政党（国民秩
序党〈1971年憲法裁判所判決により解散〉、国民救済党〈1980年クーデター
で解散〉、福祉党〈1998年憲法裁判所判決により解散〉、美徳党〈2001年憲
法裁判所判決により解散〉）の方針――エルドアンは、1992年には、「トル
コ軍は『NATO（北大西洋条約機構）の奴隷であってはいけない』」と発言
し、「EUの本当の名称はカトリックのキリスト教連合だ」とまで主張して
いた――を転換し、EU加盟支持をうちだす[11]。美徳党の解党・分裂を受け、
総選挙直前に結成された公正発展党（AKP）であるが、2002年11月の総選
挙では、EU支持を公然とかかげ、「保守民主」を標榜し、中道路線にシフ
トすることで、保守層をとりこみ、圧勝（単独過半数の議席を獲得）、政権
を掌握する。こうして、EUからの「民主化」要求という外圧によって改正
された2001年トルコ憲法のもと、これを利用し、政権を獲得し、その後2
回の総選挙（2007年、2011年）での勝利によって政権基盤を固め、さらな
る「民主化」を進めてきた政党は、アタチュルクの後継政党である共和人民
党ではなく、親イスラム政党であるAKP（公正発展党）だったことに注目
すべきである。政権掌握後も進められたこの「民主化」によって軍部を抑え
た結果、現在まで一度のクーデターも起こっていない。まさに、「民主主義」
こそが、親イスラム政党としてトルコで初めての単独政権の樹立を可能に
し、存続させたのである。

　だが、公正発展党（AKP）によるEU加盟支持は、内的動機というより、
EUによる民主化要求という外圧を政治的自由の獲得・政権の獲得のための
手段として利用した側面が強い。では、EU加盟を最も望み、推進した真の
主体は、誰か。それは、EU加盟にむけて、政府を鼓舞し、世論形成を働き
かけてきたトルコの経済界であった[12]。すなわち、経済界とその団体である

経済開発基金（iKV）は、2002 年 5 月 9 日、175 の団体とともに市民社会プラットフォームを設立した後、トルコの EU 加盟のために時間を無駄にできないとする公式声明を発表した。だが、その声明に署名したのは、トルコ最大の財界組織であるトルコ商工会議所同盟（TOBB）だけではなく、イスラム系実業家団体である独立実業家連盟（MÜSiAD）、さらには左派系労働組合連合である革命的組合連合（DiSK）まで含むものだったといわれている。通常なら、敵対する勢力である資本家の団体と労働者を代表する労働組合が同じテーブルについているのだから、まさにオール・トルコという状況が現出したのである。

　また、大企業を代表するトルコ実業家連盟（TÜSiAD）は 5 月 29 日、EU加盟のための改革を議会・政党に要求する新聞一面広告を出し、死刑廃止と少数言語に関する法律改正を提示すると同時に、その代表団は、国軍参謀本部を訪れて自らの意向を伝えたという。さらに、トルコ実業家連盟は、EUの実業家団体連合に加盟し、EU 本部があるブリュッセルに事務所を開き、EU 向けのロビー活動もしていたのである。

　この時期は、まさに 2002 年総選挙が行われる直前であって、トルコの経済界は、軍部を牽制しつつ、どの政党が政権をとっても、そちらに向かわざるを得ない方向性を示し、誘導していたといえる。2000 年に始まる金融危機を契機とした経済危機からの脱却を、トルコ－ EU 関税同盟を越えて、EU との関係を深めることによって乗り越えていこうとするトルコ経済界の意思（意志）（トルコ金融資本〈財閥〉の資本蓄積戦略）がここにある[13]。グローバル化した経済の中での生き残り策を、EU 拡大＝トルコの EU 加盟の中に見いだそうとしていたのである。

第 2 節　EU 加盟推進は、どのようにしてトルコの経済成長を実現したのか
——トルコの民主化と経済成長との相互作用がもたらすダイナミズム——

　今日の時点から見ると、このトルコの経済界の戦略は成功したように見える。なぜなら、公正発展党（AKP）政権の下、目に見える形で経済成長が実現したからである。すなわち、この 11 年間で、GDP（国内総生産）が 3倍に急増、1 人当たり GDP も 1 万ドルを超えるまでになり、財政構造も健

全化（EU の 3% 基準をクリア：財政赤字 GDP 比 12.1%→ 2.0%）し、265
億ドルあった対 IMF 債務も、2013 年には完済するところまで来ている。し
かし、前節で見てきたように、この経済成長の前提にトルコの「民主化」が
あったことを忘れてはいけない。それでは、なぜ、「民主化」が必要であっ
たかといえば、それは、EU がトルコの関税同盟および EU 加盟の条件とし
て要求（強制）したからである。だが、なぜ、EU に加盟する必要があった
かといえば、それは、EU とトルコの経済的関係が拡大することを通じてト
ルコが経済的に豊かになることをトルコ国民、なによりトルコの経済界が死
活的利害として求めたからである。このトルコの経済界の経済的利害と親イ
スラム政党の政治的利害（「民主化」によって軍を押さえ込み、政治的安定
〈親イスラム政権の持続〉を達成する）が一致したところに（政治と経済の
相互作用）、この 11 年に渡る経済成長があった。そこで、この節では、「民
主化」による政治的安定（公正発展党〈AKP〉長期政権）の下、どのよう
な経済的メカニズムが働いて、トルコの経済成長につながったのかを具体的
に見ていくことにしよう。

　それは、1996 年 1 月に発効した EU との関税同盟を契機に始まった。当
時は、まだ、公正発展党（AKP）による政権掌握以前の時期である。だが、
EU との関税同盟が、自動的にトルコ経済を発展させたわけではない[14]。と
いうのは、EU との関税同盟は、EU 製品に対するトルコ国内市場の全面開
放を意味しており、実際、発効当初は、関税ゼロとなった EU の工業製品輸
入が急増し、トルコの製造業は、国内市場で激しい競争に直面したからであ
る。特に、自動車市場は、輸入車に席巻され、大きく生産が落ち込んだ。ま
た、これに加え、1999 年にトルコ大地震が発生、2001 年には、トルコ金融
危機と通貨暴落でマイナス成長に落ち込むなど、トルコは、関税同盟の恩恵
を受けるどころか、関税同盟によって、国内産業が壊滅する可能性もあった
わけである。

　ところが、実際にはそうはならず、好不況の振幅が激しく、内需が安定し
なかった 90 年代のトルコ経済とは対照的に、公正発展党（AKP）政権誕生
後、自動車産業を中心に経済が急成長を始め、2 年目の 2004 年には、これ
まで最大輸出品目であったニット衣料に代わって自動車・同部品がその位置

を占めるまでになった[15]。その後も、リーマンショック時に一時的な後退
（2009 年 − 4.38％）はあったものの、国内総生産（GDP）は、持続的に成
長をつづけ、現在では世界 17 位（2002 年には 21 位）、欧州域内諸国との比
較では 6 位、すでに、スイス、スウェーデンを上回るまでになっている。自
動車の生産台数でも、2009 年を除き、2007 年以降、100 万台超えが続き、
EU 諸国との比較では、ドイツ、フランス、スペイン、イタリアと並ぶ一大
生産拠点となっている。国内市場も、好景気の持続により、1 人当たり
GDP が 11 年間で 3 倍になり、消費性向の高さとインフレ抑制で実現した歴
史的な低金利があいまって、高級車需要が伸びるとともに、多くの庶民に
とっても自動車が「手の届く耐久消費財」となりつつあるのである。

　また、今後のトルコの成長性を見ても、欧州諸国との比較では、ロシア
（1 億 4,000 万人）、ドイツ（8,200 万人）に次ぐ人口の多さ（7,570 万人〈2010
年現在〉）、年齢中位数が 28.3 歳で、購買意欲が旺盛な若者層が大半を占め
ていること、安価で良質な生産要素、とりわけ、労働力の優秀性および相対
的な人件費の低さ、欧州・中東・コーカサス・中央アジアの結節点という地
理的優位性を欧米以外の貿易・経済関係の拡大としてとりこもうとする外交
政策（ゼロ・プロブレム外交）、2001 年金融危機後に実現した健全な財政・
金融、欧州で信用不安が拡大する中でのトルコ国債の格付けの引き上げ、中
央銀行による政策金利の引き下げ等々、さまざまな成長の条件・可能性を
持っているのであり、それゆえ、このようなトルコに対して、BRICs に次
ぐ成長が期待される国として評価しようという動き（ゴールドマン・サック
ス）も広がっているのである。

　では、なぜトルコは、関税同盟が持つマイナスの影響もある中で、これを
克服して、経済成長を実現できたのであろうか。これをトルコ経済の牽引者
である自動車にみれば、自動車産業に対するトルコの国家政策の転換（「輸
入代替工業化政策」から「輸出志向型工業化政策」への転換）と EU 関税同
盟を利用してトルコをヨーロッパ向け自動車の輸出拠点にしようとする外資
系メーカーの資本蓄積戦略が、ちょうどうまい具合に重なり合い、11 年続
く公正発展党（AKP）長期安定政権の下で花開いたからである。

　すなわち、近年、グローバル化・自由化が進み、トルコ周辺の中東産油国

のように、裾野産業が発展していなくても、部品輸入によって生産を行い、輸出している国もあるが、トルコは、このような国とは違った道を歩んだ。確かに、トルコも、当初は、外資系企業のライセンスを持つ輸入部品組み立て工場から出発したが（Otosan〈フォードとトルコ資本 Kocticaret A.S の合弁〉等）1964年「組立産業についての規制」が発布され、転換期をむかえる。それは、国内での完全生産をめざし、現地調達比率の増大を目標とする政策（「輸入代替型工業化政策」）への転換である。トルコは、70年代まで、この「輸入代替型工業化政策」をとっており、完成車および部品輸入には高関税が課されたほか、外貨割り当て枠も限られていた。政府は、自動車産業の保護に取り組み、トルコを代表とする自動車メーカーが次々と誕生したが（1968年 TOFAS〈コチ財閥と伊フィアットの合弁〉、1969年 Oyak-Runault〈OYAK（軍共済基金）と仏ルノーとの合弁〉）、国内市場は小さく、生産台数が10万台を超えたのは、1975 - 1976年のみで、1973年のオイルショック、1974年キプロス派兵で経済が疲弊、1978年には財政が破綻、対外債務返済不能となる。さらに1979年には二度目のオイルショックが追い討ちをかけ、この政策は破綻したのである。

　このような危機に直面したトルコは、1980年代、政府主導で経済の自由化を開始する。1980年1月から、IMF・世銀の支援の下、経済再建をめざした「経済安定プログラム」を実施、輸入代替型の閉鎖的経済体制を180度転換し、輸出産業育成をめざし（「輸出志向型工業化政策」）、市場自由化と競争原理導入、外国貿易の自由化、外資の積極的導入に取り組んだのである。この貿易自由化の波に乗って、1980年代には輸出は平均16.1％拡大したが、長く保護主義に守られ、国内市場向けの少数生産を続けてきた自動車産業は、車種や型式が古いこともあって競争力がなく、輸出を伸ばすことができなかった。このことは、「輸出志向型工業化政策」のみでは、トルコ自動車産業の発展は困難であったことを示している。

　他方、すでにフォード、ルノー、フィアットとの合弁会社は存在していたが、1980年代後半から1990年代にかけては、日本（三菱自動、トヨタ、ホンダ）や韓国（現代）の自動車メーカーも相次いでトルコに進出、生産能力は大きく拡大した。しかし、1994年には、トルコ国債の格付けの引き下げ

をきっかけとした通貨危機が、また、1999年にはトルコ大地震が発生してマイナス成長に落ち込むなど、1990年代のトルコ経済は、好不況の振幅が激しく、内需は安定しなかった。しかも、このような状況のなか、1996年1月のEUとの関税同盟が発効する。それゆえ、欧州車が国内市場に大量に流れ込み、国内メーカーは、深刻な販売不振に直面したのである。

　そもそも、トルコに進出した多くの外資系メーカーは、当初は、トルコ国内向けの生産を目的としていた。ところが、EU関税同盟による欧州車の急増による販売不振に直面し、その資本蓄積戦略を転換せざるを得なくなる。それは、この苦境を打開するために、関税ゼロという貿易上の有利さとトルコにおける労働力の優秀性および相対的な人件費の低さを結びつけ、トルコを欧州向けの車両を生産し、輸出する戦略拠点として位置づけなおすという意思（意志）決定だった。こうして、各メーカーは、次々と「トルコ工場を欧州向け輸出拠点として再定義し、特に、乗用車部門では、国内よりも欧州市場を主眼においた戦略に転換」していく[16]。日系メーカーの場合、現地生産を開始したのは1990年代であり、1996年にトルコが関税同盟にはいり、トルコとEU諸国と関税がなくなることを想定したものだった。それゆえ、トルコの現地工場をトルコ国内向け販売車両の生産だけではなく、将来的には、欧州向けの輸出基地として位置づけようとしていたので、この戦略は、先発のフランス、ドイツ、イタリアのメーカーだけでなく、日本や韓国によっても採用されることになる。

　2001年金融危機は、この傾向をさらに加速することになった。この危機が国内販売の不振をより深刻にしたからである。しかし、2000年ころまでには、各メーカーとも欧州向け輸出を主体とした生産体制を整えていたので、01年のトルコ金融危機による通貨暴落を逆に輸出競争力に変えて、輸出を拡大することができたのである。

　こうして、トルコは、新興国の中で自動車輸出国としては、第1位を占め、先進国を入れても世界第7位の地位を占めるまでになった。だが、その主要な輸出先は、ドイツ、フランス、英国、イタリアなどのEU諸国であり、金額ベースで見ると全体の7割（69.3％）を占めている。トルコの経済成長が、経済的にも政治的にも、いかにEUと関わっているかが見て取れる

であろう。トルコの自動車産業は、今日では、自動車産業に必要な鉄鋼業、化学工業、石油産業、プラスチック産業、ガラス産業等の裾野産業を持つまでに発展してきている。ここが、他の中東周辺諸国との違いであり、トルコは、繊維産業を中心とする軽工業から、広い裾野を持つ自動車産業を中心とする重化学工業への移行には成功したといえる。だが、それは、トルコ政府の外資導入政策が、単なる外資依存ではなく、外資メーカーの誘致によって、自動車製造に関わる産業集積をトルコに形成しようとしたからである。

　2011年1月5日に、トルコ商工省が関連団体トップを集め、「自動車産業戦略会議」を開催し、最終目標として、乗用車の「純国産ブランド」の立ち上げと全世界での販売を掲げた。トルコは、単なる西欧の模倣ではない、独自の道を歩み始めたようである。

第3節　なぜ、多くの国がトルコのEU加盟に反対するのか

　これまで、トルコにとってEUに加盟することのメリットを見てきた。ところで、これをEUの側から見るとどうだろうか[17]。客観的にみると、現在のトルコは、加盟申請した時のトルコとは、大きく違って、民主主義や人権から見ても大きな問題はなくなってきており（死刑の廃止、クルド人問題の解決等々）、経済的側面から見て、逆にEUにとっての方が大きなメリットがあるように思える。すでに見たように、トルコの人口の多さ（7,570万人）、年齢中位数が28.3歳で、購買意欲が旺盛な若者層が大半を占めていること、安価で良質な生産要素、とりわけ、労働力の優秀性および相対的な人件費の低さ、健全な財政・金融等々、さまざまな成長の条件・可能性は、既存のEU諸国よりもはるかに大きいからである。また、安全保障やテロ対策から見ても、イスラム諸国に大きな影響力を持つトルコの果たす役割は大きく、さらに、軍事以外のエネルギー供給において戦略的重要性を持っている。すなわち、トルコは、中東、カスピ海、ロシアで生産される石油と天然ガスを欧州に供給するエネルギー輸送の中枢としての役割を果たしており、この柱となるのが、アゼルバイジャンのバクー（B）からグルジアのトビリシ（T）を経て地中海に面するトルコのジェンハイ港（C）に至る全長1760kmの

BTCパイプラインであるからである。

　だが、これに対して、トルコEU加盟に対する欧州各国の態度を欧州委員会による加盟支持調査に見れば、賛成がEU25カ国（2005年当時）平均で35％、反対は52％、中東欧諸国では、賛成48％、反対38％、旧加盟国で賛成32％、反対55％となっており、さらに国別に見たとき、ドイツで賛成21％、フランス21％、キプロス16％、オーストラリア10％と、極端に賛成が少ない国があるのも特徴的である[18]。全体として、中東欧諸国を除き多くのEU諸国がトルコのEU加盟に否定的であることが見てとれる。

　その理由を列挙すると、以下のようになる[19]。

①EUは、キリスト教文明圏であるのに対し、トルコはイスラム文化圏であるという宗教的・文化的違いに根ざす反対。

②オスマントルコ帝国に征服された歴史的恐怖感によるトルコへの脅威。

③トルコ加盟によるEUの性格（欧州諸国の連合）の変化に対する危惧。

④トルコが加盟すると大量の移民が流れてきて、雇用市場を圧迫するという恐れ。ドイツは1960年代にトルコ人を労働者として受け入れ、現在も176万人が定住しており、在独外国人の26％を占めている。ドイツには、トルコ人との共存やトルコのEU加盟に不安が強い。

⑤現在、EU予算の40％強が域内農業を支えるためにCPA（共通農業政策）に振り向けられている。CPAに次いで大きい支出項目が、低所得地域の開発援助を目的とする構造基金である。トルコが加盟すると、CPAと構造基金の両面において、EUは重い財政負担を背負うことになる。EUにとってトルコ加盟のコストは大きく、160億〜280億ユーロを要すると欧州委員会は試算している。一方、CEPS（欧州政策研究センター）は年間160億ユーロ、トルコ政府は約60億〜100億ユーロを要すると発表している。

⑥トルコにおける人権保護制度の遅れ。特に女性の立場が問題視されている。また、1,200万人とも言われるクルド人への言語教育や放送を制限してきた問題に対する批判も大きい。

⑦欧州が将来に対して抱く不安が、トルコ加盟反対につながっている。加盟が実現すると、ドイツに次ぐ人口を有するトルコは、EU内の意思

（意志）決定でドイツと並び14％近い票を握り、欧州議会で11％の議席を占めるともいわれる。

⑧アルメニア人虐殺問題。19世紀にアナトリア地域に住む25万人のアルメニア人が殺され、第一次世界大戦中の1915年に800人の指導者が処刑され、1923年までに150万人が殺されたとアルメニアは主張している。トルコ側は、30万人の死者が出たことは認めながらも、「虐殺」については否定している。フランス（下院）が、トルコによる「アルメニア人大虐殺」を否定する者は、1年以内の禁固刑と4万5,000ユーロ以下の罰金を科せられるという法案を2006年に可決し、トルコに反発と困惑をもたらしている。

⑨北キプロスにおけるトルコ軍駐留問題。キプロス分断は、1974年にギリシャとの併合を主張するギリシャ系キプロス人集団EOKAによるクーデターを発端として、トルコ系住民の保護を大義にトルコ軍がキプロスに侵攻し、北部を占領したことに始まる。1983年11月には北キプロス・トルコ共和国が宣言されている。2003年には、北キプロス南北境界のニコシアの検問所（グリーンライン）を北キプロスが開放したことにより、南北住民の相互訪問が可能となっている。2004年3月には、コフィ・アナン国連事務総長がキプロス再統一に、1）ギリシャ系とトルコ系の対等な立場での平和共存、2）南北による国家連合の形成、3）大統領と副大統領ポストとの分かち合い、4）政策決定機関である大統領評議会メンバーの人口比に応じた配分を骨子とする調停案を提示した。2004年4月にはアナン国連事務総長の提唱したキプロス再統合の投票で、北キプロスのラルフ・デンクタシュ首相は統合案に賛成票を投じたが、ギリシャ系キプロス政府は反対し、統合案は成立しなかった。そのため、2004年5月1日には、ギリシャ系の南キプロスのみEUに加盟している。

だが、これらの多くは、"too large, too poor, too Islamic"に象徴される「偏見」をも含めた心理的「脅威」であって、必ずしもトルコ加盟が現実的に引き起こす「脅威」ではない。具体的に見ていくことにしよう。

この中で、①②③は、問題外として（そういう気持ちを持っている人々が

いるということについては、配慮する必要があるが）、④⑤は、現実的な脅威として考慮しなければならない。ただ、④については、トルコ移民が、大量にドイツに流れ込んでいた時代は、過去のものとなり、今では、トルコが自国の発展のために、労働力を必要とする段階にきているので、たとえ、トルコがEUに加盟したとしても、そのようなことが起こる可能性は低くなっていると思われる[20]。⑤については、トルコにおける競争力のある農業の発展と格差の解消の問題であり、現実に対処する必要があろう。⑥については、すでに、大幅な改善が行われ、クルド人差別や女性差別は解消する方向にある。⑦については、トルコ人勢力が大きな力を持つようになるという不安だが、それは、悪い方向に作用するとは限らない。EUにおける民主的意思（意志）決定システムをもっと信頼する必要があろう。⑧は、2009年10月トルコとアルメニアとの国交樹立合意の締結がなされ、一旦は、解決＝歴史的和解の方向に歩みだしたが、残念ながら、現在、「批准手続きの停止」（「合意破棄」ではない）の状態である。ともかく、解決に向けて動き出したことは評価される[21]。

　最後に一番困難だと思われるのが、⑨の問題である。トルコ系住民が住んでいる北キプロス共和国を承認しているのが、トルコだけということもあり、一般には、トルコの側に問題があると思われているが、2004年3月、コフィ・アナン国連事務総長が提案したキプロス再統一に関する調停案に賛成したのは、トルコ系の北キプロスであり、これに反対したのが、ギリシャ系キプロスなのである。この事実を色眼鏡なしに見れば、EUも同意していたアナンの提案をキプロスが拒否したにもかかわらず、そのキプロスのEU加盟の方を先に承認したというEUの意思（意志）決定に疑問を持たざるを得ない[22]。

　EU加盟の承認は、全会一致なので、一国でも反対があれば、加盟はできないというのが現在のEUの仕組みである。一旦加盟をしてしまえば、拒否権を行使できるので、キプロスが、自国に有利になるようにこのカードを使うようになる。2005年にトルコのEU加盟交渉が始まったにもかかわらず、たびたび中断し、なかなか前に進まないのは、このことが原因となっているのである。

　全体として加盟交渉を見た場合、トルコの EU 加盟をもっとも強力に支持しているのが、EU の外にいる米国であり、EU のより一層の統合に消極的な英国でもあるということも問題を難しくしている。キプロスの EU 加盟に際しては、どうしてもキプロスを加盟させたいという強烈な意思を持つギリシャの存在があったのであるが、トルコの場合、そのような強力なサポーターを欠いている。フランスにしてもドイツにしても、政権が代われば、その立場を変えてきたというのが実際のところだからである。

　エルドアンは、2012 年 10 月、「トルコ共和国 100 周年記念である 2023 年までにトルコを EU に加盟させなければ、EU はトルコに加盟させる機会をのがす」と、はじめてその期限を明らかにした[23]。この 11 年間で急速な経済成長を遂げたトルコの自信の表れであろう。トルコは、EU にとって本当に必要な存在なのか、EU の立場が問われているのである。

おわりに

　今年（2014 年）の 8 月 10 日には、トルコではじめての国民の直接投票による大統領選挙が実施され、公正発展党（AKP）のエルドアン首相が、第 1 回の投票で過半数（52%）を獲得、最大野党の共和人民党（CHP）と民族主義者行動党（MHP）の統一候補イフサンオール氏（38%）をやぶり、大統領となった。その後、エルドアン大統領は、新しい首相にダウトオールを指名したが、様々な問題をかかえつつも、トルコ国民は、公正発展党政権の下で、これからも、暮らしていくことになろう。

　3 期にわたる親イスラム党（AKP）政権の下、EU 加盟をめざすことによって、トルコ社会は、政治的民主主義の面でも、経済成長の面でも、めざましい発展を遂げた。加盟申請をした当時とは、別の社会になったといってもいいほど、トルコ社会は大きく変貌したのである。その象徴が、死刑廃止（日本でもアメリカでもまだ実現していない）であり、1 人当たり GDP の 1 万ドル突破である。

　西ドイツ（当時）と労働力募集協定（1961 年 – 1973 年 11 月）を締結し、西ドイツの労働力不足をおぎなうために、ガストアルバイター（Gastarbeiter

ゲスト労働者：トルコからの出稼ぎ労働者）として、大量に流入し、その経済成長を支えた時代は、とっくに過去のものである。現在のトルコは、自国の発展のために自国の労働力を必要とする時代にきているのである。

　そして、この11年間の経済成長の出発点となったのが、公正発展党（AKP）政権誕生以前に締結されたEUとトルコの関税同盟（1996年）である。関税同盟そのものは、トルコ経済を窮地に追い込む可能性もあり、実際、一時期窮地に陥ったのであるが、逆にこれを「起爆剤」として、苦境を乗り越え、トルコをEUの輸出拠点にかえると同時に繊維産業中心の産業構造から重工業への転換を成し遂げることができた。とりわけ、エルドアン政権（親イスラム政党）は、その「恩恵」を受け、経済の高成長で、財政構造も健全化し、265億ドルあった対IMF債務も2013年には完済している。債務危機に苦しむギリシャやキプロスの経済状態とは対照的である。

　実は、この関税同盟締結（1996年）の前提条件が、1995年改憲（EUからの外圧によるトルコの民主化〈集団・結社の自由の拡大〉）だったところに、トルコのEU加盟をめぐる政治と経済の相互作用（ダイナミズム）を見ることができる。1990年代に停滞したトルコ経済であるが、①EU加盟・関税同盟締結のためのこの準備過程（95年改憲）、②これに続く、加盟候補国としての2001年改憲＝民主化（個人・少数派の権利の拡大）を経て、③2002年以降AKP政権のもとでの民主化（軍部の影響力の縮小）による政治的安定と経済成長、経済成長による政治的安定とさらなる民主化（軍部の影響力のさらなる縮小）として花開いていくのである。

　トルコの経済発展にとって、EU加盟（外圧としての「民主化」の強制）を目指すことが、決定的であり、また、その民主化の担い手が、ケマル主義者だけではなく、親イスラム政党のエルドアンだったところに歴史の皮肉がある。

　このように見ると、トルコのEU加盟に反対する人々は、発展しているトルコそのものではなく、ガストアルバイターとしてドイツに流入し、労働力募集協定終了後もドイツに定着、あるいは呼び寄せによってドイツに定住しているトルコ人、しかも、そのネガティブな「過去」のイメージからトルコを見ており、民主主義の下で経済発展を遂げている実際のトルコを見て判断

しているのではないように思える[24]。すなわち、ヨーロッパあるいはドイツ
で問題にされているトルコ移民（欧州在住のトルコ人移民は、400万人とい
われている）は、イスタンブールやアンカラといった西欧化された都市部か
らの移民というより、むしろトルコのイスラム性、社会的保守性、後進性、
貧困を象徴するトルコ南東部から来た移民である。エルドアンの支持基盤
は、このような地域の出身者であるが、それもトルコ経済が発展する中で変
化しつつある。しかも、ドイツで、問題にされている「名誉殺人」も、「加
盟のためのパートナーシップ」2005年改訂版では、「女性の権利のための法
改正および名誉殺人からの女性保護」として新規に追加ないし修正された項
目の中に入っており、ドイツやヨーロッパ社会から見た後進性は、トルコに
おいても後進性（是正すべき問題）として意識されているのである。つま
り、ヨーロッパあるいはドイツ人の多くが抱くトルコに対するイメージは、
実際のトルコの実像とずれているのであり、その意味で、トルコが加盟した
後のEUの「未来（可能性）」のポジティブなイメージが描けていないので
ある。

　イスタンブールのタクシム広場に隣接したゲジ公園の再開発をめぐる抗議
行動とそれに対する政府の弾圧（催涙ガス、放水）のセンセーショナルな報
道に幻惑されて、イスラム政権＝反民主主義という旧来型の図式が一部復
活しているが、イスラム政権の下での、民主化の進展と経済成長というトル
コ戦後政治経済史の事実こそが、注目されなければならない。

　EUは、トルコをEUのメンバーとして迎え入れることによって、民主主
義や人権を大切にする「価値の共同体」として、さらなる発展を遂げる大き
な可能性を秘めている。もちろん、トルコの側にも改善しなければならない
問題は存在している[25]。だが、EUが、キリスト教同盟でなく、民族・国家・
宗教を越えた新しい「価値の共同体」であるなら、EU加盟のすべての条件
を満たしたとき、それ以上の新たな条件をつけないで、EUのメンバーとし
て迎えるべきではないだろうか。EUは、トルコがEUに加盟するためのす
べての条件を満たしたとき、本当にトルコをEUの一員として迎え入れる意
思があるのか、EUは、民族・国家・宗教を超える新しい「価値の共同体」
となれるかが問われているのである。

注

1) 北沢［2013］。
2) なぜ、「アラブの春」以降、トルコが注目されるようになったのかについては、内藤［2013］。これに対し、今井［2013］は、当初、これら諸国のモデルとなると考えられていたトルコは、直接のモデルにはなりえないと指摘している。なぜなら、同じイスラムといっても公正発展党（AKP）は「世俗主義」を国是として堅持しており、チュニジアやエジプトのイスラーム主義政党とは、大きく異なっているというのがその理由である。直接に適用できないことは、確かであるが、「アラブの春」以降の問題をトルコとの関係でどう考えるのかについて、事実をふまえたうえで、さらなる理論的検討が必要であると考える。
3) ブルマ［2013］。イアン・ブルマ氏（米ハーバード大学教授／ジャーナリスト）は、今回の反政府デモは、表面的には、「世俗 対 宗教、民主主義 対 権威主義」という2つの異なるトルコのビジョンを代表しているように見えるが、このような「政治的イスラムは、本質的に反民主主義だ」と考える見方は誤りであり、むしろ、エルドアン首相のポピュリズム政党はトルコがより民主主義的になったことの結果であるという。ゲジ公園に始まる反政府デモを、「世俗 対 宗教、民主主義 対 権威主義」というようなイデオロギーの対立として見るのではなく、デモ参加者が、宗教的シンボルであるモスクではなく、モール（巨大ショッピングセンター）の建設に反対していることに象徴されるように、エルドアン首相の経済政策の下で急成長したアナトリアの農村出身の新富裕層・新興企業家層（ショッピングモールの開発業者）とイスタンブールの古いエリート層（リベラルか左翼かにかかわらず、西洋化され、洗練された、世俗的な都市のエリート出身層）との階級間闘争と理解した方が、よりリアルであるというのである。イスラム教徒が多数派の国で、民主主義が広がれば、イスラムが可視化するのは、当然であって、問題は、民主主義の広がりによって権力を掌握したイスラム政党＝AKPが、よりリベラルで寛容な政党になれるかどうかということである。氏は、この抗議運動を契機として、トルコが、民主主義を維持しつつ、よりリベラルな社会になることを期待している。注目すべき見解である。また、柿﨑［2013a］の指摘も参考になった。
4) 新井［2013］。トルコ共和国の歴史のなかで、軍が果たした役割については、氏の見解に依拠している。
5) 岩坂［2008］が参考になった。
6) 八谷・間・森井［2007］を参照した。とりわけ、間「第5章　加盟交渉過程のトルコ政治への影響」の分析が参考になった。事実の指摘については、氏に依拠している。
7) 同上。
8) AFPBBNews［2014］。エルドアンは、大統領選の黒海地方オルドゥの選挙集会で支持者に対し「（イスラエル人には）良心も名誉もプライドもない。日夜ヒトラーをののしっているが、野蛮さの面で既にヒトラーをしのいでいる」と語り、また、これに先立ち、パレスチナ人は死ぬべきだとの考えをソーシャルメディア上で表明し物議を醸したイスラエルの極右政治家アイエレット・シャクド（Ayelet

　Shaked）氏を「ヒトラーと同じ精神構造を持っている」と非難している。

9）これら一連の経緯については、間［2002］および、八谷・間・森井［2007］、間論文（第5章）を参照した。

10）同上。

11）八谷・間・森井前掲書、間寧論文を参照。

12）トルコ経済界の世論形成活動に関する以下の事実については、八谷・間・森井［2007］、間論文「第6章　加盟交渉過程の対EU関係・世論への反映」に依拠している。

13）トルコの財閥の動向については、日本貿易振興機構（ジェトロ）イスタンブール事務所［2010］に詳しい。それによれば、トルコの財閥は、世界的にも知られた4大財閥コチ、サバンジュ、ドウシュ、ドアンを中心に、持ち株会社（Holding）を中核とした多角的経営を行う巨大な企業グループであるが、その形成は、意外と新しく1950年代である。国営企業と並存する形で形成されたが、政府が徐々に民間企業重視、社会資本整備に重点をおく経済開発政策を取り始めると、着実にビジネス基盤を形成していった。60年代、国営企業の非効率・低生産性という弊害の隙間をぬって多くの産業分野に進出し、71年には、これら財閥の指導者たちが、民間セクターの社会的立場を強める意図をもってトルコ実業家連盟（TÜSiAD）を結成する。80年代以降は、民間主導による輸出志向型経済政策の下、外国企業と財閥との提携が急速に拡大した。主要な財閥は、この時期、自動車や家電分野で積極的に外資と提携し、国際的に活躍する企業となる。90年代には、冷戦終結をうけて、中央アジアやバルカン諸国への進出の先頭に立ち、周辺諸国との経済的関係強化に重要な役割を果たしている。イスタンブール工業会議所（ISO）によれば、製造業売上高上位500社は、国営企業や外資を除けばほぼすべてが財閥傘下の企業が占め、上位50社も順位に変動はあるもののほぼ不動で、財閥系企業の底堅さ、その影響力は圧倒的である。

14）小野［2008］。氏は、トルコの自動車産業を素材に分析し、「関税同盟は、理論的には、価格の変化を通じて輸出入に影響を与えるが、現実には、必ずしも相互の貿易を拡大するとは限らないことがわかる。まして、関税の撤廃が投資を促進することを保証するものでもないことに注意が必要である」と結論されている。関税同盟が自動的にトルコの経済成長を導いたというような論調があるだけに、氏の指摘は重要である。トルコ経済の発展にとって、EUとの関税同盟は、重要な契機ではあるが、ひとつの契機にすぎないのである。関税同盟が投資の促進や国民経済全体の成長に結びつくためには、その他の諸条件が必要だったのである。国家の経済政策、消費市場、主要な経済主体であるトルコの財閥（金融資本）がどのような資本蓄積戦略をとったのか、等々が分析されなければならない。本章では、そのことの指摘だけにとどめたい。

15）トルコ自動車産業の発展に関する一連の記述については、以下の論文を参照した。夏目［2011］、齋藤［2011］。また、本章では、取り上げることができなかったが、自動車産業とならんで輸出産業の柱をなすアパレル・ファッション産業について、興味深い分析がされている。日本貿易振興機構（ジェトロ）イスタンブール事務所、

海外調査部中東アフリカ課［2012］を参照していただきたい。

16) トルコ自動車産業における外資系メーカーの資本蓄積戦略の転換については、塩地・富山［2011］が参考になった。

17) トルコの EU 加盟に関して、反対・賛成の理由がコンパクトにまとめられているものとして、国立国会図書館調査及び立法考査局『総合調査報告書 拡大 EU―機構・政策・課題―』2007 年 3 月がある。本章では、そのまま紹介させて頂き、その後で、筆者のコメントを付け加えることにした。

18) 同上。

19) 同上。

20) ヨーロッパにおける移民の状況については、トレンハルト編著［1994］を参照。また、私たちが行った 2012 年 9 月のトレンハルト教授へのインタビューによれば、トルコからドイツへの移民の流入は、これまでの増加から減少に転換したということである。

21) なお、この問題をめぐる歴史的経緯については、松井［2010］に詳しい。参考にさせていただいた。

22) この問題については、柿﨑［2013b］を参照。

23) 河野［2005］。氏は、この問題について、2005 年の時点ではあるが、トルコの関係者がそれぞれの立場からどのように考えているのか、インタビューをもとに興味深い分析をされている。エルドアンの最近のこの発言とあわせて、客観的にこの問題を考えるときの材料として参考にしていただきたい。

24) トルコの民主化と EU 加盟をめぐる問題については、ドイツにおいても、以下のような文献がある。Mehtap［2009］。また、トルコにおけるイスラムとケマリズムの関係性については、Bekim［2004］、イスラムと世俗法治国家については、マチアス・ローエ氏の興味深い分析 Rohe［2011］がある。さらにドイツにガストアルバイターとして移民したトルコ人親子が引き起こす問題については Baykara-Krumme［2012］、より一般的に、イスラムと人権についてどう考えるのかについては Duncker［2009］、イスラム女性が抱える因習と近代社会との関係については、Windmann［2012］、および Necla［2006］がある。だが、ここで考えておかなくてはならないのは、ヨーロッパ市民が抱くトルコの EU 加盟に対する危惧は、トルコの一部を見て全体だと認識している点、およびトルコ自体の発展によって克服されつつある現実を見ていないという点の両側面から、トルコの実像とずれているということである。こういった点を考慮したうえで、もう一度考え直す必要があるように思える。

また、今回取り上げることができなかったが、英国の文献としては Rumford［2013］がある。最初 Journal of Contemporary European Studies, volum 19 に掲載された一連の論文集であるが、学際的でユニークな視点から、興味深い論点が提起されている。

最後に、トルコ人研究者による政治・経済学的研究として、Belgin and Bahri［2013］もある。EU の補助金をめぐるトルコ農業に関する分析、MENA（ミーナ）地域（中東・北アフリカ）への進出と EU との関係の分析が他の文献にない特徴が

ある。あわせて参照されたい。

25）これまでに指摘されているいくつかの問題に加えて、地震国トルコにおける原発建
　設推進の問題（日本・トルコ原子力協定）がある。福島原発事故以後の日本の状況
　をリアルに見れば、そのような意志決定がいかに時代の趨勢に逆行するものである
　かは明らかである。

参考文献

新井政美編著［2013］『イスラムと近代化—共和国トルコの苦悩—』講談社

AFPBBNews［2014］<http://www.afpbb.com/articles/-/3021035>2014 年 7 月 20 日

イアン・ブルマ［2013］「トルコ反政府デモは階級間闘争である」（世界の視点　グロー
　バル・アイ　東洋経済オンライン 2013 年 7 月 2 日）

今井宏平［2013］「第 5 章 アラブ諸国の政治変動に対するトルコの影響」日本国際問題
　研究所「『アラブの春』の将来」2013 年 3 月

岩坂将充［2008］「EU 加盟プロセスにおけるトルコの政軍関係—軍による民主化改革
　の受容とアタチュルク主義」『上智ヨーロッパ研究』2008 年 12 月 22 日

小野亮人［2008］「研究ノート　関税政策が貿易に与える影響の考察—自動車産業を例
　として—」季刊『国際貿易と投資』No.73、2008 年 8 月

柿﨑正樹［2013a］「トルコのデモと民主主義—『強権的な政府』と『民主主義を希求す
　る大衆』か？」SYNODOS JOURNAL（シノドス・ジャーナル）2013 年 6 月 25 日

柿﨑正樹［2013b］「トルコの EU 加盟問題—加盟交渉、キプロス問題、国内世論」
　SYNODOS JOURNAL（シノドス・ジャーナル）2013 年 9 月 18 日

河野健一［2005］「EU は　ボスポラス海峡を超えるか—トルコ加盟問題の考察—」『県
　立長崎シーボルト大学国際情報学部紀要』第 6 巻、2005 年 12 月 20 日

北沢洋子［2013］「『トルコの春 2013』の背後にある事実　政治・経済、そして人びと
　の思い」『日刊ベリタ』2013 年 6 月 13 日　<http://www.nikkanberita.com/print.
　cgi?id =201306131459 284>

国立国会図書館調査及び立法考査局［2007］『総合調査報告書 拡大 EU —機構・政策・
　課題—』2007 年 3 月

齋藤純［2011］「トルコ自動車産業の利点と課題」「高成長を記録したトルコの自動車産
　業と市場」JAMA 一般社団法人日本自動車工業会、2011 年 3 月号

塩地洋・富山栄子［2011］「EU 関税同盟の利を生かした輸出拠点—トルコ自動車産業
　の概括的検討」『敬和学園大学研究紀要』2011 年 2 月

D. トレンハルト編著［1994］『新しい移民大陸ヨーロッパ 比較のなかの西欧諸国・外
　国人労働者と移民政策』宮島喬他訳、明石書店

内藤正典［2013］「視点・論点 トルコとアラブの春」
　<http://www.nhk.or.jp/kaisetsu-blog/400/101681.html>

夏目美詠子［2011］「トルコ自動車産業の成長過程」「高成長を記録したトルコの自動車
　産業と市場」JAMA 一般社団法人日本自動車工業会、2011 年 3 月号

日本貿易振興機構（ジェトロ）イスタンブール事務所［2010］『平成 21 年度　トルコの
　消費市場と主要財閥』

日本貿易振興機構（ジェトロ）イスタンブール事務所、海外調査部 中東アフリカ課
　　［2012］『トルコの女性ファッション市場調査』
間寧［2002］「外圧と民主化：トルコ憲法改正2001年」『現代の中東』33、2002年7月
　　<http://hdl.handle.net/2344/514>
松井真之介［2010］「オスマン帝国の1915年『アルメニア人ジェノサイド』におけるフ
　　ランスの認知問題」編集石川達夫『2009年度研究報告書 ヨーロッパにおける多民
　　族共存とEU 多民族共存への多視点的・メタ視点的アプローチ研究』神戸大学大
　　学院国際文化学研究科付属 異文化研究交流センター、2010年3月
八谷まち子・間寧・森井裕一［2007］『EU拡大のフロンティア―トルコとの対話―』
　　信山社
吉田信美［2011］「世界からの成長期待・トルコの実相」［高成長を記録したトルコの自
　　動車産業と市場］JAMA 一般社団法人日本自動車工業会、2011年3月号
Baykara-Krumme, Helen Daniela Klaus, Anja Steinbach［2012］"Eltern-Kind-
　　Beziehungen in Einwandererfamilien aus der Türkei", *Aus Politik und
　　Zeitgeschichte*, 50 Jahre Anwerbeabkommen mit der Türkei（APuZ 43/2011）.
　　（ApuZ: Aus Politik und Zeitgeschichte はBPB「ドイツ連邦政治教育センター」
　　が発行している学術論文を掲載した冊子）
Bekim, Agai［2004］"Islam und Kemalismus in der Türkei", *Aus Politik und
　　Zeitgeschichte*（APuZB 33-34/6-8/2004）.
Belgin, Akcay and Bahri, Yilmaz（ed.）［2013］*Turkey's Accession to the European
　　Union Political and Economic Challenges* Lexington Books.
Duncker, Anne［2009］"Menschenrechte und Islam" 12. Oktober 2009.
Mehtap, Söyler［2009］"Der demokratische Reformprozess in der Turkei", *Aus Politik
　　und Zeitgeschichte*（APuZ 39-40/2009）.
Necla,Kelek［2006］"Die muslimische Frau in der Moderne", *Aus Politik und
　　Zeitgeschichte*（APuZ 1-2/2006）.
Rohe, Mathias［2011］"Islam und sakularer Rechtsstaat: Grundlagen und
　　gesellschaftlicher Diskurs", *Aus Politik und Zeitgeschichte*（APuZ 13-14/2011）.
Rumford, Chris（ed.）［2013］*New Perspectives on Turkey-EU* Routledge Taylor &
　　Francis Group.
Windmann, Antje INTEGRATION［2012］"Abschied zum Ich", *DER SPIEGEL*
　　07.04.2012.

第 3 部

「一帯一路」と
「東アジア共同体」の
現実的可能性

第 7 章

東アジア共同体の実在的可能性

── EU の新しい実験が示唆するもの──[1]

はじめに

　1997 年のアジア通貨・経済危機を契機に、「東アジア共同体 = 新たな国際的地域経済ブロック」の形成に向けての新しい動きが始まった。それは、グローバル化した資本主義が引き起こす諸問題に一国的な対処では、その処理が不可能になったことの現れであり、グローバル化した資本主義の段階において、すべての国・地域において生じる法則的現象である[2]。したがって、この現象は、東アジアに限ったことではなく、実際、EU の新しい実験を先駆として、NAFTA、APEC、AU（アフリカ連合）、MERCOSUR（南米南部共同市場）という形で新たな国際的地域経済ブロック形成の動きが見られる。だが、これらの諸矛盾はこのような新たな国際的地域経済ブロックの形成によってなくなるものではなく、その最終的解決（資本主義的矛盾の解消）は、資本主義の廃絶によってのみ可能になるものである。それゆえ、より巨視的な今後数世紀にわたるスパンで見れば、世界政府あるいは地球規模の国家なき共同社会・「理想社会」への過渡期をなす時代の始まりであるともいえる。

　そこで、ここでは、「東アジア共同体」の形成への動きに焦点をあて、それが、どのような背景の下に生まれてきたのか、その推進主体には、どのようなものがあり、その「構想」はどこまで現実化しているのか。その中で、ASEAN、中国・韓国に対して日本がなぜ遅れをとったのか、また、遅れて提出された諸構想のはらむ問題点はどこにあり、どうすればいいのかを、その先駆的な EU の新しい実験を参考にしながら考えていく。

第1節　「21世紀型不況」と「東アジア共同体」

1　アジア通貨危機を契機とした「東アジア共同体構想」の浮上

　「東アジア共同体構想」の先駆をなす構想としては、1990年、当時マレーシアの首相であったマハティールが提唱したASEANに日本、中国、韓国、台湾を加えた「アジア経済圏構想」がある。これは、ヨーロッパや北アメリカに対抗するブロック構想であったが、アメリカ、オセアニア諸国抜きの構想であったため、アメリカによって強く反対され、実現することはなかった。これは、世界銀行が1993年に出版した本のタイトルに象徴的に表されているように『東アジアの奇跡』と呼ばれた時代のことである。

　ところが、これまで順調に発展してきたアジア経済が、1997年7月アジア通貨危機を契機に深刻な打撃を受ける。タイのバーツの急暴落に象徴されるように、その国のファンダメンタルズ（基礎的経済条件）には必ずしも問題がなかったにもかかわらず、アメリカのヘッジファンドを中心とする国際的短期資本の跳梁によって、あっという間に東アジア諸国さらにはロシア・ブラジルを巻き込んだ経済危機へと発展した。「21世紀型危機」といわれるゆえんである。そして、皮肉なことに、『東アジアの奇跡』と呼ばれた時代ではなく、この危機への対応として、その中から「東アジア共同体構想」が浮上することになる。それは、この危機に際して、救済の手をさしのべたのが、アメリカでも、IMF（国際通貨基金）でも、APEC（アジア太平洋経済協力会議）でもなくアジアの一員である日本であったからである[3]。

　まず、日本は、通貨危機直後（97年8月）、「アジア通貨基金（Asia Monetary Fund＝AMF）構想」（ドル依存を脱却して国際貿易において円を使うよう呼びかけた）を提案し、通貨危機を食い止めようとした。だが、通貨危機はすべてIMFの下で対応するというアメリカ（財務省）とそれに同調した中国の反対によって挫折する。しかし、このIMFによる支援も思うようにはいかず、特に、インドネシアでは緊急援助のコンディショナリティ（融資条件）の受け入れによる燃料価格の引き上げを契機に暴動の危機（98年5月）にまで発展した。こうした中で、発表されたのが「新宮沢構想」

（98 年 10 月）であるが、それは通貨危機に見舞われたアジア諸国——インドネシア、マレーシア、フィリピン、タイ、韓国の 5 カ国——の経済困難を克服（国際金融資本市場の安定化およびアジア諸国の実体経済回復）するため、中長期の資金支援として 150 億ドル、短期の資金支援として 150 億ドル、合わせて 300 億ドル規模の資金支援スキームを用意するというものであった。山一証券が倒産するといった日本経済自体が大変な時に、このような巨額の支援を日本単独で行ったのは、東アジア地域に展開する日本の多国籍企業の蓄積基盤を維持するという日本資本主義にとっての死活的利害と絡まっていたからであるが、結果的には日本と東アジアの連帯感を強めることになった。そして、このような支援もあり、その後、数年を経て東アジア諸国は危機を克服し、再び成長軌道に乗ることができたのである。

　こうして、このような危機とそれへの対応の経験から、ASEAN を中心とする東アジア諸国は、アメリカと一定の距離をおいた危機対応のシステムを模索するようになる。そして、その中から「東アジアの地域統合の構想」＝「東アジア共同体構想」が生まれてくるのである。

　まず、ASEAN 諸国は、1997 年マレーシアの首都クアラルンプールにおいて、日本・中国・韓国の首脳を招き、非公式首脳会議を開催するが、これを契機に毎年 ASEAN+3 非公式首脳会議が開かれることになる。そして、1999 年 11 月でのマニラでの ASEAN+3 非公式首脳会議では、金融・通貨・財政問題に関する地域協力を強化することが合意され、この合意に基づき ASEAN+3 蔵相会議が開催されることになった。さらに、2000 年 5 月、タイのチェンマイで開催された第 2 回 ASEAN+3 蔵相会議では、こうした東アジアにおける地域協力のひとつの成果として「チェンマイ・イニシアティブ」と呼ばれる合意が成立する。

　この合意が成立したのは、AMF（アジア通貨基金）構想に反対した中国が賛成に回ったことが、大きいのであるが、その主要な内容は、①ASEAN+3（中国・日本・韓国）の枠組みを活用して、域内にある資本フローに関する整合性のあるタイムリーなデータおよび情報の交換を促進すること、②既に ASEAN 5 カ国（インドネシア、シンガポール、タイ、フィリピン、マレーシア）の間にある通貨スワップ網をすべての ASEAN 加盟国

を含むように強化・拡充し、ASEAN+3の間の「二国間スワップ及びレポ取極のネットワーク」を構築することによって、東アジア域内における通貨危機のような事態を予防し、対処することである。具体的には、通貨スワップ協定（ふたつの国の中央銀行が一定期間相互に通貨を預けあうことを取り決めた協定）によって、協定の相手国から国外に急速に資金が逃げ出した際、日本などが持つ外貨準備と相手国の通貨を交換する形で主に米ドルを融通し、金融危機の深刻化を防ぐことを目標にしたものである。

　この合意の時点ではすでに危機は去っており、これ以降、東アジアでは、深刻な通貨経済危機は起こっていないのであるが、それにもかかわらず、この通貨スワップのネットワークは、その規模を次第に拡大し、2006年5月現在では、総額750億ドルに達している。こうして、アジア通貨危機は、ASEANと日・中・韓3カ国を「地域的金融協力」によって結びつけ、その絆を強くしたのであるが、この絆は、次第に貿易・投資・経済援助問題などを含む「地域的経済協力」へと発展していく。近年、活発化しているFTA（Free Trade Agreement= 自由貿易協定；特定の国や地域の間で、物品の関税やサービス貿易の障壁等を削減・撤廃することを目的とするもの）および、EPA（Economic Partnership Agreement= 経済連携協定；特定の二国間または複数国間でヒト、モノ、カネの移動の更なる自由化、円滑化を図るため、水際および国内の規制の撤廃や各種経済制度の調和等を行うもの）締結の動きが、その典型的な現れであるが、さらに、現在では、単なる「東アジア経済統合」を超えた「東アジア共同体構想」の議論にまで発展している。2005年12月、議長国マレーシアの首都クアラルンプールで、第1回東アジアサミット（EAS）が開催されたが、これは当初、これまでの域内協力関係をさらに緊密にした「東アジア共同体」の構築を目標とするものとして話題になった。参加各国（ASEAN 10カ国 +3《日本・中国・韓国》とインド、オーストラリア、ニュージーランド）の思惑が異なっていたため、結果としては、ASEAN+3が「東アジア共同体」構築の「主要な手段」、東アジアサミット（EAS）は、「東アジア共同体」構築に「重要な役割を果たし得る」対話フォーラムと位置づけられることになったのであるが、マハティールの提唱から15年の歳月をかけて、東アジアは、ようやく「東アジ

ア共同体」を実現すべき目標としてかかげる段階にまで到達したのである。

2　アジア通貨経済危機からの回復と「東アジア共同体構想」の実在化

　だが、アジア通貨経済危機を契機として浮上した「東アジア共同体構想」
であれば、その危機が過ぎ去れば、この構想自体が消滅する可能性もなくは
なかったのであるが、東アジア諸国が危機から抜け出し、景気が回復してい
く中で、むしろ、この構想が現実味を帯びてきたのは、なぜであろうか。そ
れは、この構想を推進していく原動力が、単なる危機でなく、日本・韓国さ
らには中国を中心とした多国籍企業のアジア展開によって各国経済が結びつ
けられ、その各国経済間の相互依存関係の進展によって得られる巨大な利益
が予想される中で、その利益獲得の障害になっているものを取り除こうとす
る各国資本の衝動とそれを支援しようとする各国国家の意志があることを示
している。資本のグローバル化によって生まれる利益を最大限に引き出しな
がら、その矛盾によって引き起こされるリスクを最小限に抑えようとする試
みが一国的な対応では不可能になる資本主義の発展段階に達したとき、資本
主義は、「国際的地域経済ブロック」という新たな形態を取るのである。

　それゆえ、「東アジア共同体構想」を可能にする実在的諸条件は、ひとつ
は、東アジアにおける経済的相互依存関係の進展、および単なる各国間の経
済的相互依存関係の進展に限界を感じ、この限界を制限として乗り越えよう
とする諸資本の運動であり、もうひとつは、これに対応して国家を越えた共
同体を作ろうとする意志を持った国家の存在である。次にこれについて見て
みることにしよう。

第 2 節　「東アジア共同体」を可能にする実在的諸条件と
その主導権をめぐる抗争

1　東アジアにおける経済的相互依存関係の進展──経済的諸条件の拡大

　まず、東アジア地域は、その人口を見ると、2004 年、19 億 8,600 万人で、
EU 25 カ国 4 億 5,000 万人、NAFTA 4 億 2,000 万人を遙かにしのぐ地域で
ある。だが、その人口の大きさと比較すると、その経済力は人口にふさわし

い規模となっているとは言い難い。ただ、東アジアの実質 GDP 成長率を見ると、1998 年アジア通貨危機の時期の落ち込みを除けば、80 年以降、全体として 3％から 8％の高い成長率を維持し、通貨危機以後も比較的早期に回復し、03 年現在 4％の水準に達している。

　また、その世界の GDP に占める比率を見れば、1980 年の 19.7％（3 兆 4,700 億ドル）から 2004 年の 24.4％（8 兆 1,870 億ドル）へと大きく拡大している。この間の EU 25 カ国を見れば、80 年 29％（5 兆 870 億ドル）から 04 年 25％（8 兆 5,600 億ドル）、米国は、80 年 29％（5 兆 1,280 億ドル）から 04 年 30％（10 兆 3,430 億ドル）であるから、その規模からすれば、EU や米国に匹敵する経済圏が形成されつつあることは確かである。このことは、その世界の貿易（輸出総額）に占めるシェアを見ても明らかであり、80 年 14.4％（2,660 億ドル）から 03 年 24.2％（1 兆 8,470 億ドル）へと急速に拡大している。

　さらに、東アジア全体で見た購買力も過去 20 年間で 2 倍になっており、具体的な購買層となると思われる年収 3,000 米ドル以上の人口動態を見ても急速な拡大が予想されており、アジア横断的な「中間層の台頭」が顕著である[4]。

　このような、東アジアの経済的成長は、日本の ODA や外資の導入を起爆剤としてもたらされたものであるが、このことを裏付けるように、世界の対内直接投資残高の地域別推移を見れば、過去 10 年間で、1994 年 2,697 億ドルから 04 年 1 兆 1,227 億ドルへと世界からの投資受入額を伸ばしており、世界シェアも 11.5％から 12.6％へと拡大している。市場規模においては、まだまだ欧州や北米にはおよばないものの、アジア通貨危機があったにもかかわらず、東アジア地域は世界の投資を呼び込む地域として発展しつつあるのである。

　だが、注目すべきことは、その規模だけではなく、東アジア地域における経済的相互依存関係が進展していることである。それは、城内貿易シェアの推移に表れており、80 年の 33％から 90 年 42％、2002 年 54％（NAFTA 45％、EU 60％）へと急速に拡大してきている。

　ただ、経済的相互依存関係が進展しているといっても、その内部は非常に

大きな格差をかかえていることも事実である。EU の場合、2004 年前加盟国
（15 カ国）は、すべて一人あたり GDP が 1 万ドル以上の国であり、2004 年
加盟国（10 カ国）を見ても、ラトビア（4,167 ドル）以外 5,000 ドル以上で
ある。しかし、東アジアの場合、一人あたり GDP が 1 万ドルを超えている
のは、日本、韓国、シンガポールのみであり、ASEAN といっても、全体
（10 カ国）でやっと韓国 GDP に匹敵する規模である。ベトナム、ラオス、
フィリピンの一人あたり GDP は、1,000 ドル以下であり、ミャンマー、ブル
ネイにいたっては統計数値も定かでない。

　こうして、東アジア地域は、その経済規模だけでなく、域内の経済的相互
依存関係を進展させることによって、EU、NAFTA に匹敵する巨大な経済
圏となる実在的可能性を秘めた地域として発展してきているのであるが、東
アジアが、共同体となるためには、経済というレベルに限ったとしても、こ
の格差の問題を処理する必要がある。

2　日本と中国・韓国（北朝鮮）間における政治摩擦の激化
──政治的諸条件の未成熟

　こうして、東アジアは、一方で、その内部に格差を抱えながらも、各国間
の経済的相互依存関係が深まっていくという形で、経済統合の実在的諸条件
は、形成されつつあるが、他方で、国家間の政治・外交関係は、中国や韓国
での反日デモ、常任理事国入りに対する ASEAN 諸国の反対等々、最悪の
状況にある。その最も大きな理由は、A 級戦犯が合祀されている「靖国神
社」に日本の首相である小泉純一郎氏が毎年参拝を繰り返してきたことにあ
る。それは、小泉氏の行動が、東アジアの人々から見れば、単に一個人の行
動ではなく、日本の政治・外交政策を象徴するものと受けとめられているか
らである。ここに、ナチス・ドイツの過去を否定する現在のドイツの政治・
外交のあり方と日本の政治・外交政策との決定的な違いがある。そして、東
アジアにおける経済的相互依存関係の発展と政治・外交摩擦の激化という
「東アジア共同体構想」実現のための経済的諸条件と政治的諸条件とのずれ・
矛盾こそが、この構想実現にとっての現段階での最大の障害となっているの
である。

　これまで、日本は、東アジアに対して、アジア通貨危機の時だけではなく、累計1,210億ドル（1960 〜 2004 年）の ODA を供与し、域内のインフラの整備、産業高度化、人材育成等に大きく貢献してきた。このことが日本企業の直接投資ともあいまって、東アジアにおける経済的相互依存関係を促進し、「東アジアの奇跡」の原動力となってきたことは確かである。ところが、日本はこのような経済的貢献にふさわしい国際的評価を受けているとは言い難い。むしろ、近年の「靖国参拝」に象徴される小泉外交は、日・中・韓の政治的緊張をかつてなく高め、これまでに形成された経済的相互依存関係の成果を台無しにしているのである。それゆえ、日本経済の発展のためにも、このような経済的な相互依存関係に照応した国際的な政治・外交諸関係への転換が求められているのである。

3　ASEAN 主導による「東アジア共同体構想」の推進と中・韓・日の対応

　このような「東アジア共同体構想」をめぐる政治的・外交的諸状況の中で、もっとも主体的にこの構想を推進しているのが、ASEAN 諸国である。では、すべての国をあわせたとしても、GDP で韓国の経済規模にしかならないこれらの諸国が、なぜ、この構想のもっとも強力な推進主体となっているのであろうか。それは、1997 年アジア通貨経済危機に際して、これらの諸国が体験した実感——結局のところ、アメリカと IMF は東アジアのためになにもしてくれなかった——があるからであり、この実感を基礎に、グローバル化した資本主義の下では、東アジアに共同体を作ることによってしか自分たちが生き残る活路はないという政治的意思（意志）決定（決断）をしているからである。1997 年 8 月の AMF（アジア通貨基金構想）の挫折のあと、98 年 10 月には「新宮沢構想」をひきだし、98 年以降の ASEAN+3（日中韓）首脳会議の定例化を主導し、「チェンマイ・イニシアティブ」の合意へと導いていく過程の中には、明らかに ASEAN 諸国の意志が感じられるし、今回の第 1 回東アジアサミットの参加国・目標をめぐる議論の中で、ASEAN+3 こそが「東アジア共同体」構築の「主要な手段」であると位置づけたのは、このことを象徴的に表している。

　これに対して、中国も韓国もそれぞれの思惑から、この構想の推進には積

極的であり、その主導権をめぐってスピードのはやい対応をしている。特に、当初、AMF（アジア通貨基金）構想にアメリカとともに反対した中国が、「チェンマイ・イニシアティブ」においては賛成するという方針転換を行ったことは、その後の「東アジア共同体構想」の推進に拍車をかけたといえる。この間の中国の対応の早さを見れば、「東アジア共同体」の構築に対して、国家としての明確な政治的意思（意志）決定を持って臨んでいることがわかる。

　ところが、アジア通貨危機の局面で東アジア諸国に対して多大な貢献をした日本であるにもかかわらず、その後の動きを見ると明確な国家戦略の下に行動しているとは言い難い。それは、日本政府のアジア政策がアジアの一員として生きていくことと「日米同盟」を維持することとの関係が持つ矛盾を反映したものとなっているからである。

　だが、このような状況の中、中国や韓国に遅れてではあるが、日本においても「東アジア共同体」構築にむけての動きが始まった。それは、「東アジア共同体評議会（CEAC）」の設立である（04年5月18日設立総会）。この設立総会には、参与あるいは来賓として内閣官房、外務、財務、経済産業、農林水産、厚生労働、文部科学、国土交通、文化の9省庁からも13人の政府関係者がかけつけ、「官民を網羅した真にオール・ジャパンの知的プラットフォーム」というふれこみで出発した。そのメンバーを見れば、日本国際フォーラム（87年設立、03年日本政府がEAFとNEAT〈東アジア研究所連合：The Network of East Asian Think tanks〉の日本側調整窓口に指定）のほか、日本国際問題研究所、国際金融情報センター、国際経済交流財団、世界平和研究所、総合研究開発機構、日本国際交流センターなど11のシンクタンク、新日鐵、東京電力、トヨタ自動車、三井物産、住友商事、松下電産、エイベックスなど13の企業そして40人の有識者が参加する「評議会」という体制となっており、現役の政府関係者などは、名簿からはずされているが東アジア共同体評議会（CEAC）の「提言」そのものは、基本的に、歴代自民党政権の外交路線の枠組みをそのままにして、東アジア政策を拡張しようというものである。すなわち、「『東アジア共同体』形成の政策は、積極的に進めるが、これはあくまで日米同盟の堅持を前提」（「東アジア共同体構

想の現状、背景と日本の国家戦略」05年8月）するということである[5]。

　ただ、「森首相の後継となった小泉首相は、国内的な人気は抜群であったが、外交的には特色はなかった。自らの靖国神社参拝の公約を維持した結果、韓国や中国との関係は停滞したままであった」（記者発表用文書8頁）とあるように、日米同盟を前提したとしても、これ以上のアジアとの摩擦は、避けたいとの危機意識がある。これは、多国籍企業として中国をはじめとした東アジア地域に積極的に展開したいと考えている日本の財界[6]と政府との間に矛盾があることを示しており、それゆえ、靖国参拝に関する元宮内庁長官富田朝彦氏のメモ（昭和天皇A級戦犯合祀に「不快感」75年11月を最後に参拝せず）のスクープは、『朝日新聞』ではなく『日本経済新聞』（2006年7月20日付）から公表されたのである。

　特に、経済同友会は2006年5月9日、首相の靖国参拝自粛と戦争犠牲者を追悼する国立追悼碑建設を求める提言を多数決で採択した。これは日中両政府に対して「今後の日中関係への提言」をするもので、主要経済団体が首相の靖国参拝自粛を求めたのは初めてである。また、北城恪太郎代表幹事は記者会見で「中長期にわたっても参拝は好ましくない」（産経新聞2006年5月9日付）と状況が変わらないのなら次期首相も靖国参拝はすべきでないとの意思表明をしている。

　この矛盾は、政府内部にも矛盾を生み出している。経済産業省は、関係省庁（外務省・農水省）への相談抜きに「東アジアEPA（経済連携協定）構想」を発表したのであるが（06年4月）、これは「東アジア共同体」の構築をめぐる中国主導への危機感の表れである[7]。

　確かに、戦後、対米輸出をバネに急成長した日本にとって、通商交渉の最大の関心事は、日米通商摩擦の解消であった。だが、現在では、東アジアで日本にとって有利なビジネス環境を整えていくことが、通商政策の軸になりつつある。このような日本がおかれている現在の状況を見たとき、アジア蔑視・米国一辺倒の外交政策の根本的転換が求められているといえるのである。

第3節　東アジアが「真の共同体」になるための提案
—— EUの新しい実験から学ぶ——

　最後に、今後の「東アジア共同体」構想の実現にとって、私が大切である
と考えているポイントを列挙してみた。EUの出発点が「不戦共同体」の設
立にあるとすれば、このような性格を持つ共同体が世界にいくつも形成さ
れ、これが相互につながりあえば、戦争のない平和な世界の実現も不可能で
ないと思う。だが、そのためには、理想を語るだけではなく、その実現を阻
んでいる客観的な障害とそれを乗り越える実在的な諸条件が、科学的に究明
されなければならないのである[8]。

(1)　戦争なき地域共同体（不戦共同体）の設立
　　　——「東アジアを不戦共同体に」という政治的な意思（意志）決定が
　　　　経済的な発展の前提条件
　　　——東アジア地域における古い過去の清算
　　　　（日本帝国主義による植民地主義の精算／靖国問題〈日本国首相
　　　　の靖国参拝の中止〉・北朝鮮との国交回復）
　　　——東アジア歴史共通教科書をつくる（ヨーロッパ共通歴史教科書に
　　　　学ぶ）[9]
　　　——日米軍事同盟からの離脱と「憲法第9条」の堅持（反米ではな
　　　　く、脱米）
(2)　東アジア統一市場の形成
(3)　国際的な短期資本の運動の規制
　　　——「AMF（アジア通貨基金）」の設立
　　　——「アジア単一通貨」の導入（「円の国際化」の道ではなく）
　　　——国際的地域経済ブロックを越えて移動するマネーに対する地球規
　　　　模での規制（国際的地域経済ブロック間の協定——研究課題）
(4)　東アジア社会憲章——社会的欧州（Social Europe）に学ぶ
　　　地域格差、失業、移民政策、社会保障に敏感に対応した、社会的弱者
　　　を包摂し、安全と発展をともに実現していくような政策の実行——多

国籍企業の無政府的な運動の規制
(5) 地球規模での環境破壊を食い止める
　　──特に、中国の経済発展に伴う環境破壊の抑止
　　──ドイツ環境産業革命にまなぶ
　　──環境政策としての「アジア共通農業政策」
(6) 貧困（絶対的貧困・飢餓）を根絶する

注
1) 本稿は、2006年9月4日、ベルリン工科経済大学（FHTW）で行った学術講演会の日本語原稿とそのドイツ語訳（これについては、この著作が日本での出版であるため割愛した）である。当日は、テーマの珍しさもあって、多くの方々に集まっていただいた。聴衆の多くは、ドイツの大学の研究者および学生であり、日本人は少数であったので、講演会での発表では、私が、日本語の部分を要約的に話し、ドイツ語訳の部分を共訳者のカーステン・ライマン氏に通訳という形でほぼ全文を紹介してもらった。司会は、FHTW副学長のクラウス・ゼムリンガー教授（博士）にお願いしたが、手際よい司会と有能な通訳のおかげで活発な議論が展開された。
　　なお、通訳および翻訳はカーステン・ライマン氏にお願いしたが、とても立派な訳をつくっていただき、非常に感謝している。ただ、私自身の日本語の方に一番の問題があるのであるが、ドイツ語訳を拝見し、少し私の意図がうまく伝わっていない箇所があったので、ほんの少しだけ、氏の翻訳に手をいれさせていただいた。そういう訳で、氏の了解を得て、共訳という形をとってもらったが、ほとんどが氏の業績であることを付け加えておきたい。氏の略歴を紹介すれば、以下のようである。

生年月日
　　1954年10月9日生（51歳）（2006年当時）
学歴

1976年9月	ベルリンフンボルト大学　アジア学部　日本学科		入学
1981年8月	同上		卒業
1981年9月	同上　研究生		入学
1984年8月	同上		修了
1981年10月	大阪外語大学	日本文部省国費留学生	入学
1982年3月	同上		卒業
1982年4月	神戸大学大学院経済学研究科　同上		入学
1983年3月	同上		修了

学位
　　1986年7月　Dr.phil 文学博士（フンボルト大学）

職歴
　　1984 年 9 月 1 日〜 1986 年 6 月 30 日　　東独アカデミー経済史研究所研究員
　　1986 年 7 月 1 日〜 1989 年 10 月 31 日　　ベルリン経済大学 助手
　　1989 年 11 月 1 日〜 1990 年 10 月 2 日　　東独文部省国際関係部　助手
　　1990 年 10 月 3 日〜 1991 年 12 月 31 日　　ドイツ学術交流会勤務
　　1992 年 1 月 1 日〜 2005 年 3 月 31 日　　帝京大学ベルリンキャンパス　講師
なお、このドイツ語訳については、ドイツ・ベルリンの FHTW（ベルリン経済工科大学）の叢書として出版されることになった。興味ある方は、以下の文献を参照して頂ければ幸甚である。

Die reale Möglichkeit einer Ostaiatischen Gemeinschaft – Eigene Andeutung des neuen Experiments EU.（S.54 − 62）.

Jürgen Kessler（Hrsg.）*Herausforderung Globalisierung*, fhtw-transfer, Nr. 49-2007, S. Berlin, 2007.

共著 2007 年　共著者：Shoichi Ohhashi, Jan Priebe, Kichitaro Asahi, Seiji Nishihara, Hiroshi Takeuchi, Bert Warich, Brigitte Stieler –Lorenz, Klaus Jacob, Nobuchika Kaido, János Timár（A5 判　総頁数 130 頁　担当部分 54 〜 62 頁）

2）拙著『グローバライゼーションと現代の恐慌』（文理閣、2000 年 6 月）、「ユーロと新たな国際的地域経済ブロック EU の形成—新しい国際通貨「ユーロ」の誕生とその政治・経済的諸条件—」（『立命館経済学』第 53 巻第 5・6 号 2005 年 2 月）、「ヨーロッパ資本主義の現段階と EU の形成—平和なヨーロッパをめざす「古い欧州」の新しい実験—」（『日本の科学者』vol.41 No.3 2006 年 3 月）を参照。なお、拙著『グローバライゼーションと現代の恐慌』の結論部分に「東アジア共同体」の必要性を加え、独訳されたものが、ドイツ・ベルリン FHTW（ベルリン経済工科大学）の叢書として共著出版された。その内容を要約すれば、以下のようである。

　　バブルの崩壊を契機とした日本経済の 10 年にも及ぶ不況を資本のグローバリズムによって引き起こされた「21 世型危機」としてとらえ、この危機に対応する経済政策が一国主義的であるところに現在の不況長期化の原因をもとめた。したがって、その解決策のひとつとして、一国的レベルをこえた通貨・経済政策を展開している EU の新しい実験が持つ意味が検討されなければならないが、それは、日本との関係では、「東アジア共同体構想」の実在的諸条件の検討を意味することを示唆している。

Die globalisierte japanische Wirtschft und eine fur das „21.jahrhundert typische Wirtschaftsflaute" Ekkehard Sachse Hrsg. *Probleme der Globalisierung aus deutcher und japanischer Sicht* Veroffentlichung fachhochschule fur Technik und Wirtschaft Berlin

共著　2004 年 12 月　共著者：Ekkehard Sachse、朝日吉太郎、金谷義弘、西原誠司、鈴木啓之、Jurgen Kessler、上瀧真生、Karlheinz Tannert、Jan Priewe、岸田未来、丹下晴喜、八木正（A5 判　総頁数 333 頁　担当部分 45 〜 64 頁）

3）谷口 誠著『東アジア共同体—経済統合のゆくえと日本—』（岩波新書、2004 年 11 月）。

4) 経済産業省編『グローバル経済戦略 東アジア経済統合と日本の選択』（ぎょうせい、
2006 年 5 月）。

5) 東アジア共同体評議会（CEAC）「東アジア共同体構想の現状、背景と日本の国家
戦略」（2005 年 8 月）40 頁。

6) 日本の財界の東アジア戦略としては、日本経済団体連合会「活力と魅力溢れる日本
をめざして」（2003 年 1 月 1 日）がある。

7) 『朝日新聞』2006 年 7 月 25 日付。

8) EU をめぐる議論については、多くの文献にその紹介があるが、その理想だけで
なく、矛盾を孕んだ EU の現実について分析されたものとしては、以下のものがあ
る。内藤正典『ヨーロッパとイスラーム―共生は可能か―』（岩波新書、2004 年 8
月）、宮島 喬「ヨーロッパ市民の誕生―開かれたシティズンシップへ―」（岩波新
書、2004 年 12 月）、宮前忠夫「EU の危機と背景 欧州社会的モデルをめぐる闘い」
（『経済』2005 年 8 月）、浜 矩子『ユーロランドの経済学』（PHP 新書、2001 年 1
月）、羽場久美子著『拡大ヨーロッパの挑戦―アメリカに並ぶ多元的パワーとなる
か―』（中公新書、2004 年 6 月）。

9) EU の先駆的な経験としては、フレデリック・ドルーシュ総合編集 木村尚三郎監
修 花上克己訳『ヨーロッパの歴史 欧州共通教科書』（東京書籍、1994 年 10 月）が
ある。アジアにおいても、民間レベルではこのような試みがなされており、その成
果として、日中韓 3 国共通歴史教材委員会編著『未来をひらく歴史 東アジア 3 国
の近現代史』（高文研、2005 年 5 月）がある。だが、これとは反対に、戦前の日本
を肯定的にとらえる歴史教科書、藤原信勝ほか編著『市販本 新しい歴史教科書［改
訂版］』（扶桑社、2005 年 8 月）が検定に合格し、教科書として採用されるといっ
た事態もおこっている。これに対する批判としては、子どもと教科書全国ネット
21 編著『ここが問題「つくる会」教科書―つくる会新版 歴史・公民教科書批判―」
（大月書店、2005 年 5 月）があるので、参照していただきたい。

第 *8* 章

現代版シルクロード「一帯一路」構想の光と影

——アジアとヨーロッパを繋ぐ「平和の共同体」か、欧米型植民地帝国の再来か——

はじめに

　鳩山政権の誕生（2009 年 8 月）と民主党の政権公約としての「東アジア共同体」構想の明示を頂点に日本における議論が停滞していくのとは対照的に[1]、中国ではアジアにむけた外交が活発に展開され、2013 年 9 月 7 日、カザフスタンのナザルバエフ大学における習近平国家主席の演説（「シルクロード経済ベルト（一帯）」構築を提案）に始まり、10 月にはインドネシアの国会で、東南アジア諸国連合（ASEAN）と共同して「21 世紀海上シルクロード（一路）」という海上の大通路を整備しようとの提案が続き、さらに、翌 14 年 11 月に中国で開催されたアジア太平洋経済協力（APEC）首脳会議では、これらふたつをあわせた外交・経済圏構想である一帯一路（One Belt, One Road、略称：OBOR）が提唱されるにおよび、一躍世界の注目の的となった[2]。

　では、なぜこの構想が脚光を浴びたかといえば、それはまず第一に、この経済圏がカバーする地域の広さ、人口の大きさであろう。すなわち、中国西部から中央アジアを経由してヨーロッパにつながる陸の「シルクロード経済ベルト」（「一帯」）と、中国沿岸部から東南アジア、インド、アラビア半島の沿岸部、アフリカ東岸を結ぶ「21 世紀海上シルクロード」（「一路」）からなり、この経済圏に含まれる対象国は、当初約 60 カ国（2015 年での加盟国）、これに加え、ASEAN、EU、アラブ連盟、アフリカ連合、アジア協力

対話（Asia Cooperation Dialogue: ACD）、上海協力機構など多くの国際組織が支持を表明、その総人口は約45億人で、世界の約6割に相当するというこの経済圏の規模の大きさである。しかも、これまで第二次世界大戦後の世界経済を支えた欧米主導の国際通貨基金（IMF）・世界銀行（国際復興開発銀行）体制に対抗・代替するねらいがあるといわれ、それゆえ、この構想が実現すれば、欧米中心ではない、アジアとヨーロッパを繋ぐ人類史上かつてない巨大な経済圏に発展する可能性を秘めているからでもある。とりわけ、米国にとって衝撃であったと思われる。

　だが、私が注目しているのはそれだけでなく、それが「世界平和をもたらす」（習近平）としていることである。二つの世界大戦の経験から不戦共同体として誕生したEUがシリア内戦（2011年〜）を契機とする大量移民の流入と排外主義的ポピュリズム台頭で、岐路に立たされ、米国においては、オバマ大統領のあと、トランプ大統領が就任、アメリカンファーストを唱え、同じく排外主義的な言動を繰り返していた中で、アジアを起点に「世界平和」に貢献するという提唱は魅力的であり、その実現が期待されたからである。現在、米国では、トランプ政権からバイデン政権へとかわり、政策は大きく転換しているように見えるが、米中対立の構図は変わっていない。それゆえ、中国政府が、真に「世界平和」を目指す共同体を建設するということであれば、大歓迎である。

　当初、私はこの構想に対して期待を込めて見ていた。だが、事態が進行するにつれて、危惧の念を持つようになった。「中国の新シルクロード構想は、果たして世界に平和をもたらすのであろうか」と。というのは、中国は、「世界平和」に貢献すると主張しているにもかかわらず、①南シナ海で軍事的プレゼンスを増大させ、周辺諸国との軋轢をひきおこしており、加盟国との間では過剰債務問題が浮上しているからである。②また同時に、国内においては、基本的人権、言論の自由、宗教、そして少数民族の権利に対する抑圧（チベットおよび新疆ウイグル自治区）が報道され、香港に対する中国政府の一連の措置は、国際的に公約していた一国二制度を完全に裏切るものとなっている。③さらには、「一帯一路」がEUの加盟国、とりわけイタリアまで広がっていく一方で、これまでにない巨大な人流が発生し、それが引き

金になって、今回の新型ウイルスのパンデミックが引き起こされたと考えることもできるからである。ただ、これについては、人類全体として「人間中心主義」の開発政策の問題性が問われているのであるが、中国の問題でもある。

　すなわち「世界平和」とはいうものの、欧米型の開発主義にかわる新たな開発目標が明確になっておらず、「一帯一路」加盟国の間での対等平等な関係が築かれていない。そうであれば、中国は、欧米の帝国主義にかわって新たな帝国になっただけのことである。どうすれば、かつて戦前の日本が歩んだ道を繰り返さず、私たちが期待する真に世界平和を目指す中国になることができるのか、その諸条件——新シルクロードが平和の共同体になるためにも、東アジアにおいて民主主義を前提とした強固な不戦共同体が必要と考える——について考えるというのが本章のテーマである。

第 1 節　新シルクロード構想とは何か

　一帯一路（中国語読みでは、イータイイールー。英語では、One Belt, One Road、略称：OBOR と呼ばれている）とは、2014 年 11 月に中国で開催されたアジア太平洋経済協力首脳会議で、習近平中国国家主席が提唱した経済圏構想であるが、一言でいえば、アジアとヨーロッパを陸路（一帯）と海路（一路）でつなぐ物流ルートをつくって、貿易を活性化させ、経済成長に繋げようというものである。古来、紀元前 2 世紀から千年以上に渡って中国とヨーロッパを繋いだ交易ルート「シルクロード」にちなんで「現代版シルクロード」と名づけられ、李克強総理も、積極的に関係国を訪問し、各国に参加を呼び掛けている。その結果、当初、60 カ国であった加盟国が、123 カ国に増加、とりわけ、EU の中心国であるイタリアまで加盟したことは、世界に大きな衝撃を与えた（図 8 - 1）。

　これらの国に加え、ASEAN、EU、アラブ連盟、アフリカ連合、アジア協力対話（Asia Cooperation Dialogue: ACD）、上海協力機構など多くの国際組織が支持を表明しており、李克強首相は「『一帯一路』の建設と地域の開発・開放を結合させ、新ユーラシアランドブリッジ、陸海通関拠点の建設

図8－1　中国と覚書を交わした EU 加盟国

出典：朝日新聞デジタル　2019 年 3 月 27 日

を強化する必要がある」としているが、当然、この構想実現のためには、膨大な資金が必要となる。それゆえ、中国は、アジアインフラ投資銀行や新開発銀行（BRICS 銀行）、シルクロード基金（丝绸之路基金、Silk Road Fund）を創設したのであるが（図8－2）、それでも、中国の資金だけでは不十分である。そこで、欧米諸国にも呼びかけ、英国を含め、多くの国がこれに応えた。中国の狙いは、発展途上国へのインフラ支援・経済援助だけでなく、これを通じ、人民元の国際準備通貨化をも視野に入れた中国を中心とした世界経済圏を確立することだと言われているが、米国はこの構想に対して一定の距離をおくだけでなく、対抗意識を持って見ている。

中国は、アジアでのインフラ整備を支援するために 400 億ドル（約 4 兆 5900 億円）を拠出し「シルクロード基金」を創設すると表明。大陸間の陸路や海路の開発に乗り出す構えだ。交易を拡大し、周辺地域への影響力を強める狙いがあるとみられる。

-----海路のシルクロード構想　　　　━━━シルクロード経済圏

ロイター独自の計算によれば、中国の国営企業は過去 10 年で少なくとも 50 億ドルを運輸インフラに投資している。

ベルギー	アントワープ		394 万ドル～
ギリシャ	ピレウス港		6 億 2400 万ドル～
ジブチ	ジブチ港		1 億 8500 万ドル
ケニア	ラム港		4 億 8400 万ドル
	モンバサ港		6670 万ドル
パキスタン	グワダル港		1 億 9800 万ドル
スリランカ	ハンバントタ港		19 億ドル～
	コロンボ・ポートシティ		14 億 3000 万ドル
	コロンボ港		5 億ドル

出典：ロイター、新華社
（2014 年 11 月 10 日作成）

🔵 REUTERS

図 8 - 2　シルクロード構想のインフラ支援額

出典：ロイター、新華社（2014 年 11 月 11 日）。「中国提唱『新シルクロード構想』は中国圏の開拓」
（うららのラララ http://urara0225.blog.fc2.com/blog-entry-1792.html から転載）

第 2 節　新シルクロード構想の経済的背景と戦略

1　新常態（ニューノーマル）に入った中国と「一帯一路」

　それでは、なぜ、中国がこのような経済構想を提唱するに至ったのかといえば、これまでのような 2 ケタの経済成長が不可能になり、輸出が伸び悩み、国内生産設備の過剰が表面化、政府としてこの過剰生産を処理する方法を考えなければならない状況に迫られたからである。すなわち、中国資本主

義の発展段階が、かつて日本が 10％の経済成長を維持していたような高度
経済成長の時代に終わりを告げ、新たなステージ「新常態（ニューノーマ
ル）*」[3]に突入したということであり、この問題を、周辺国の開発に乗り出し
て輸出先を確保し、生産設備の過剰問題を緩和・解決しようという国家戦略
が「一帯一路」構想だったのである。これを中国の利害だけではなく、周辺
諸国の利害とからめ、新シルクロードの起点となる国内および周辺国の一体
開発の推進を、新たな成長戦略のひとつとして提起したということなのであ
る（みずほリポート　2015 年 7 月 22 日　中国シンクタンクが明かす「新シ
ルクロードの全容― 2014 年度中国商務部国際貿易経済合作研究院への委託
調査）。

　　＊新常態とは、中国経済が高度成長期を終えて中高速成長期という新た
　な段階に入っていることを示す経済用語。ニューノーマルとも訳される。
　中国国家主席の習近平（しゅうきんぺい）は、2014 年 5 月に河南（かなん）省を視察した際、「わが国は
　依然として重要な戦略的チャンス期にあり、自信をもち、現在の経済発展
　段階の特徴を生かし、新常態に適応し、戦略的平常心を保つ必要がある」
　と語った。これを受けて、「新常態」ということばは、中国のメディアに
　おいて、中国経済を議論するときにもっとも頻繁に登場するキーワードと
　なった。
　　中国経済は、1970 年代末に改革開放に転じたことをきっかけに、2010
　年までの約 30 年にわたって年率 10％に近い高成長を遂げていたが、2010
　年代に入ってから成長率が急速に低下し、2015 年から 2017 年にかけて、
　3 年連続で 7％を下回るようになった。中国政府が高度成長から中高速成
　長に移行した中国経済の姿を「新常態」と表現しており、それには、「旧
　常態」ともいうべき従来の高度成長にはもはや戻れないという認識が込め
　られている。［日本大百科全書（ニッポニカ）「新常態」の解説　関志雄　2018
　年 4 月 18 日］

当然、そうなれば、周辺諸国のインフラ建設にかかわる膨大なインフラ需
要が生まれるが、周辺諸国にはそれを可能にする資金あるいは資本の蓄積が
存在しない、もしくは不十分である。そこで、これら周辺諸国において生ま
れてくる潜在的な資金需要・資金調達の必要性に応えるものとして、アジア

開発投資銀行（AIIB）（2015 年 12 月発足、2016 年 1 月開業、中国財務省所管。図 8 - 3）、シルクロード基金（丝绸之路基金、Silk Road Fund　2014 年 12 月開設、中国人民銀行所管）を創設したのである。同時にこれと並行して、「新開発銀行（New Development Bank)」も創設されるが、これは、BRICS（ブリックス）とよばれるブラジル、ロシア、インド、中国、南アフリカ共和国の新興 5 カ国が運営する国際金融機関（略称 NDB）で、アジア、アフリカ、中南米など開発途上国のインフラ整備のための融資を目的としている。だが、すでに、「はじめに」のところで指摘したように、この融資システムには、第二次世界大戦後の世界経済を支えた欧米主導の国際通貨基金（IMF）・世界銀行（国際復興開発銀行）体制に対抗・代替するねらいがあるといわれ、米国はこれに警戒感を隠さない。トランプ政権下のペンス副大統領は、対抗心をあらわにし、2018 年 11 月にあったアジア太平洋経済協力会議（APEC）では、「アメリカは、各国により良い選択肢を提供できることを知って欲しい」と発言、中国の「一帯一路」ではなく、アメリカが提唱する「自由で開かれたインド太平洋」構想に参加するよう呼びかけ、「一帯一路」と同様、道路や鉄道、パイプラインの建設などに約 600 億ドル（約 6 兆

図 8 - 3　AIIB 参加表明国・地域（2015 年 3 月 31 日時点）

出典：榊原英資「アジアインフラ投資銀行にどう対応するか」（朝日新聞 DIGITAl　論座）
2015 年 4 月 14 日　https://webronza.asahi.com/S2010/upload/2015041400001_1.jpg

6千億円）支援することを表明した（朝日デジタル「中国『一帯一路』、参加国なぜ増える？　欧米諸国に衝撃」軽部理人、2019年3月27日）。

　このスタンスについては、バイデン政権でも変わっていない。日本政府の立場は、条件付きでの協力である。2019年3月25日、安倍晋三首相（当時）は参院予算委員会で「一帯一路」への参加について問われ、「インフラの開放性、透明性、経済性、（融資）対象国の財政健全性など四つの条件を採り入れているのであれば、協力していく。全面的に賛成ということではなく、（四つの条件などを）やっていくことで、お互いより良い地域を作っていこうということだ」と答えている。

　もともと、安倍首相（当時）は、「自由で開かれたインド太平洋」戦略（2008年8月インド議会で演説、2016年8月、第6回アフリカ開発会議で、改めて表明。その後、「構想」と修正）の提案者でもあり、「一帯一路」に対抗する戦略として、米・豪・インドを結びつけたのであるが、「一帯一路」をビジネスチャンスとして生かそうとする財界の要望と日中関係の一定程度の改善のなかで、当初の「対抗」戦略としての意味合いを後退させ、米国との妥協をさぐる戦略＝構想に変更したと考えられる。現在、ウイグルの人権問題、香港における基本的人権・市民的自由の抑圧への対抗からバイデン政権は、政治的には、中国政府との全面対決（民主主義か独裁か）に踏み込んでおり、再び日本の立ち位置が問われることになろう。日本としては、経済的連携と政治的主張を明確に区別し、非暴力・平和の原則（憲法第九条）を堅持しつつ、米国に対しても中国に対しても、「言うべきことは、はっきりと言う」というスタンスで、軍事介入・人権抑圧等の動きに関しては、紛争解決の手段として絶対に暴力を使わない形の解決の仕方を提示することが必要だと考える。

2　経済成長持続のための資源・エネルギー源および安全な陸上・海上輸送路の確保

　こうして、まずは陸路のインフラ整備から始まり、次に、海上シルクロードの港湾建設、そして、その二つのルートを繋ぐ経済回廊の建設へとすすめられているが、なぜ、中国がこれらの建設を急ぐかといえば、それは、資

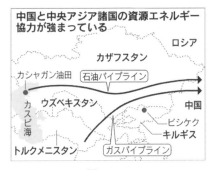

図8－4
中央アジアとの天然ガス・
石油パイプライン

出典：日本経済新聞　2013年9月13日
https://bogoda5445.exblog.jp/21294913/

図8－5
ヨーロッパへの陸路輸送と時間短縮

出典：日本経済新聞　2013年6月11日

源・エネルギー源の確保のためである。この間、中国が急速な経済成長を遂げたため、経済成長に資源確保が追い付かず、資源の国内調達が難しくなったこと、それゆえ、引き続き経済成長を続けようとすれば、国外からの資源確保が必須になったということである（資源輸出国から資源輸入国への転換）。当然のことながら、その資源は国外から輸入せざるを得ず、その際、資源調達のための陸上および海上輸送ルートの安全性を確保することが最も重要な課題となったということである。とりわけ、エネルギー資源の確保については、天然ガス・石油パイプラインの建設が枢要であり、中央アジア（図8－4）だけでなく、ロシアとの合意も形成されている。そして、この資源輸入ルートの安全性が確保されれば、次には、これらの資源を使って生産された製品の輸出ルートの確保と輸送時間の短縮が問題となるのであり、これについては、とりわけヨーロッパへの輸送に関して、複数のルートが開発され、すでに大量輸送が始まっている（図8－5）。

　もちろん、資源調達のための陸上および海上ルートの輸送の安全性を確保することは大切なことであるが、気をつけなければならないことは、そこから、テロ対策の名の下、周辺国との軍事・政治同盟の形成へと進み、さらには、軍事力を背景とした領土拡張まで進んでいこうとする傾向が見られるこ

とである（後述）。また、資源確保を最優先の課題としたために、たとえ、その資源保有国が独裁国家であったとしても、かまわず、その国から輸入するということになり、結果として、独裁政権を支え、これが、世界の民主主義の発展にとってひとつの阻害要因となっていることも注意しておかなければならない。なぜなら、最初に掲げた「世界平和に貢献する」という現代版シルクロード構想の理念に背反するということになりかねないからである。

第3節　新シルクロード構想の理想と現実

1　過剰債務の「罠」と中国への依存・協力の継続

　2018年で、習近平国家主席による現代版シルクロード「一帯一路」構想の提唱（2013年カザフスタンのナザルバエフ大学での講演）から5年になる。これまで、この構想は、その実現にむけて、大規模なインフラ輸出が進められ、中国の過剰資本の解消と周辺諸国のインフラ開発による経済発展を同時にすすめるwin-win関係として中国国内では理解されてきた。だが、ここにきて、様々な問題が噴出し始めた。そのひとつが、過剰債務問題である。「一帯一路」は、返済能力のない諸国に仕掛けられた「債務の罠」ではないかとの懸念が海外のメディアを中心に世界中に広がり始めたのである。

　その最も典型的な例がスリランカのハンバントタ港をめぐる過剰債務問題である[4]。2017年7月、ハンバントタ港の運営権が99年間にわたり、中国国有企業招商局港口にリース（租借）されることに決まった。なんと、中国からの借金の返済に行き詰まったスリランカ政府が中国企業にハンバントタ港の運営権を譲り渡したというのである。このニュースに衝撃を受けたのは、私だけではないだろう。欧米の植民地支配に苦しんだ中国がまさかそんなことをするはずがないと思っていたからである。これより20年前の1997年、香港は英国から中国に返還された。この時も私は、少なからず驚きを隠せなかった。当時、私は英国に留学中で、確かに中国から「租借」したものだから、中国に返還する時がやってくることは頭の片隅ではわかっていたのであるが、心の中では、実際に返還されるとは思っておらず、正直なところすっかり忘れていたからである。そういう帝国主義の支配に対して無批判で

無知な自分に恥ずかしさを覚えたことは確かであり、まさか、その瞬間を私が生きている時代にこの目で見ることになるとは思ってもみなかったのである。とにもかくにも「大英帝国・UK（連合王国）」が中国の主権を蹂躙して、香港を99年もの間租借しつづけていたことには本当に驚いた。だが、今回、もっと驚いたのは、英国が植民地帝国として君臨していた時代から100年以上の時が流れ、植民地からの独立があたりまえになっている現代において、差別も抑圧もない平等社会をその実現目標として掲げる「社会主義」・中国が、借金が返せないからといってスリランカから港湾の運営権を99年にも渡って租借するような理不尽なことをしていいのだろうか、ということであった。これでは、「大英帝国」が香港を99年租借した植民地帝国の時代と変わらないではないかと。そこで、なぜ、このようなことになったのか、少し見てみることにしよう。

　まず、スリランカはいきなり「債務の罠」に陥ったわけではない。2009年5月19日、マヒンダ・ラージャパクサ大統領（当時）は、LTTE（タミル・イーラム解放の虎）との間で26年間、内戦状態にあった戦闘の終結を宣言する。すでに、内戦終結の前後から、スリランカ政府は、最終的に内戦を終結させるため、戦闘を終結させるだけでなく、戦後復興を実現するための国家プロジェクトを計画し、その資金需要の担い手を探していた。そこにまず名乗りを上げたのが中国であった。この当時は、スリランカが持つ戦略的重要性に着目する国は、ほとんどなく、「一帯一路」構想も、「真珠の首飾り」といった言葉さえ、問題になっていない時代であった。それゆえ、スリランカ政府としては、中国政府からの資金提供の申し出は願ってもないチャンスだったということになる。しかも、スリランカ政府軍は、内戦の最終局面で、中国人民解放軍とパキスタン軍の大々的な軍事支援を受けており、この26年間で7万人以上の犠牲者をだした内戦——シンハラ人（74.9%、仏教徒）とタミル人（15.3%、主にヒンドゥー教徒）の対立——を終わらせ、スリランカ・ムーア人（9.3%）をも含む2,000万人の人口を持つ多民族国家の平和的な発展を願う国家再建計画について、誰も反対するものはなく、世界は希望に満ちた目でスリランカの将来を見つめていたのである。

　ところが、実際にこのプロジェクトが始まってみると、スリランカは、採

算が取れるはずがないプロジェクトを中国から押し付けられ、返済に窮してしまうという過剰債務の「罠」にはまっていたことが次第にわかってくる。それは、佐野淳也氏（日本総合研究所　調査部主任研究員）の分析[5]によれば、以下のようである。

　すなわち、問題となったハンバントタ港の第一期工事が完成したのは、「一帯一路」構想が発表される2013年より少し前の2010年のことである。だが、その資金の借入先の大半は中国輸出入銀行からであった。スリランカ政府は、港湾使用料を返済財源として見込んでいたものの、同港は「数日に1隻程度」しか利用されず、返済のめどが立たなくなってしまったのである。6.3％に設定された金利も、大きな負担となっていた。そこで、スリランカ政府は、事態打開のため、中国側との交渉を進めたのであるが、港湾運営会社の株式の70％を中国の国有企業に99年間貸与する契約を結ばされ、しかも、その代金約11億ドルを返済に充てるという結果になってしまったのである。こうして、スリランカは、港の運用の主導権を長期にわたって失うとともに、今後も80億ドル以上とされる債務を返済し続けなければならなくなったのである。

　では、なぜスリランカ政府は、中国とこのような契約を結ぶことになったのか。それは、①ひとつには、内戦終結の最終局面での、中国からの軍事援助によって中国—スリランカ政府間の人的ネットワークが形成されていたこと、②もうひとつには、内戦終結後、これまで形成されてきた人的ネットワークとりわけ中国と当時の大統領マヒンダ・ラージャパクサおよびその一族との親密な関係を基礎に一族への資金提供が行われたからであろう。スリランカ側が、このプロジェクトが最初から採算が合わないことを予想したうえで、契約したとは思われないが、その後展開される一帯一路のプロジェクトが同様の構造を持っており、結果として、過剰債務をつくりだしていったという事実を見れば、マヒンダ・ラージャパクサ大統領とその一族は、一族の利益と繁栄のために、国家の未来を中国に売り渡してしまったともいえるのである。この点（②）については、ニューヨークタイムズ2018年6月25日付の衝撃の記事についての荒井悦代氏による紹介がある[6]。確かにマヒンダ・ラージャパクサ大統領は、内戦を終結させた国民的「英雄」ではある

が、その威光は、個人的なあるいは一族の利害に使うべきではなく、もっと普遍的・長期的見地から、スリランカの未来のために使われるべきだったと思われるのである。

だが、さらに問題であるのは、「債務の罠」と同時に、中国・スリランカ両政府による「ハンバントタ港の軍事利用」の危険性である。これについても荒井氏が指摘するように、両国政府の再三の否定にもかかわらず、実は、中国政府自身が求めてきたことであり、スリランカ政府の役人もこの港の戦略的重要性を十分に知ったうえで、契約が結ばれたのである。

こうしてスリランカの過剰債務問題が浮上するなか、他の国もそういう問題が起こっているのではないかとの懸念が広がり、調査もされている。その結果、債務リスクの高い国（極めて脆弱）として、ジブチ、キルギス、ラオス、モルディブ、モンゴル、モンテネグロ、パキスタン、タジキスタンがリストアップされ、この「一帯一路」プロジェクトを受け入れた国で、その計画に対する反発とも絡んで政権交代がおき、見直しの動きもでていることも明らかになっている。マレーシア、パキスタン、モルディブがそうであるが、とりわけ世界中から注目を浴びたのは、マレーシアである。

すなわち、一度は政界から引退したマハティールが政界復帰・再登場し、前ナジブ政権下での放漫財政の下で広がった「30件を超える」といわれる「一帯一路」プロジェクトのうち東海岸鉄道および二つのパイプラインを即時停止したのである。2018年8月の李克強首相との共同記者会見では、「新たな植民地主義は望まない」と発言し、「一帯一路」を牽制したことは記憶に新しい。だが、さらに重要なのは、これでマレーシアが「一帯一路」のプロジェクトから離脱したわけではないということである。習近平国家主席との会談で、マハティールは、「一帯一路」への支持を表明し、さらに共同声明では、両国が、インフラ、電子商取引、イノベーションといった分野での協力を積極的に促進することを確認している。過度の債務は抑制しつつ、「一帯一路」を自国の発展に結びつけたいというしたたかな意図を感じさせられる。

実は、スリランカでも中国への反発から政権交代がおこっている。大規模プロジェクトをめぐる汚職、過度の中国依存が問題となり、マヒンダ・ラー

ジャパクサは 2015 年 1 月 8 日の選挙で敗北し、中国との蜜月状況を打開し
ようと登場したマイトリーバーラ・シリセーナ新大統領（当時）が誕生した
のである。だが、この政権も中国政府との関係を断ち切ることはできず（ス
リランカ側は中国に債務の返済延期などを求めたが、中国側は聞き入れな
かった）、前政権時代にすすめられたロータス・タワー、マッタラ・ラー
ジャパクサ国際空港、ハンバントタ港、コロンボ・ポートシティ・プロジェ
クト（現在の名称はコロンボ国際金融シティ、CIFC）は継続され、スリラ
ンカの国家債務は、「完済までに 400 年もかかる」（2018 年時点。インドの
メディア「ポストカード」）といわれるほど危機的であり、前政権時代と事
態は変わらなかった（2017 年時点でスリランカの名目 GDP は 871 億ドル、
それに対して政府の対外債務は 310 億ドル）。

　現在、スリランカは、2019 年の大統領選挙で勝利したゴーテーバヤ・ラー
ジャパクサが大統領に就任、兄のマヒンダ・ラージャパクサ元大統領を首相
に任命、「親中派」政権に回帰した。同じ中国依存といってもマレーシアの
マハティール前首相とは対照的な政治姿勢である。

　では、「債務トラップ」という世界のメディアからの批判に対して中国は
どのような対応をしているのであろうか。習近平国家主席は、このような批
判には動ぜず、引き続き、「一帯一路」構想を推進していく考えのようであ
る（一帯一路 5 周年記念座談会演説）。ただ、実務レベルでは「改善への取
り組み」を行っており、対外債務超過リスクを軽減する制度作りが提案され
ている。とりわけ、財政部は、2017 年 5 月開催された「一帯一路国際協力
ハイレベルフォーラム」において「一帯一路（資金調達）指導原則」を提案
し、26 カ国の財政部門とともに、債務の持続可能性を考慮することを確認
しているのである[7]。

　これら一連の経緯を考察した時、経済的には、ニューノーマル（新常態）
の段階に入った中国国内の「過剰生産」が「一帯一路」構想を媒介として、
周辺国の「過剰債務」に転化していると見ることができる。だが、これは、
かつて米国がヨーロッパの復興に対しておこなったマーシャルプラン（反共
を前提した援助政策）の中国版であるとみることもできるのではないだろう
か。もともと、「一帯一路」構想は、米国主導の「環太平洋経済連携協定」

（TPP）への対抗戦略＝新たな経済圏の構築という性格を強くもつものとして登場した。だが、オバマ政権のあと、トランプ政権がTPPを離脱することによって、当初の意味を失ったといえる。そこで、新たな国際協力枠組み（世界平和への貢献）という考えを前面にうちだし、関連政策を整えるという形で進めることになったのであるが、果たしてこの構想が「世界平和」に繋がるのかということこそ問われているのである。そこで、次に、この側面について考察することにしよう。

2　「一帯一路」構想と上海協力機構──テロ対策＝人権抑圧

「一帯一路」構想が世界に向けて最初に公表されたのは、カザフスタンのナザルバエフ大学であったことを覚えているだろうか。なぜ、カザフスタンなのかと疑問に思われたかも知れない。実は、新疆ウイグル自治区が陸のシルクロードの西にむけての出口であれば、その入口がカザフスタンであり、この地域が現代のシルクロードの建設にとって、決定的な重要性をもつということは理解されるであろう。

　カザフスタンとウイグル、名前も違えば、国も違うので、両者には何のつながりもないと思われるかもしれない。だが、少し調べてみるとこれら二つの地域の住民・国民は、歴史的に見れば、ウイグル語・チュルク語系の言語を話す同一民族・兄弟民族であり、多くの人々がイスラム教を信仰する人々であることがわかってくる。しかも、ソ連が崩壊する前から、この地域に住む人々は、国境を越えて行き来していたのである。ところが、9.11以降、イスラム教徒をめぐる世界の状況は一変し、イスラム教徒をみればテロリストとみなされるようになる。いわゆる「イスラム・フォビア（嫌悪）」である。とりわけ、多くの人々がキリスト教を信じる欧米の先進国ではそうであった。だが、ロシア・中国でも、テロリスト対策の名のもとに、取り締まりが強化され、とりわけ中国では、罪もないイスラム教徒が強制収監され、国家反逆罪として処罰されるようになったのである。そして、そのターゲットとして最も厳しい人権抑圧にさらされているのが、新疆ウイグル自治区に居住するイスラム教徒なのである[8]。

　ところが不思議なことに、ある時を境に同じ民族的ルーツを持ち、同じ系

統の言語を話し、同じイスラム教を信じる人々であるにもかかわらず、国境のこちら側と向こう側で全く異なる扱いを受けるという状況の変化が生じた。それは、9.11を遡ること10年ほど前におこったソ連の崩壊である。というのは、カザフスタンに住む人々は、ソ連の崩壊によって、1991年12月独立を勝ち取り、彼らの信じる宗教や文化を復活させることができたからである。国名もカザフ・ソビエト社会主義共和国からカザフスタン共和国へと改称した。カザフスタンの住民構成は、カザフ人63.1％、ロシア人23.7％、ウズベク人2.9％、ウクライナ人2.1％、ウイグル人1.4％、タタール人1.3％、ドイツ人1.1％、その他4.5％となっている。この住民構成を見ればわかるように、ロシア人、ウクライナ人、ドイツ人のヨーロッパ系（26.9％）以外は、イスラム教を信じ、チュル語系統の言語を話すアジア系の兄弟民族（68.7％、約7割）である。ところが、中国政府は、この両地域が同じイスラム教徒多数派の地域であるにもかかわらず、カザフスタンとは、国家として「一帯一路」の協定を交わし、友好関係を保ちながら、国内にいるウイグル人には徹底的な弾圧を加えているのである。しかも、アムネスティ・インターナショナル等の報告によれば、100万人近いウイグル人が「教育キャンプ」の名の下、強制収容されているというのである。

　一度イスラム教徒である人々と会話をしてみた経験のある人なら、彼ら、彼女らが、私たちと同じ人間（ホモ・サピエンス／同じ人種）で、テロリストなどとはゆめゆめ考えられない「普通のひとびと」であることはすぐにわかるはずである。

　米調査機関ピュー・リサーチ・センターによれば、世界の宗教は、キリスト教、イスラム教、ヒンズー教、仏教、ユダヤ教、伝統宗教、その他宗教、無信仰の8つに大きく分類され、2010年時点で、キリスト教徒は約21億7千万人、イスラム教徒は約16億人で、それぞれ世界人口の31.4％と23.2％を占めている。4人に1人はイスラム教徒ということになる。9.11以後、「イスラム・フォビア」が蔓延したが、少し冷静に考えれば、16億人にものぼるイスラム教徒がすべてテロリストのはずもなく、テロや紛争が起こる前は、多くの人々が宗教は違っても隣人として暮らしていたことが報告されている。イスラム教徒をテロリストとみるのは、明らかな偏見である。

　では、なぜ、同じ民族的ルーツを持ち、同じ宗教を信じる人々でありながら、中国国内では徹底的に弾圧され、国境を越えた向こう側では、友人として優遇されるのか。論理的に首尾一貫していないし、明らかに矛盾している。中国政府は、ウイグル人の何を恐れているのだろうか、なぜ彼らが弾圧されなければならないのだろうか、ウイグル人の友人を持つ私としては全く理解できない。ただ、このような弾圧＝取り締まりを正当化する理由として中国政府が持ちだしているのは、彼らが、「陸上シルクロード」周辺地域における安全を阻害する三勢力——テロリスト組織、分離独立運動組織、宗教過激派組織——だということである。確かに、もし、これら三勢力によって、「一帯一路」の陸のルートが切断されれば、中国もしくは周辺諸国は甚大な被害を受けることになる。それゆえ、もし、これら三勢力がテロや破壊行為を行っているということであれば、これに対する取り締まりを強化するということも理解できないわけではない。たとえば、アサド政権下のシリア、米軍撤退前のアフガニスタンにおける政府軍とタリバンと IS との三つ巴のような戦闘・殺戮行為が日常茶飯事となっているような事態は何としても避けなければならない。そこで、中国政府としては、国内においてこれら諸勢力に対する取り締まりを徹底するだけでなく、中国の主権がおよばない国境の向こう側にまで、影響力を行使すること（取り締まり）を可能にする機構が必要とされたのである。そして、この国境を越えた監視機構の役割を果たすものとして期待されているのが、上海協力機構なのである。上海協力機構は、「一帯一路」構想の発表当初からこれに支持を表明しているが、その理由はここにあったのである。

　そこで、もう少し上海協力機構について、その設立経緯を含めて見てみよう。

　この機構の前身は、旧ソ連崩壊・独立国家共同体（CIS）の創設（1991 年 12 月）で生じた空白を埋め、中国と中央アジア各国の国境周辺での緊張関係を解決するために、1996 年、上海に集まった中国、ロシア、中央アジア 3 カ国（カザフスタン、キルギス、タジキスタン、その時ウズベキスタンは参加せず）の 5 カ国によって設立された上海ファイブ Shanghai Five にあるが、2001 年にウズベキスタンを加えた 6 カ国で憲章を採択し、正式に上海

協力機構として発足したのが始まりである（図8−6）。上海という名がついているが、事務局は北京に置かれ、毎年加盟国の持ち回りで首脳会議を開催している。2013年、モンゴル、インド、パキスタン、イラン、アフガニスタンが準加盟国（オブザーバー）となっていたが、その後（2015年）、インド、パキスタンは正式加盟している（図8−6は2013年段階）。

　上海協力機構は、当初から、国境周辺での緊張緩和という目的と同時に、米国への軍事的対抗（NATO拡大への抵抗）という側面も持っていた。だが、2001年9月に起きた同時多発テロ以降、イスラム過激派対策、テロ防止、麻薬対策などに協力の重点を移し、テロ対策で、米国と一定の協調関係が生まれた時期もあったが、現在は、再び対抗関係に回帰している。これら諸国を取り巻く状況を見れば、武装勢力タリバンの拠点があるアフガニスタン、パキスタンに隣接するほか、域内に新疆ウイグル自治区の分離独立運動、チェチェン紛争を抱え、これら諸勢力の取り締まりには共通利害を持っているために、次第に地域安全保障に向けた路線をとるようになり、2007年には加盟国による初の軍事演習も実施され、その後も継続されているので

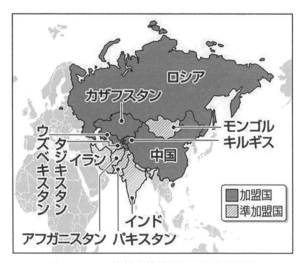

図8−6　上海協力機構加盟国と準加盟国

出典：SankeiBiz（サンケイビズ）2013年10月12日　【佐藤優の地球を斬る】
https://www.sankeibiz.jp/smp/express/news/131012/exd1310121030001-s.htm

ある。最近では、協力の枠組みが経済分野に拡大されているが、それは、特に、中央アジア・カスピ海周辺には膨大な石油・天然資源が埋蔵され、戦略的重要性を持っているからである。

　さらにその後、この機構は拡大を続け、ベラルーシが準加盟国になった他、対話パートナーという新たな制度もつくられ、スリランカ、トルコ、アゼルバイジャン、アルメニア、カンボジア、ネパール、エジプト、サウジアラビアといった国々がそのメンバーとなっている。これとは逆に、米国との関係は、当初の関係に逆戻りし、9.11 以降テロ対策として、一度はキルギス、ウズベキスタンに置かれていた米軍基地も、2005 年 7 月同機構首脳会議が中央アジア駐留米軍の撤退期限の設定を求め、ウズベキスタンは米国に基地提供拒否を正式に通知している。このように、上海協力機構は、その時々の国際情勢にあわせて、その性格を微妙に変化させてきたのではあるが、現在のところ、「一帯一路」と一体となり、その推進機構となっているのは、明らかである。

　これまで見てきたことからもう一度ウイグル人だけがなぜ弾圧されるのか考えてみよう。確かに、テロリストや宗教過激派組織が取り締まりの対象になるのは、理解できる。だが、それをイスラム教徒一般に適用するのは間違っている。何より理解できないのは、平和的な分離独立運動組織がなぜ弾圧の対象になるのかということである。民族の独立・民族自決権は、国際的に認められた固有の権利である。英国の EU 離脱の前に、スコットランドの英国からの離脱をめぐって住民投票がおこなわれたが、少なくとも EU および英国内では、暴力を使わない限り、分離独立運動やその組織が弾圧の対象になることはない。しかし、中国国内では、分離独立運動だけではなく、非暴力の民主的な方法で、「高度な自治」をもとめる運動でさえ、国家反逆罪として弾圧の対象になっているのである。チベットにおける「高度な自治」を求め 1989 年ノーベル平和賞を受賞したダライ・ラマは、インドに亡命をしたまま、未だに帰国できずにいる。実は、新疆ウイグル自治区は、短期間ではあったが、かつて「東トルキスタン」として独立した経験があり（1933 年に東トルキスタンイスラム共和国、1944 － 46 年に東トルキスタン共和国）、中国政府はこれを恐れているのは、確かであろう。そこで、カザフス

タンをはじめ、周りのイスラム教徒が多数派で、チュルク系の言語を話す民族を懐柔することによって、この運動が中国国外の運動と連携するのを阻止し、中国内部での分離独立運動を抑え込もうとしているのである。「一帯一路」構想の対外的公表の出発点がカザフスタンであったのには、このような意味があった。すなわち、これらの三勢力の組織の撲滅は、テロ対策の名のもとに、実際には、たとえ非暴力であったとしても、中国政府にとって都合の悪い見解、民族の自決を主張するような勢力・政治的反対派を抑圧する口実として利用されてきたといえるのである。今、中国で問題になっている事態は、このような政治的弾圧・宗教弾圧を遥かに超えており、ナチス・ドイツの時代を彷彿とさせるようなウイグル人そのものに対する「ジェノサイド」である。政治的主張とは全く関係なく、「ウイグル人であることそのものが罪」とみなされ、教育キャンプという名の「強制収容所」に収容され、その数は100万人ともいわれている。最初にこれを問題にしたのは、トランプ政権下の米国であるが、2020年超党派の支持を得て、「ウイグル人権法案」は可決、6月17日トランプ大統領も署名し成立した。今後「一帯一路」の拡張、とりわけヨーロッパへの拡張をめぐって大きな問題となってくるはずである。なぜなら、ヨーロッパ諸国は、民主主義を前提としているからである。

　他方、スリランカのハンバントタ港の「軍事利用」のところでも少し見たように、「海上のシルクロード」周辺地域における領土問題もまた、もうひとつの焦点として浮上しつつある。最初は、この問題は「棚上げにする」との了解があったのであるが、実際には、中国が、関係諸国との合意なしに、南沙諸島埋め立て、滑走路を建設し、これを既成事実化しており、その「軍事利用」が懸念されているのである。

　私は、「一帯一路」がアジアとヨーロッパを繋ぐ「平和の共同体」となってほしいと願っていたのであるが、現在のところその方向にはむかっていない。とても残念なことである。

3　新型コロナの感染爆発と人間中心主義の開発政策からの脱却の必要性

最後に新型コロナと「一帯一路」との関係を見ておきたい。今回のパンデ

ミックの始まりは、雲南省のコウモリと共生していたウイルスにあると言われているが、なぜ、そんな中国の奥地にひそんでいたウイルスが世界中に広まることになったのか、疑問に思われる方も多いのではないだろうか。私もずっと疑問に思っていたのであるが、調べていくうちに、ミャンマーとの経済回廊の中国側の出発点が雲南省であることがわかった。次に掲げる地図（図8－7および8－8）は、石田正美氏作成によるものであるが、この地図を見ればわかるように、陸のシルクロードと海のシルクロードを繋ぐ経済回廊として高速道路・鉄道建設がなされており[9]、武漢ウイルス研究所、米国国立衛生研究所（NIH）による同研究所への資金提供等、今後もさらなる調査が必要であるが、私は、これがひとつの契機となって、感染爆発が始まったのではないかと考えているのである。だが、これについては、中国だけの問題ではない。このような開発は、これまで欧米諸国が行ってきたことで、このような開発を繰り返している限り、また、次のパンデミックが起こる可能性がある。私が問題にしたいのは、欧米に対抗するはずの中国が、欧米の開発モデルを踏襲していることである。現在問われているのは、欧米型の開発戦略の開発政策の問題点＝人間中心主義の環境破壊型の開発政策をどうすれば克服できるのかということなのである。

　中国─ミャンマー経済回廊は、アウン・サン・スー・チー国家顧問が、2017年12月1－3日に北京を訪問した際、習近平国家主席との間で合意された「一帯一路」構想の一部であるが、この構想は、中国・雲南省の昆明とミャンマー最大の都市ヤンゴン並びにベンガル湾に面するラカイン州チャオピューの約1700kmの区間を鉄道と高速道路で結ぶもので、中国側はすでに険しい山岳区間に高速道路を通している。だが、問題は、ミャンマーの側での道路建設で、中国と同程度の高速走行を実現しようと思えば、多額の資金が必要になり、中国から借款を受けるミャンマー政府には、巨額の債務がのしかかる可能性があり、いわゆる「債務の罠」に陥る危険性を孕んでいる。しかも開発当初には、予想もしなかった新型コロナのパンデミックが広がっているのである。

　中国の「社会主義市場経済」の実験は、沿海部からはじまり、資本主義経済への移行に「成功」し、中国における豊かな地域が誕生した。だが、それ

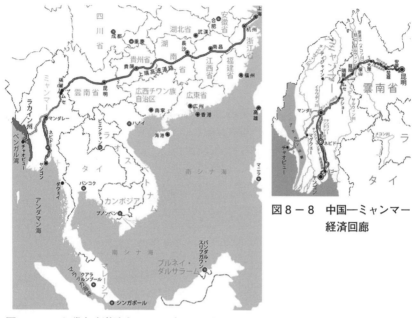

図8－8 中国―ミャンマー
経済回廊

図8－7 上瑞高速道路とチャオピューの位置関係

出典：石田正美「試される一帯一路『債務の罠』の克服——中国―ミャンマー経済回廊の建設状況
　　　から考える」（IDE-JETRO　日本貿易振興機構（ジェトロ）アジア経済研究所、世界を見る
　　　眼、2019 年 7 月）

　によって拡大した沿海部と内陸部との経済格差を埋めることが中国の国内問
題としては次の重要課題として浮上している。そこで雲南省がその開発の重
要拠点のひとつとして位置付けられることになったのである。他方、中国周
辺の諸国との関係では、「成功」した中国を見て、私たちも豊かになりたい
と中国政府がすすめる周辺諸国のインフラ建設に期待をかける。誰にでも豊
かになる権利はあり、開発途上国における経済状態をどのようにして改善し
ていくのかは、世界的な課題であり、SDGs が掲げる目標でもある。
　だが、新型コロナの感染爆発を見るにつけ、これまでの人間中心主義の開
発政策は根本的に改めるべきではないか、と考えるようになった。古代シル
クロードの終着点は、ローマであり、今、EU の主要メンバーであるイタリ
アまで「一帯一路」に正式加盟することになったが、そのヨーロッパでの最

初の感染爆発がイタリアで始まったことを思い起こしてほしい。従来型の人間中心主義＝環境破壊型の開発政策がひとつの限界に逢着しているのである。

　私たち人類は、新型コロナのパンデミックを通じて、これまでの人間中心主義の開発の在り方を根本的に見直すよう迫られているのであり、そのことが21世紀に実現すべき課題として問われているのである。それゆえ、これは中国だけの問題ではない、人類史的課題なのである。

おわりに

　「はじめに」のところで、「中国の新シルクロード構想は、果たして平和な世界をもたらすのであろうか」という問いを立てたのであるが、残念ながら、それに対する答えとしては、「否」と言わざるを得ない。その理想は、アジアとヨーロッパを繋ぐ「平和の共同体」であったが、現実には、欧米型植民地帝国の再来となっているのではないかと思わずにはいられない。現代の中国に欠けているのは、EU・欧米諸国では、当たり前となっている、民主主義的統治システムであり、人権感覚である。思想信条の自由、信教の自由が民主なき「中国式法治」システムによって抑圧されているのである。とりわけ、ウイグル人に対する人権抑圧はすぐにも中止すべきであるし、決意すればできることである。世界は、もっとこの問題に目を向けてほしい。やっと米国とEUがこの問題に声を上げ始めた。だが、とりわけ、トルコをはじめとする、ウイグル人とルーツを同じくする民族を持つ国々——カザフスタン、ウズベキスタン、タジキスタン、キルギス——と周辺諸国パキスタン、アフガニスタンは沈黙をしている。そして、このような重大な問題に「沈黙」させる大きな役割を果たしてきたのが、「一帯一路」等を通じた資金援助＝「過剰債務」なのである。これら諸国に住む人々に自らの問題としてもっと注目してほしい。同胞の苦しみを見て見ぬふりをしないでほしいのである。

　だが、「過剰債務」の問題は、中国を批判しているだけでは駄目である。ではどうすれば、そうならないような援助となるのかという問題が提起され

ているからである。

　さらに、欧米型の開発援助の後追いでない、新たな開発政策も考えなければならない。同時に、援助を受ける側は、マレーシアのマハティールのように「嫌なことは嫌」とはっきり言うことが大切であるし、真に自国の自立に繋がるような自国の開発の在り方を考え、自ら提案する必要がある。

　最後に、新型コロナのパンデミックをもたらした根本的原因をなす人間中心主義の開発政策を改め、人間以外の動植物さらにはウイルスと共存できる世界をどうつくるかを真剣に考える必要がある。これ以上「人間中心主義」の開発をしないという選択肢も含め、2100 年には、100 億人に達するという「人口爆発」をどこかで止める必要があるのではないだろうか。

　これまでの分析を通じて明らかになったことは、この問題は中国だけの問題ではないということであるが、もし、「一帯一路」がアジアとヨーロッパを繋ぐ平和の共同体になるためには、何が必要かと考えて見ると、その終点（西側）には、民主主義的価値観を共有する EU があるが、その出発点（東側）には、EU に相当する民主主義的価値観を共有する「不戦共同体」が存在しないということに気がつく。日本および韓国を含む東アジアにこのような「民族・国家・宗教を超える新しい価値の共同体」＝「東アジア共同体」が形成され、これが EU と連携して、中国が推進する「一帯一路」を挟みこむことができれば、世界平和の新たな展望が開けるのではないかというのが、私からの提案である。

　注
　1）保城広至「日本の政権交代と『東アジア共同体』の停滞―地域経済協力の国内的条件―」（社會科学研究　東京大学社会科学研究所紀要　2011 年 63 (3)）。
　2）「一帯一路」構想に関しては、以下の著作を参考にした。『中国シンクタンクが明かす「新シルクロード構想」全容～ 2014 年度中国商務部国際貿易経済合作研究院への委託調査』（みずほリポート　2015 年 7 月 22 日）、（公材）渥美国際交流財団関口グローバル研究会（SGRA）編集・発行「第 58 回 SGRA フォーラム　アジアを結ぶ？『一帯一路』の地政学」（SGRA レポート NO.0083　2018 年 11 月 16 日）、進藤榮一・周瑋生・一帯一路日本研究センター編『一帯一路からユーラシア新世紀の道』（日本評論社、2018 年 12 月 25 日）。
　3）新常態については、関志雄（野村資本市場研究所　シニアフェロー）「中国経済の

『新常態』」（株式会社野村資本市場研究所、2016 年 1 月 19 日）、『中国「新常態」
の経済』（日本経済新聞社、2015 年）および［日本大百科全書（ニッポニカ）「新
常態」の解説　関志雄　2018 年 4 月 18 日］を参考にした。
4) 5) 6) 7) スリランカに関する過剰債務問題およびその見直しについては、佐野淳
也氏（日本総合研究所　調査部主任研究員）の分析「一帯一路、沿岸諸国による見
直しの動きをどうとらえるのか」（日本総合研究所『JRI レビュー』2019 Vol.4
No.65）、荒井悦代「世界を見る眼（アジアに浸透する中国）99 年租借地になって
も中国を頼るスリランカ」（IDE-JETRO 日本貿易振興機構（ジェトロ）アジア経
済研究所、2018 年 10 月）を参照した。
8) ウイグルをめぐる諸問題については、以下の拙稿を参照していただきたい。「『社会
主義市場経済』の発展と中国における少数民族の権利─ラビア・カーディルと
7．5 ウイグル事件─鹿児島国際大学短期大学部研究紀要　第 84・85 合併号。
2012 年 3 月。西原／クデロク・カディル「紹介　ホワイトハウスへの手紙─ウイ
グル人権問題に関するラビア・カーディルの訴え─」鹿児島国際大学短期大学部研
究紀要　第 84・85 号合併号。2012 年 3 月 ／鹿児島国際大学短期大学部紀要　第
86 号　2013 年 3 月。西原／クデロク・カディル「翻訳　消えつつある傷つきやす
い声　"刑事免責"の 4 年間　東トルキスタンにおける市民の強制失踪」（世界ウイ
グル会議 2013 年 7 月）」鹿児島国際大学経済学部学会「鹿児島経済論集」第 55 巻
　第 1 - 4 合併号　2015 年 2 月。
9) 石田正美「世界を見る眼　試される一帯一路『債務の罠』の克服─中国－ミャン
マー経済回廊の建設状況から考える─」（IDE-JETRO　日本貿易開発機構（ジェト
ロ）アジア経済研究所、2019 年 7 月）を参照。

第 *9* 章

転機に立つ日本経済と「第四の革命」

——脱原発の環境政策は、グローバルな 「経済危機」を克服できるか[1]——

はじめに

　2008年秋のリーマンショックに始まる金融危機は、震源地であるアメリカにとどまらず、世界全体に波及し、第二次世界大戦後はじめて世界経済はマイナス成長（-0.5%）を経験した。その後、中国をはじめとするBRICs新興国の成長によって、1929年世界恐慌の再来は阻止されたが、今度は、ギリシャ国債危機を契機とするヨーロッパ金融危機が世界に波及し、先進国を中心に「グローバル経済危機」の様相を呈している。

　だが、このことは、先進資本主義国が、必ずしも、資本主義として抜け道のない袋小路に陥っているということを意味しない。資本主義の廃絶が問題になるような政治的危機はもちろんのこと、経済の分野に限定しても、まだ真の「危機」の段階に突入したとはいえないのである。というのは、資本主義世界を総体としてみれば、BRICs・東アジア・中南米・トルコ・サハラ以南のアフリカ（年率5%成長）等の発展に眼を向けると、まだまだ資本主義的発展の大きな余地を残しており、これら諸国と緊密な相互作用によって先進資本主義諸国もまた成長の可能性を広げることができるからである。

　それにもかかわらず、なぜ、「危機」が叫ばれるのであろうか。本章では、先進資本主義国の「危機」を資本主義そのものの「危機」と区別しつつ、日本資本主義の現局面が抱える問題——31年ぶりの「貿易赤字」への転落と、それに対する政府の対応——を分析すると同時に、その打開の方向性——そのひとつのヒントは、ドイツが先駆的に取り組んできた「第四の革命」・脱

原発の循環型社会の中にある──を示していこうと思う。

第1節　転機に立つ日本資本主義
── 31年ぶりの貿易赤字が意味するもの──

　2012年1月25日に財務省が発表した貿易統計（速報ベース）によれば、2011年の貿易収支（速報ベース）は第2次石油ショック後の1980年以来、じつに31年ぶりに赤字（約2.5兆円）へ転落した。赤字転落の主な理由としては、円高や東日本大震災・タイの洪水で製造業のサプライチェーンが崩壊したために輸出が急減（輸出全体で1.8兆円減。そのうち輸送用機器が1.3兆円減〈マイナス8.0％〉、電気機器も1兆円減〈マイナス8.3％〉）したこと、さらに福島の原発事故後の電力不足を補うために火力発電の燃料である液化天然ガスの輸入が急増（輸入全体で7.3兆円増。そのうち、輸入全体の約3分の1を占める鉱物性燃料が4.4兆円増）したことだといわれている。だが、このことは、もし、震災や原発事故の影響がなければ、貿易赤字になることもなく、それゆえ、この影響がなくなれば、再び日本が「貿易立国」として生きていくことができるということを意味しているのであろうか。それとも、日本資本主義の構造的変化──「貿易立国」から「投資立国」への転換──を反映した現象あるいはそれが持つ問題点と考えた方がいいのだろうか[2]。ここでは、この点について少し考えてみたい。

1　自然災害（震災・津波）による資本循環の寸断

　まず、一般的に資本主義的生産過程を見れば、それは、労働過程と価値増殖過程の統一であり、他の社会もそうであるように、自然と人間の物質代謝をその社会が存続するための前提条件としている。したがって、その前提条件である、自然と人間の物質代謝が自然災害によって影響を受けると、剰余価値生産もまた影響をうける。現代は、もはや自由競争時代の資本主義ではなく、資本内部に階層性をもち、企業間格差を内包した資本主義ではあるが、この前提は変わらない。それゆえ、今回の貿易赤字の直接的原因をこの見地から見れば、それは、日本資本主義それ自体が持つ問題ではなく、まず

なにより、東日本大震災およびタイの洪水という資本主義的生産過程の外部にある自然そのものが引き起こした破壊的作用による資本循環の寸断にあるといわねばならない。

　すなわち、まず、2011年3月11日、東日本を襲った「未曾有」の大震災と津波がそうである。これによる被害は、死亡（2012年7月18日現在）1万5,867人、行方不明（同）2,906人、漁船2万2,000隻以上、農地2万3,600ha、漁港300以上、被害額は、16兆から25兆円（政府推計；この額は被害が大きかった岩手・宮城・福島の3県の県内総生産の合計に匹敵する）で、これを阪神・淡路大震災の被害、死亡者6,434人、行方不明3人、漁船（兵庫）40隻、漁港17、農地213.6ha、被害額9.9兆円（兵庫県1県の県内総生産の半分ほど）と比較してみてもその大きさが見て取れる。神戸・淡路大震災が、都市型商業集積地域の破壊、中枢国際港湾である神戸港の被災であったのに対して、東日本大震災は、甚大な津波被害、サプライチェーンの寸断、原子力発電所の被災・放射能の拡散、電力供給の「制約」と鉱工業・農業・漁業にまたがる生産基盤の破壊・寸断と広範な住民生活の破壊というところにその新たな特徴がある。自然災害によって資本主義的生産の物質的基礎が破壊されるのであるから、それによって貿易に影響が出るのは当然である。確かに、原子力発電所の被災とそれに絡まる諸問題は、明らかな人災であるが、まず、その出発点に自然災害があったことは、確認しておく必要がある。それゆえ、この側面から見れば、震災からの復旧が進めば、貿易赤字も縮小していくはずである。

2　自然災害（タイの洪水）によるグローバルな資本循環の寸断
──グローバル化する日本資本主義の問題点

　だが、次に、これに続いて、7月中旬からタイ北部で降り続いた大雨による洪水被害がおこった。そして、これがまた、東南アジア屈指の生産・輸出拠点をタイにもつ日本メーカーのサプライチェーンを直撃し、その寸断を通じて、各社の収益に甚大な打撃を与えている。実際、この洪水で、10月16日には、タイ中部アユタヤ県にある主要5工業団地はすべて冠水、被災日系企業は、300社を超え、部品メーカーの多くが生産できなくなった。

　では、なぜ、日本ではなく、タイで起こった自然災害が日本の生産・輸出貿易に影響を与えるのであろうか。それは、家電や食品だけでなく、自動車産業までもがすでに生産拠点をグローバル化し（「世界最適地生産」）、その中で、部品供給・完成品の輸出入でも緊密な相互関係が形成され、タイが日本のメーカーにとって欠かせない重要な戦略拠点――自動車生産の場合、日系メーカーがタイ国内の自動車生産の8割を占める。タイにとって日本は最大の自動車部品輸入元で、輸入額は昨年が58億6,000万ドル（約4,600億円）と、タイの自動車部品輸入に占める割合は63％に達している。日本はタイ自動車産業にとって最大の直接投資を行っている国でもある――となっているからである[3]。

　また、日本で完成品をつくって海外に輸出するという「加工貿易立国」は、すでに過去のものとなっており、2011年の大規模洪水からの急速な復旧・回復をへた現在、タイの自動車生産は絶好調という状況である。グローバルな生産に伴うサプライチェーン切断のリスクを抱えつつも、この傾向は後戻りしそうにない。タイの自動車産業は、近隣の東アジア市場を対象にするだけでなく、すでに、一部日本に完成車を輸出する段階にはいっており、それゆえ、この側面から見れば、洪水からの復旧は、日本からの部品輸出を増大させ、その限りで、日本の貿易赤字を縮小させるが、さらに自動車生産の現地化が進んでいけば、タイに進出した日系メーカーの収益を増大させることにはなるが（「投資立国」）、そのことが、直接、日本の貿易赤字を縮小するという関係にはなく、むしろ、日本の国内産業の「空洞化」をつうじて、雇用喪失・貿易赤字を拡大するという側面をも持っているのである。それゆえ、今回の31年ぶりの貿易赤字は、まずは、タイの洪水を契機に、グローバル化する資本主義への日本経済の構造的変化がもつ問題の一つが露呈し、貿易黒字の消滅＝貿易赤字への転落として現れたものということができるが、さらなるグローバル化は、この傾向をさらに強める可能性・危険性を秘めているのである。

3　原発事故（人災）による「安全神話」の崩壊と再生産過程の攪乱・生活破壊
——明らかになった「原子力村」＝日本型資本主義の問題点

　31年前の貿易赤字への転落は、第二次オイルショック（原油価格の高騰）を契機としていた。今回の赤字転落も、原発事故による電力不足を補うための火力発電の燃料である液化天然ガス（鉱物性燃料）の輸入急増であったことは、日本資本主義の持つ問題が——エネルギーの根幹部分を外国に依存している——30年以上たっても変わっていないこと象徴している。

　すなわち、スリーマイル島（米国）およびチェルノブイリの事故（ソ連）は、原子力と放射能が、資本主義・社会主義の体制を問わず、まだ人類が管理することのできない、「危険な技術」（しかも「核兵器開発とも密接に結びついた技術」）であることを明らかにしたはずである。だが、日本資本主義とその政府は、日本の原発は安全であるという根拠のない過信（「安全神話」）と地球環境問題の地球温暖化問題への矮小化（CO_2削減）によって、原発を日本の戦略的輸出産業として育てようとしていた（「原発ルネッサンス」）のである。だが、今回の原発事故は、限りある資源（石油や天然ガスもウランもこの点では同じである）に基づいて無限の成長を追求しよう（利潤の追求には限りがない）とする日本型資本主義の矛盾が、ひとつの限界に逢着したことを示している。福島原発事故と放射能の拡散は、事故が起こった地域を人間の住めない土地にすることによって、生産と生活を破壊し、故郷を離れざるを得ない大量の「難民」（15万人）をつくりだしただけでなく、放射能の拡散によって世界中に被害を広げると同時に、日本政府の隠蔽体質ともあいまって、日本製品への信頼を落とし、観光産業に大きな打撃を与えることを通じて（外国人観光客の激減）、貿易黒字を縮小＝貿易赤字を拡大させている。

　では、なぜ、また、どうして、広島・長崎・第五福竜丸と三たび原水爆の惨禍を体験した日本が、これほどまでに多数の原発をかかえる「原発大国」（アメリカ104基、フランス58基に次ぐ世界第3位；54基、484.7万kWの発電用原子炉が稼働していた）となってしまったのであろうか。それは、「原発事故」が起こった時のリスク・費用を除外したうえで（「原発事故」は

起こりえないという「原発＝安全神話」プラス「原発＝安価神話」)、「地域独占」（競争排除）と「総括原価方式」によって、確実に利潤を確保できる体制を、財界（電力会社を中心とした産業界）、政界（自民党・民主党）、官界（経産省のような推進官庁）、学会（原子力技術に肯定的な学者・研究者）、マスメディアが一体となってつくりあげてきたからである[4]。いわゆる「原子力村」であるが、同時に、それは、原発立地の「候補地」となった過疎地域の住民が、地域住民内部の対立をひきおこしつつも、「補助金（「電源立地地域対策交付金」)」の誘導によってその立地を認めさせられてきたからでもある。こうして、財界自らが推進してきた新自由主義・市場原理主義——「規制緩和」・「自由競争」・「自己責任」——にも背反する「時代遅れ」の「古い体質」を持つ資本主義が、日本資本主義の中枢をなしてきたのである。そして、この現状は、原発事故以後も変わっていないのである。

　だが、このような日本資本主義の持つ問題点が、東日本大震災・津波を契機に福島原発事故として噴出したのであり、その象徴的な現れとして、31年ぶりの「貿易赤字」への転落があるとすれば、それは、現在の日本資本主義そのものに対する「赤信号」を意味している。地震の多発する、活動期に入ったこの日本列島で、原発の再稼働によって貿易赤字を解消しようとするのか、それとも、原発に依存しない循環型社会をつくることによって、赤字をなくしていくのか、まさに、今、日本経済は、ひとつの岐路・転換点に立たされているのである。

第2節　グローバル化する日本資本主義の矛盾と
雇用破壊・財政赤字

1　グローバル資本主義への政府の対応策が引き起こす雇用破壊・財政危機

　では、このような事態に対して政府はどのような対応をとってきたのか。

　このうち第一の点は、東日本大震災からの復旧対策と地震活動期に入った日本列島での防災対策の両面が必要となるが、ここでは、政府の対策は不十分であるとだけ指摘しておきたい[5]。

　次に、グローバル化する資本主義への対応であるが、政府は、これを促進

する政策をとってきた。ひとつには、金融ビックバンという名の直接金融から間接金融へのシフトである。その結果、アングロ・サクソン型・「株主資本主義」への転換が急速に進展した。だが、一方で、株主重視の経営に転換しつつも、他方で、将来の蓄積のために膨大な「内部留保」を確保するという日本型資本主義の蓄積様式も継続したために、不況下での労働者の雇用形態に劇的な変化が起こった。これまでは、「経営者たるもの、首を切るなら、腹を切れ」（日経連会長時代の奥田碩トヨタ自動車元会長）と労働者の雇用を最優先してきた経営者のトップが、次々と人員削減計画を打ち出し、首切りをする企業の「株」が上がるという現象が生まれたのである。不況下であれば、「株主配当」をできるだけ抑えて、資本の蓄積（「内部留保」の確保）と雇用確保に回すというこれまでの資本蓄積様式を転換し、世界中から資金を集めるために「外国人株主」への配当を増やし（アングロ・サクソン型の「グローバル資本主義」）、しかも、膨大な内部留保も温存するという戦略をとったために、正規労働者から非正規労働者への切り替えと派遣切りが急速に進展したのである。政府は、労働法制の規制緩和（「労働者派遣法（1985年制定）」の改正〈99年、03年〉）によってこれを「支援」したため、膨大な働く貧困層・「ワーキングプア」が出現することになったのである。ほんの数パーセント、「株主配当」をおさえれば、確保できた「雇用」を犠牲にして、膨大な内部留保が蓄積されているのである。

　だが、日本を代表する企業トヨタから、さらなるグローバル競争に対応するために、派遣切りだけでなく、2次下請け、3次下請けとの関係を切って、海外展開をすすめるという方針（国内300万台、海外300万台体制）がうちだされた（NHKスペシャル『激動　トヨタ ピラミッド』2012年6月10日放送）。いわゆる「トヨタ・ピラミッドの崩壊」であるが、これが実施されれば、国内産業の空洞化による「雇用破壊」は必至である。企業の海外移転を阻止＝国内の雇用確保という名のもと、「法人税減税」が進められてきたが、その額は、1989年に消費税が導入されて以来確保された税収（約200兆円）に匹敵する。だが、法人税が高かろうが、安かろうが、そんなことは意に介せず、「世界最適地生産」を求めて、グローバルなネットワークを形成してきたのが、日本を代表する巨大企業の行動様式であり、今後さらに

それを強めようということであるから、このグローバル企業の本性が変わらない限り、「法人税減税」は、企業の利益を拡大するだけで、「財政赤字」の削減には何の役にも立たないばかりか、「財政赤字」を拡大していくのである。

　こうして、グローバル企業の資本蓄積を支援してきた日本政府の施策は、「雇用破壊」と「財政危機」を深化させるのである。

2　グローバル資本主義の矛盾の国民への転嫁
──消費税率の引き上げと TPP

　このように、一方で、法人税減税をすすめつつ──日本の巨大銀行は、「法人税欠損金の繰越控除制度」（単年度の利益が繰越損失を下回っていれば、最大 7 年間〈04 年度の改正で 5 年から 7 年に延長〉は税金を納めずに済む制度）を利用し、10 年以上、法人税ゼロ。ただ、2012 年 5 月、りそなホールディングスは、13 年 3 月期に 18 年ぶりに納税を再開すると発表。三井住友銀行は 15 年ぶり、三菱東京 UFJ は 10 年ぶり、みずほコーポレート銀行も納税を再開とのこと──、他方で、総合的景気対策＝雇用対策の名のもと、膨大な予算を大規模公共投資・地域開発（ゼネコン・鉄鋼や原発関連企業がその受け皿）に注ぎ込むのであるから、消費税を導入しても、財政赤字は膨らむ一方で、社会福祉の財源も確保できない。そもそも、グローバルに展開する企業が支配的になった経済体制の下では、これまでのような景気対策は、効果を現さないのである。

　こうして、つみあがってきた膨大な「財政赤字」を解消するために財界と政府から提案されているのが、さらなる消費税率の引き上げである。これは、ヨーロッパの付加価値税と違い、生活必需品にも税金がかかる中低所得層の庶民を犠牲にした大衆課税である。マクロ経済的に見ても、国内消費を落ち込ませ、さらに、輸出に依存する構造をつくりだす。

　また、すでに、日本資本主義のグローバル化によって「貿易立国」の時代は終焉し、「投資立国」化しているにもかかわらず、輸出確保によって日本企業を「再生」しようとするアナクロニズムが TPP（環太平洋戦略的経済連携協定）の提案である。だが、これによって日本の農業が壊滅的打撃をこ

うむることは確実であり、なんのための TPP か――アメリカと日本の輸出大企業のために農業を犠牲にするものではないか――と農業団体を中心に国民的反対運動が急速に高まっているのである[6]。

　こうして、なぜ、現代資本主義は、まだその命脈が尽きていないのに、財界やマスコミによって「グローバル経済危機」が叫ばれるのかが見えてくる。それは、先進国を中心に国境を越えて活動する金融資本（巨大企業と巨大銀行）が、一方で、先進資本主義内部での失業を増大させ（「雇用破壊」）、国家財政の「赤字」をつくりだしながら（「財政危機」）、他方で、さらなるグローバルな資本蓄積をすすめるための手段として、労働者階級を中心とした広範な勤労市民諸階層にその負担を押しつけるためのイデオロギーとして必要としているからである。だが、もし本当に資本主義が「危機」ならば、世界最大の規模にまで膨らんだ財政赤字を削減するために、自ら保有する債権（国債）の放棄を提案する巨大企業や巨大銀行があらわれても不思議でないはずである。だが、そのような企業・銀行は日本のどこにも存在しない。「財政赤字」それ自体が問題なのではなく、誰がそれをつくりだし、誰にそれを負担させようとしているかが、問題なのである。私は、日本の巨大企業・巨大銀行には、これをつくりだした責任があるだけでなく、これを負担する十分な体力があると考える。

おわりに
――新たな雇用創出の出発点としての脱原発の循環型社会――

　これまで、日本では、「環境対策」は雇用と結びつかないという議論が大きな影響力を持ち、「環境」を守るのであれば、「成長」を犠牲にしなければならないという議論が支配的であった。そこで、最後に、「貿易赤字」を生みだした第三の側面、日本の環境・エネルギー政策と雇用の関係について見ていきたい。

　まず、福島原発事故を契機に「雇用と環境」に関する日本の世論も大きく変わりつつある。その中で、2012 年の 5 月 5 日にすべての原発（54 基）が稼働を停止したことは、画期的なことであった。

　ただ、このような世論の大きな変化があるにもかかわらず、圧倒的な支持を受けて選出されたはずの民主党政府が、この国民の世論に背を向け、原発の「再稼働」に固執し、また、その後、民主党にかわり政権についた自民党も、その政策を「あいまい」にしつつ、「再稼働」へと動き出そうとしている。この点が──この政府の決定（関西電力・大飯原発の再稼働）に対しては、毎週金曜日、数万から十数万人規模の市民によるデモが行われているのではあるが、──ドイツ政府との決定的な違いである。

　では、なぜ、このような違いが生じるのか[7]。それは、まずは、ドキュメンタリー映画『第四の革命 ── エネルギー・デモクラシー』や『シェーナウの想い～自然エネルギー社会を子どもたちに～』に示されているドイツの市民レベルでの粘り強い運動である。次に、そのような運動を背景にした政府レベルでの迅速な意思（意志）決定（メルケル政権の方針転換）、さらには、ドイツ資本主義の対応（シーメンスの原発からの撤退宣言）である。日本の状況に鑑みると、この政府レベルでの対応の変化の意味は大きい。1998年 – 2005 年の赤緑政権（ドイツ社会民主党 SPD〈赤〉と同盟 90 ／緑の党〈緑〉との連合政権）下で一度は合意形成され、CDU（キリスト教民主同盟）と SPD の大連立政権でも継続されていた「原発からの撤退」が、2009 年メルケル政権の下、撤回されていたにもかかわらず（撤退時期の延長）、福島原発事故を受け、再び「撤退」へと方針転換したからである。東ドイツ出身の物理学者である彼女には、この事故の意味が即座に理解できたであろうことは、容易に予想されるが、なにより重要であったのは、この間の地方選挙で、グリューネ（緑の党）が躍進し、このままでは、CDU が次の国政選挙に勝てないと判断があったからである。さらに、これを受けたドイツ財界の対応の素早さには驚嘆させられるものがあった。市民レベルの運動の広がりと政府の意思（意志）決定を前提すれば、いつまでも原発に固執するより、脱原発のマーケットの中に、企業間競争で勝利するチャンスを見出した方が、得策であるという企業家としての冷厳な判断である。

　ただ、いくらエコをとなえても、それが雇用確保につながらなければ、市民・国民レベルでの支持は得られない。この間のドイツのエネルギー政策の推移は、脱原発のエネルギー環境政策の推進が、確実に雇用を生み出すこと

を示している。際限なきグローバル化への対応が、結果として「雇用破壊」・「財政危機」しか生み出さないのであれば、むしろ、脱原発のエネルギー政策への転換を、新たな雇用創出の出発点にしてはどうであろうかというのが、私の提案である。原発にかわる代替エネルギーの開発——太陽光発電・風力発電・地熱発電等々——は、すでに技術・マーケットともに機が熟しているからである[8]。

　しかし、このような環境・エネルギー政策をめぐる先進的なドイツの経験にもかかわらず、EU 全体の経済状況を見るとギリシャ国債危機に始まるヨーロッパ金融危機はまだ終結しておらず、単純にヨーロッパをモデルにすることもできない。今後は、現代資本主義が抱える共通の問題を意識しつつ、「東アジア共同体構想」をも視野に入れた日本独自の道を考えてみたい。

　注

　1)「第四の革命」とは、農業革命、産業革命、IT 革命に続いて始まっているエネルギー革命——石油、天然ガス、石炭、そして原子力による発電から、風力、水力、太陽光などへの再生可能エネルギーへのシフト——を指している。これは、ドイツで制作された映画『第四の革命—エネルギー・デモクラシー—』(2010 年)からインスピレーションを与えられた私が、この章のキーワードとして借用したものである。日本では、まだ、あまり馴染みのない言葉であるが、ドイツでは、この映画の作成過程(約 300 の企業や NGO をはじめ多くの人々から総額 150 万ユーロの資金サポートを受け、4 年の歳月をかけて制作)、上映(約 220 の町で 4,000 回以上の上映イベントを開催、ドキュメンタリー映画としては、異例の 13 万人を動員)を通じて、運動がひろがり、さらに、3.11 後の 5 月には、テレビ放映(アルテ〈ドイツ・フランス共同テレビチャンネル〉と ARD〈ドイツ公共放送〉)され、200 万人以上が視聴、その翌月、メルケル首相が 2022 年までに「脱原発」を閣議決定するという形で、ドイツの環境・エネルギー政策の転換に巨大なインパクトを与えた「運動」をあらわすカテゴリーである。農業革命が、狩猟・採取による移動生活から定住生活・土地所有・階級の発生をもたらし、産業革命が、共同体(生産手段と労働力の本源的結合)を解体し、前資本主義的生産関係から資本主義的生産関係への移行を最終的に確立したように、IT 革命は、フェイスブック革命による「アラブの春」(独裁政権の崩壊と「民主主義的」政権の誕生)を生みだし、再生可能エネルギーへのシフト=「第四の革命」は、「固定価格買取制度」(1990 年)と「再生エネルギー法」(2000 年)を通じて、巨大企業による電力の独占を解体し、一個人・一市民とそのネットワークがエネルギー供給と分配・消費の主体となるエネルギー・デモクラシーともいえる方向性をうちだしている。すなわち、これらの技術革命は、単なる生産方法の革命ではなく、それを通じて、社会関係を変革するため

の物質的基礎（新たな社会関係の形成のための諸条件・実在的可能性）となっているところに人類史上の意義がある。その意味で、日本における 3.11 後の「脱原発」運動の新たな広がりは、新たな社会変革の可能性を孕んでいるのである。

　なお、この章の元になった論文は、ドイツと日本でほぼ同時期に公表・出版された以下の文献である。まず、この小論は日欧比較経済研究プロジェクト（科研費）の成果の一部として、ドイツ・ハンブルクの出版社からドイツ語で出版された。全体の著作は、グローバライゼーションの時代をその問題点とチャンス（好機）の両面から捉えようとするもので、このシリーズの第 9 巻は、それをヨーロッパと日本資本主義の比較によって行おうとしているところにその特徴がある。

„Der Japanische Wirtschaft an einem Wendepunkt – Kann durch Umweltpolitik/Atomausstieg die globale" Wirtschaftskrise „überwunden werden?" Keßler & Sachse（Hrsg.）*Probleme der Globalisierung aus europäischer und japanischer Persepektiv* Verlag Dr.Kovac Hmburg 2013 Schriftenreihe
Probleme und Chancen der Globalisierung Band 9 Verlag Dr.Kovac

　共著　2013 年　共著者：Jürgen Keßler、Ekkehard Sachse、豊福裕二、森脇丈子、西原誠司、八木正、野口義直、杉本通百則、朝日吉太郎、丹下晴喜、野村俊郎、竹内宏、植木洋（A5 判　総頁数 263 頁　担当部分 99 〜 112 頁）

　その後、その日本語訳の拙稿部分を私が勤務している大学の紀要に発表した。その内容は、以下のようである。この章の理解のために参考にしていただければ幸いである。

　「転機に立つ日本経済と『第四の革命』―脱原発の環境政策は、グローバルな『経済危機』を克服できるか―」鹿児島国際大学短期大学部研究紀要、第 86 号、2013 年 3 月、35 〜 47 頁。

　2011 年、東日本大震災を契機に、日本経済は、31 年ぶりの貿易赤字に転落した。この現象を単に自然災害とそれに伴う原発事故の結果として理解するのではなく、グローバル化した日本経済、すでに「貿易立国」から「投資立国」へと転化した日本経済が引き起こす必然的現象としてとらえ、「危機」を脱して、新たなステージへと飛躍するためには、何が必要なのかを、福島原発事故を契機にいち早く脱原発を宣言したメルケル政権のドイツ（その後、シーメンスも原発から撤退）をひとつの教訓としつつ、提起した。「第四の革命」とは、ドイツを中心に農業革命、産業革命、IT 革命に続いて始まっているエネルギー革命（石油、天然ガス、石炭、そして原子力による発電から、風力、水力、太陽光などへの再生可能エネルギーへのシフト）――であり、新たな雇用を生み出しつつ、循環型経済システムへの移行をめざすこの試みは、転機に立つ日本の行くべき方向性の一つを示唆している。ただ、ヨーロッパ全体としては、雇用危機を抱えており、万能のモデルとはいえず、「東アジア共同体」をも視野に入れた独自の新たなモデルが日本には必要であると考えている。

2) News Release　JRI レポート「進展する貿易・経常収支構造の変化と日本型・投資立国モデル」

　㈱日本総合研究所調査部　2012 年 5 月 22 日　http://www.jri.co.jp/thinktank/

research/）。

3) 「タイの自動車生産は今や絶好調、日本勢の独壇場に」（週刊東洋経済、2012 年 5 月 12 日号）。

4) 大島堅一『原発のコスト―エネルギー転換への視点―』（岩波新書、2011 年 12 月）および飯田哲也監修『原発がなくても電力は足りる！』（宝島社、2011 年 9 月）。

5) 東日本大震災からの復興に関しては、まず、財界団体（日本経済団体連合会、経済同友会、日本商工会議所）から、いくつかの提言がでているが、注目すべきことは、これをうけて政府の方針がつくられていることである。例えば、経団連は、「震災復興に向けた緊急提言〜一日も早い被災地復興と新たな日本の創造に向けて〜」（2011 年 3 月 31 日）、「復興・創生マスタープラン〜再び世界に誇れる日本を目指して〜」（2011 年 5 月 27 日）を取りまとめた後、「大震災からの復興に向けて」（月刊・経済 Trend　2011 年 12 月号別冊　特別寄稿）において、岩沙弘道氏（経団連副会長・震災復興特別委員会共同委員長三井不動産会長）は、「6 月 24 日施行の『東日本大震災復興基本法』および 7 月 29 日公表の『東日本大震災からの復興の基本方針』では、概ね経団連の考え方が反映されている」と述べている。また、それに先立つ米倉弘昌氏の記者会見「――東日本大震災からの復興について」（5 月 26 日）では、「復興に際しては、これまでの農水産業の再生にとどまらず、国際的な競争力のある、魅力的な産業としていくことが重要」との認識を示し、TPP の推進さらには、「社会保障と税・財政の一体的改革」を強調している。このように民主党の復興政策・経済政策が、経団連を中心とする財界の方針を色濃く反映していることは明らかであるが、これに対しては、自治体問題研究所　理事長　岡田知弘「東日本大震災からの復旧・復興に向けて」（2011 年 4 月 22 日）、同『震災からの地域再生―人間の復興か惨事便乗型「構造改革」か―』（新日本出版社、2012 年 5 月）からの批判がある。

6) ジェーン・ケルシー編著『異常な契約　TPP の仮面を剥ぐ』（農文協、2011 年 6 月）。

7) ミランダ・A・シュラーズ『ドイツは脱原発を選んだ』（岩波ブックレット、2011 年 9 月）、クライン孝子『なぜドイツは脱原発、世界は増原発なのか。迷走する日本の原発の謎』（海童社、2011 年 9 月）。

8) ドイツ環境省によると、2010 年のドイツにおける再生可能エネルギー関連の総雇用者数は、対 2004 年比の 2.4 倍となる 36 万 7,400 人に到達している。また、国連環境計画（UNEP）は、その報告書 Towards a Green Economy: Pathways to Sustainable Development and Poverty Eradication 2011（「グリーン経済をめざして：持続可能な発展と貧困の撲滅への道筋」）の中で、「10 の主要セクターに世界の GDP のわずか 2% を投資するだけで低炭素、資源効率の高い経済に向けての移行が可能である。グリーン経済への移行は年間 2% の世界 GDP（現在約 1.3 兆ドル）を今から 2050 年までの間、投資することによって、農業、建設業、エネルギー業、漁業、林業、製造業、観光業、運輸業、水資源および廃棄物管理に関する事業の主要分野を環境に優しいものへ移行することが可能である」「グリーン経済のシナリオのもと経済的成長と環境的持続性を両立できないことはないと確認している。そ

れどころか、グリーン経済は雇用を創出し、経済的な発展を遂げると同時に、気候
変動や、より深刻な水不足とエコシステムサービスの損失など相当なマイナス面を
回避しようとしている」と指摘しており、再生可能エネルギーへのシフトをその不
可欠のモメントとして含む「グリーン経済」への移行が、経済および雇用に巨大な
インパクトを与えるだろうとの予測は、世界中の専門家および先進国と開発途上国
両方の関連諸機関のなかで、共通の認識となりつつある。

あとがき

　新型コロナの世界的感染はとどまるところを知らず、2021年12月12日10時時点の感染者数は、2億6,893万4,575人、死者529万7,850人で日々更新している（厚生労働省検疫所FORTH 2021.12.14）。国内の感染者は現在のところ落ち着いているが、多くの専門家が第6波の到来を予想している。ヨーロッパや米国の状況をみても、新型コロナは克服されたとは言い難い。気候危機についても、COP26が開催され、何とか合意は行われたが、締約国の目標数値を合計しても地球温暖化阻止に必要な水準には達していない。これからが正念場である。まさに、世界は、民族、国家、宗教を超えた共同行動が求められている。その意味で、ブレグジットという後退がありつつも、これまでEUが誕生し、発展してきたことの意味を辿ることは、アフター・コロナの世界をつくっていくためにも欠かせない作業となると思われる。今回の著作では、できる限りの力を尽くしたつもりではあるが、まだまだ足りないところがあることは、十分承知している。

　そこで、ここでは、私の主張を要約・補足しつつ、私が気づいた範囲で、この著作を補ってくれる文献を紹介して、「あとがき」にかえたい。

　序章では、新型コロナと経済危機との関係について新たな見解を提示した。今回の新型コロナショック（恐慌）は、これまでの恐慌の形態（その典型はマルクスが解明した過剰生産恐慌）とは大きく違っており、果たして「恐慌」と言っていいのかという議論も存在している。しかし、この現象が、資本主義的生産様式に内在するものかどうかは別として、現にリーマンショックに匹敵する大きな経済的な落ち込みが生じている以上、「恐慌」と呼ばないわけにはいかないというのが、筆者の見解である。問題はそれがマルクスによって『資本論』で解明された資本主義の内在的な矛盾の発現としての「恐慌」と同じかどうかということである。私は、今回の「恐慌」は資本の矛盾をひとつの根拠とはしているが、それだけではなく、自然と人間との物質代謝を媒介として人間社会に侵入したウイルスによる攪乱をもうひとつの根拠としており、〈資本〉と〈資本自身が自ら作り出すことのできない

自然界〉との相互作用において生じた撹乱が招いた「恐慌」であるから、資本概念の必然的現象形態として説明可能なマルクスの段階の「恐慌」とは違っているという点で、「新しい形態の恐慌」であると規定したのである。

　それゆえ、その前提として、「自然と人間の物質代謝」およびその「切断」をどう捉えるかについて、少し説明しておく必要があると思われる。確かに生物一般も自然との間で、物質代謝を行っているが、マルクスが明らかにしたように、物質代謝における人間と人間以外の他の生物との違いは、道具（その発展形態である機械）＝労働手段を使用した自然への意識的な働きかけ（意識的労働）による生産物の取得である。人間はあるがままの自然をそのまま受け取るのではなく、労働手段を用いた意識的行為によって自然そのものを変革していく。しかも、その際、人間は共同労働・協働労働（社会的共同性）によってそれを行う。この人間の特徴である「繋がり合う」という行為（これは、生産だけでなく、分配・流通・消費・廃棄の全過程で行われる）が、ウイルス感染・パンデミック（感染爆発）を媒介するキーとなっており、この新型コロナウイルスのパンデミックから人類の生命を防御するために、各国政府は、「ロックダウン」あるいは「自粛強制」による人流（人間同士の繋がり）の強制的切断を行った。そして、これを契機として急激な需要収縮・生産収縮が引き起こされ、グローバルな資本主義の連鎖を通じ、リーマンショックに匹敵する世界的な「恐慌」へと発展したのである。

　また、パンデミックを引き起こす端緒としての人間と自然界のウイルスとの接触については、自然の変革という人間による意識的な生産の特徴が、資本主義の利潤追求という生産体制の下で「自然破壊型の開発」による環境破壊を引き起こし、このような人間の自然界・ウイルス界への侵入とウイルスの活動場所の剥奪が、これに対する反作用すなわち新たな活動領域を求めるウイルスの人間界への侵入・拡散という事態を生み出したということである。そして、これがパンデミックに繋がっていったことを指摘する必要がある。さらに付け加えれば、自然から人間界へと新型ウイルスを引き込んだ契機である「自然破壊型の開発」とりわけ「一帯一路」構想と関連した新型ウイルスの活動領域の剥奪（雲南省・昆明）の背景には、新常態（ニューノーマル）の段階に達した中国における資本主義の発展とそれが引き起こす矛盾

240

があり、それが恐慌として爆発・発現することを回避するために行った中国による周辺諸国へのインフラ建設（資本輸出）が、資金不足のこれらの諸国に「過剰債務」「債務トラップ」（恐慌→過剰債務への転化）を引き起こしていること、これら一連の出来事（資本が引き起こす諸矛盾）が、今回のパンデミックと深く関わっていることも明らかであろう。

　この問題の解明のためには、疫病と人類社会の研究を前提としなければならないが、本書ではこれにページを割くことができなかった。だが、これについては、ウィリアム・H・マクニールの『疫病と世界史』（佐々木昭夫訳、上・下、中公文庫、2007年）を踏まえつつ、今回の新型コロナが招いた経済不況について鋭い分析を加えた上瀧真生「ウィズ COVID-19 の経済」（『唯物論と現代』64、2021年10月）がある。また、公害・環境問題と資本主義・現代資本主義との関係については、杉本寿百則「序章　アスベスト問題と環境論　２公害・環境問題の理論」（田口直樹［編著］『アスベスト公害の技術論　公害・環境規制のあり方を問う』ミネルヴァ書房、2016年）は必読文献である。これまで使われてきた公害・環境問題に関するカテゴリーを丁寧に洗い直し、緻密かつ体系的に展開されている。上瀧論文とあわせて、ぜひ、読んでいただきたい。

　次に、第1部では、ギリシャ債務危機について、どのように克服されたのかについての具体的分析は、本書で扱うことができなかった。すなわち、ドラギマジックとして知られる2012年7月のロンドンで行われた ECB 総裁（当時）講演で「ユーロを守るためならば ECB は何でもやる用意がある（the ECB is ready to do whatever it takes to preserve the euro）」と述べたことは、恐らく彼の在任期間（8年間）の中でも最も有名な一幕として多くの人に記憶されている出来事であろう。この「何でもやる」というスピーチの回答が「無制限の国債買い切り」をうたって導入されたアウトライト・マネタリー・トランザクション（OMT）であった。アウトライト取引とは、〈買戻しや売り戻しの条件をつけずに、売りまたは買いだけを行うこと〉であるが、実際、この OMT は欧州危機を取り巻く不穏な空気を完全に払拭し、鎮静化させた。特筆すべきことは、ドラギ総裁の退任に至るまでついに OMT は一度も発動されることはなかったということである。「抜かずの宝刀」を

創り出し、市場不安を鎮静させたのである。この出来事は、「危機論」的分析では説明できない注目すべき事態であったが、「危機論」的分析を免れた数少ない文献のひとつとして、朝日吉太郎編著『欧州グローバル化の新ステージ』（文理閣、2015 年）の序章（朝日）および第 1 章「ユーロシステムの生命力と矛盾―2002 年～ 2014 年」（野村俊郎）がある。私は、ユーロシステムの形成過程に着目し、国家主権を超えた国家間の政治過程が決定的に重要であったことを明らかにしたのであるが、出来上がったユーロシステムがどのように機能し、米国のドル体制とどう違うのか等については、本書で扱うことができなかった。ユーロ導入のあと、なぜドイツが独り勝ちすることになったのか、TARGET2 がユーロ危機収束にどのような役割を果たしたのか等を含め、ぜひ、参照して頂きたい文献である。

　第 2 部では、英国の EU 離脱およびトルコの EU 加盟をめぐる分析を通じて、ヨーロッパ中心主義を相対化する試み――ヨーロッパ中心主義、キリスト教的価値観の制約をどう乗り越えるのか――を行った。ただ、クーデター以降のトルコのエルドアン政権についての分析――これまで、EU 加盟のために進めてきた「民主化」の後退、トルコ・リラの乱高下による経済的苦境等――は、行っていない。トルコの EU 加盟にあたって、これまでヨーロッパが蓄積した普遍的な価値観（自由、民主主義、基本的人権、法の支配）を尊重しなければならないことは、もちろんであるが、逆に、トルコが EU 加盟の条件をすべて満たせば、EU は、それ以外の条件を一切つけず、EU 加盟を認めるのかどうか、宗教の違い、とりわけキリスト教とイスラム教の違いを超えて、トルコの EU 加盟を認めることができるのかどうかが、今度はEU の側に問われているのである。300 万人をこえるシリア難民を受け入れているトルコの努力・苦難に対して、ヨーロッパはあまりにも無関心である。これらに対する評価も含め、別の機会での論考を予定している。

　最後に第 3 部との関係では、中国とはいったいどのような体制の社会なのかについて、論争的な書物が出版され、注目を浴びている。芦田文夫・井手啓二・大西弘・山本恒人著『中国は社会主義か』（かもがわ出版、2020 年）である。それぞれの立場から、中国を　①社会主義国　②社会主義を目指す（過渡期の）資本主義あるいは国家資本主義　③資本主義　と規定し、議論

242

がなされているが、私の見解は、第8章「一帯一路」の分析で示したように、中国は、経済的には、資本主義さらには独占資本主義の段階に達しており、対外関係を考慮すれば、帝国主義と規定できるとの立場である。すなわち、生産力から見た中国経済の発展段階は、過剰生産が国内で処理しきれないほどに進行しており、一的的に見れば、恐慌として爆発・発現すべき資本主義の矛盾を、周辺諸国のインフラ整備への資本輸出ということで切り抜け、さらに、受け入れ国側の資金調達が高金利の貸付で行われたことが、過剰債務・「債務トラップ」という事態を作り出している。過剰生産として爆発すべき中国資本主義の矛盾（「生産と消費の矛盾」「生きている矛盾」）が、過剰債務・「債務トラップ」という形態に転化しているのであるから、明らかに「一帯一路」は、帝国主義的資本輸出の一形態なのである。私の見解は、この見地から見ると、中国を資本主義的帝国主義と規定している点で、これらの論者とは、はっきりと見解を異にしていることがわかると思う。私は、人権抑圧を平気で行うような社会を果たして「社会主義」と言っていいのか、根本的な疑問をもっているのであるが、中国社会をどう規定すべきかについては、より広範な議論が必要になると思われる。本書と対比させながら、読み比べてほしい著書である。同時に、今後中国政府の動向については、書物の上での議論だけではなく、世界平和を実現するためにもその行動を注視し、規制するようなアクションも必要であると思われる。ウイグル、香港、とりわけ台湾については、外交的努力を駆使し、軍事的な解決は絶対に避けるよう世界で見守っていかなければならない。その意味で、今後とも追跡すべき、目が離せないテーマである。

　以上、補足すべきいくつかの論点について紹介したが、もともとこの著作は、恩師上野俊樹の没後20周年に合わせて執筆を始めたものである。心臓の手術もあり、2年半ほど遅れることになったが、氏の業績を少しでも前進させることができれば、幸甚である。今後は、これまでの研究を踏まえ、頻発する民族・部族紛争の原因を解明し、最終的に戦争なき平和な社会をどうすれば実現できるのかについて研究（「グローバライゼーションと民族紛争の政治・経済学」）を進めていこうと考えている。

2021年12月14日　　　　　　　　　　　　　西原　誠司

著者紹介

西原　誠司（にしはら　せいじ）

1955 年　愛媛県今治市に生まれる
1979 年　高知大学文理学部経済学科卒業
1986 年　立命館大学大学院経済学研究科博士課程後期課程単位取得修了
2002 年　立命館大学博士号（博士（経済学））
現在　鹿児島国際大学経済学部経済学科／大学院経済学研究科教授
著書　『グローバライゼーションと現代の恐慌』（単著、文理閣、2000 年）
　　　『現代の国家独占資本主義　下』（共著、上野俊樹・鈴木健編著、大月書店、1987 年）
　　　『現代資本主義を見る目』（共著、上野俊樹・清野良榮編著、文理閣、1993 年）
　　　『分析・日本資本主義』（共著、清野良榮編著、文理閣、1999 年）
　　　『欧州グローバル化の新ステージ』（共著、朝日吉太郎編著、文理閣、2015 年）

グローバライゼーションと民族・国家を超える共同体

2022年 5 月 10 日　第 1 刷発行

著　者　西原誠司
発行者　黒川美富子
発行所　図書出版　文理閣
　　　　京都市下京区七条河原町西南角 〒 600-8146
　　　　TEL (075)351-7553　FAX (075)351-7560
　　　　http://www.bunrikaku.com
印刷所　有限会社　プラネット・ユウ

ISBN978-4-89259-900-2